Texte détérioré — reliure défectueuse

NF Z 43-120-11

**Symbole applicable
pour tout,ou partie
des documents microfilmés**

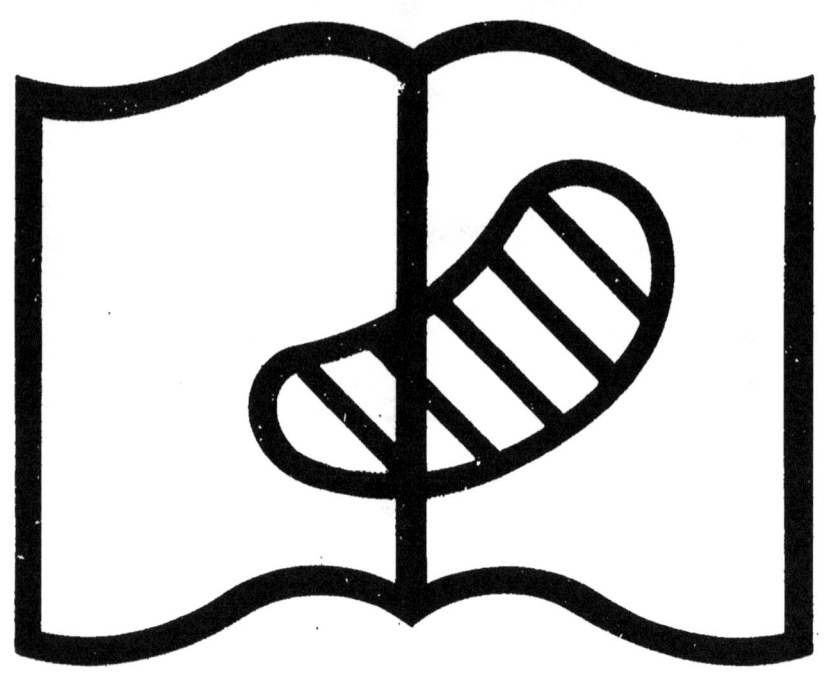

Original illisible

NF Z 43-120-10

Symbole applicable
pour tout,ou partie
des documents microfilmés

SPENCER

ET

LE PRINCIPE DE LA MORALE

PAR

JULES DUBOIS

Licencié en Théologie (Lausanne)

PARIS
LIBRAIRIE FISCHBACHER
(Société anonyme)
33, RUE DE SEINE, 33
—
1899
Tous droits réservés.

SPENCER
ET
LE PRINCIPE DE LA MORALE

SPENCER

ET

LE PRINCIPE DE LA MORALE

PAR

Jules DUBOIS

Licencié en Théologie (Lausanne)

PARIS
LIBRAIRIE FISCHBACHER
(Société anonyme)
33, RUE DE SEINE, 33
—
1899
Tous droits réservés.

A LA FACULTÉ DE THÉOLOGIE
DE L'ÉGLISE ÉVANGÉLIQUE LIBRE
DU CANTON DE VAUD

Hommage respectueux et reconnaissant.

J. D.

INTRODUCTION

Tout historien, embrassant du regard une certaine période, éprouve plus ou moins de difficultés à caractériser non plus ses faits particuliers, mais ses tendances générales; et cette difficulté s'accroît certainement en raison de la proximité de l'époque étudiée. Dans le domaine des idées, des théories, dans celui des sentiments, le psychologue qui entreprend une tâche analogue à celle de l'historien se trouve en présence d'une œuvre plus ardue encore, d'une œuvre qui souvent semble impossible si l'on ne veut pas se contenter d'une vue superficielle, et pour ainsi dire extérieure, de ce domaine intime par excellence. Comment aujourd'hui la pensée pourrait-elle même aborder les esprits de tenter pareille caractéristique? C'est le fait des périodes de transition de présenter une complexité et une multiplicité d'éléments telles qu'elles découragent peut-être les philosophes; dans ce tout idéal que l'on appelle l'état spirituel, intellectuel ou moral de notre époque, les éléments qui nous viennent d'un passé plus ou moins éloigné, ceux qui sont comme des germes de l'avenir, un effort vers cet avenir, se mêlent et se heurtent; au malaise social partout plus ou moins accentué correspond, semble-t-il, dans le domaine purement spirituel une inquiétude vague, un désir d'inconnu qui difficilement se laisseraient définir; les mots ont trop de précision pour cela. La foi aux grands systèmes qui furent autrefois comme des résumés des opinions et des connaissances de chaque époque paraît s'en aller; les courants intellectuels, si variés et si opposés souvent, s'entrechoquent, et dans ces tourbillons la pensée ne sait souvent vers quel point fixe se tourner. Et pourtant, aux yeux du philosophe qui cherche, des hauteurs où il s'établit — templa serena, — à comprendre et la source et le sens de tous ces mouvements, il y a en eux comme une unité supérieure, car ils manifestent tous le même « effort vers la Vérité et vers le Bonheur », si dissemblables souvent que soient les acceptions où l'on entend ces termes.

Il y a plus encore : dans cette trame, embrouillée au premier abord, dont les tendances de l'individu, des partis, des nations et des races sont comme les fils, il est possible de découvrir certains courants généraux, certaines idées qui sont comme les noyaux autour desquels se rangent une foule d'idées secondaires.

Au premier rang de ces idées centrales, de ces tendances caractéristiques du moment actuel, il faut mettre celle d'évolution, et c'est avec beaucoup de justesse que M. E. de Roberty peut parler[1] de « la

[1] *Auguste Comte et Herbert Spencer*, par E. de Roberty. Paris 1894 (Bibliothèque de philosophie contemporaine), p. 13.

théorie évolutionniste figurative surtout de l'époque actuelle ».

Nous nous gardons de confondre évolution et évolutionnisme; de cette confusion proviennent, croyons-nous, quantité de malentendus entre hommes de science et moralistes ou philosophes; il n'en reste pas moins que l'idée d'évolution demeure le nœud des systèmes évolutionnistes, et que, considéré sous son aspect général, l'évolutionnisme transforme en principe philosophique dernier, universel, l'idée d'évolution que lui fournissent les sciences particulières; l'évolution est un fait qui s'impose et ne saurait se discuter une fois bien et dûment constaté, c'est *une* vérité; l'évolutionnisme en fait *la vérité*. Et si l'on nous objectait que c'est là en somme un phénomène dont tous les systèmes de philosophie à peu près sont une illustration, nous répondrions que ce fait ne prouve donc que la difficulté, sinon l'impossibilité de ramener la réalité aux formules et aux cadres des systèmes. Il n'en résulte nullement d'ailleurs que nous soyons par là dispensés de l'examen de ces systèmes.

Quoi qu'il en soit du degré de vérité absolue que représente l'évolutionnisme, question sans doute insoluble à nos esprits bornés, il a pris aujourd'hui une importance telle qu'on ne saurait le passer sous silence. Est-il besoin de rappeler qu'il constitue presque toute la philosophie des sciences naturelles? de dire la place qu'il occupe dans les sciences historiques et sociales? son rôle enfin aujourd'hui dans les sciences théologiques?... Longtemps fleuve resté dans son lit, il semble que subitement il ait crû et répande ses ondes avec les germes cachés qu'elles charrient sur tous les terrains de la pensée humaine. Aussi devant les prétentions de certains de ses représentants pour ainsi dire officiels, devant cette vérité particulière beaucoup moins nouvelle en fait qu'elle ne paraît à plusieurs, un devoir s'impose à qui veut, pour lui et pour ses semblables, chercher la vérité; lorsque partout on rencontre une idée, lorsqu'on la respire dans l'atmosphère intellectuelle, on ne saurait à priori, sans examen, juger du bien-fondé de ses prétentions au caractère de réalité absolue; le respect même envers la vérité cherchée exige davantage.

Son importance générale n'est pas la seule raison qui l'impose à l'attention; nous croyons qu'il y a dans cette tendance philosophique, un danger sérieux pour l'individu, par conséquent pour la société[1]. Or, pour lutter contre un danger, pour le bien pouvoir signaler tout d'abord, il importe de le connaître; non seulement de le connaître en lui-même, c'est-à-dire de savoir en quoi il consiste, mais d'en savoir la source; traiter par exemple de l'évolutionnisme religieux seulement nous semble agir comme un étudiant en botanique s'occupant du fruit sans avoir connaissance de l'arbre sur lequel il a mûri; nous n'entendons point par là réclamer l'étude complète de l'évolutionnisme comme préparation à tout travail sur l'évolutionnisme en un domaine spécial; ce serait là une prétention injuste,

---

[1] Il ne rentre pas dans le cadre de cette étude de signaler ces dangers; d'autres ont d'ailleurs, et dès longtemps, entrepris cette tâche. Citons seulement à titre d'exemple le travail encore récent de M. G. Frommel, professeur à Genève : *Le danger moral de l'évolutionnisme religieux*, Lausanne, 1898.

absurde même; mais la préparation la meilleure à une lutte, s'il y a lutte à engager, nous paraît être la connaissance d'un système évolutionniste se donnant franchement pour tel, dans lequel les principes soient mis en pleine lumière.

Si notre étude s'est portée sur Spencer, ce n'est guère, à vrai dire, à la suite d'un choix; il s'est imposé à nous. Tout d'abord, le philosophe anglais a l'importance d'un « chef de file », grâce à l'œuvre synthétique qu'il a accomplie[1]; il serait exagéré sans doute de le considérer comme le représentant de l'évolutionnisme actuel à l'exclusion de tout autre; mais il est certain qu'il est aujourd'hui l'un des « savants-philosophes » qui peuvent avec le plus de raison revendiquer ce titre : son œuvre ne consiste pas en études sur tel ou tel point de science, sur un domaine scientifique tout entier même, comme c'est le cas

---

[1] Herbert Spencer, né en 1820, à Derby, fut élevé par son père, maître d'école et secrétaire de la Société de philosophie de Derby, et par un oncle, ministre de l'Eglise anglicane. De très bonne heure, il manifesta un véritable amour pour les sciences naturelles et une rare faculté d'observation; d'abord ingénieur civil, il collabora à un journal de caractère purement technique, et se fit, en 1842 déjà, remarquer par une série de lettres parues dans le *Non-conformist* sur la sphère propre du gouvernement; il abandonna, à l'âge de vingt-cinq ans, sa profession d'ingénieur, et, après avoir, durant plusieurs années (jusque vers 1852), collaboré à l'*Economist*, il s'enferma dans des travaux de science et de philosophie qu'il n'abandonna guère, et encore momentanément, que pour raison de santé et pour visiter en 1882 les Etats-Unis. Son premier ouvrage important date de 1851. C'est son *Social statics*. En 1860, il annonçait, et en 1862, commençait la publication de sa *Philosophie synthétique* qui n'a pas encore paru en entier (voir p. 35, note 1). Son œuvre comprend, outre la Philosophie synthétique, une quantité considérable d'*Essays*, de *Répliques*, d'articles de moindre importance, etc. La puissance de travail du philosophe anglais est extraordinaire.

chez la plupart des évolutionnistes; elle est la réunion, le groupement d'une foule de matériaux épars dont il a tenté une coordination et comme une fusion au moyen de certains principes généraux établis au point de départ; et si cette œuvre n'a pas l'originalité que posséderait celle d'un spécialiste, elle a du moins celle de vouloir être une construction philosophique. — Puis, nous ne saurions, ni ne voulons faire, d'un point de vue philosophique, abstraction de la conviction religieuse. Or cette conviction, combien, au nom de la science, la proclament pure illusion! Spencer se présente à nous apportant un système dont le premier point veut être la conciliation des idées scientifiques avec l'idée religieuse, la fin de cette lutte séculaire, aujourd'hui aiguë, entre ces deux puissances du domaine spirituel, la science et la religion. De plus Spencer prend vis-à-vis du christianisme et de son esprit une attitude hostile, fort injuste à notre avis, mais dont la connaissance n'est peut-être pas sans utilité pour qui croit à la vérité de ce christianisme.

Telles sont les raisons qui motivent le fait que nous avons accepté Spencer comme représentant de l'évolutionnisme. Mais nous ne songeons pas à embrasser cette œuvre, fruit de toute une vie de labeur et de recherches, en son entier; encore moins à en présenter une réfutation et comme une contre-partie ou un complément scientifiques! Nous avons choisi pour l'étudier un point spécial, et un point que Spencer n'a pas mis en lumière d'une façon particulière; de cela les raisons se comprennent lorsque l'on connaît les principes généraux de la philosophie évolutionniste; mais ce point, nous l'estimons, nous, de première importance, tant au point de vue de la pensée théorique qu'à celui de la pratique de la vie; il constitue pour nous l'essentiel, le centre de la morale, qui est « la science de la vie », c'est son principe. De là le titre que nous donnons à cette étude : « *Spencer et le principe de la morale* ». Nous avons étudié l'œuvre du penseur anglais avec l'intention d'y découvrir et d'y analyser ce qui constitue pour lui ce « principe de la morale » et de rechercher ensuite s'il donne à ce problème capital : quel est ce principe? une solution suffisante. Outre qu'il ne sera peut-être pas inutile de nous orienter avant d'aborder notre sujet même, orientation que nous indiquerons par un exposé sommaire du plan suivi, cet exposé servira, nous l'espérons, à expliquer mieux encore le titre dont nous venons de parler.

Nous avons divisé notre étude en deux parties : l'une d'*exposé*, l'autre de *critique*. Dans la première, nous résumerons ce qui nous paraît caractéristique dans le système de Spencer, en premier lieu naturellement ce qui se rattache, directement ou indirectement, à sa morale; et si l'on nous reprochait d'avoir donné à cet exposé une étendue trop considérable, notre excuse serait qu'il pourra peut-être servir de résumé succinct des points principaux constituant la philosophie dite « spencérienne »; que d'ailleurs, n'ayant pas ici la prétention d'apporter une œuvre originale en opposition à celle du philosophe anglais, une étude sur un point de cette œuvre doit débuter par une revue générale du système, et cela à un point de vue purement désintéressé. Nous chercherons donc d'abord à résumer ce qui forme proprement la « philosophie évolutionniste »; en d'autres termes, les principes généraux du système. — Puis, la morale étant science parmi les autres sciences, notre tâche est d'en rechercher, comme nous le disons plus haut, le principe central; la morale est la science de la conduite; la conduite, elle aussi, n'est qu'une évolution; nous tenterons de caractériser et le point de départ, et le point d'arrivée, ce que nous nommerions dans un autre système « l'idéal », de cette évolution; la tâche morale consiste en la réalisation de cet idéal, plus justement dans le passage d'un état social à un autre état social; on voit par là déjà l'accord entre le principe d'évolution et la morale de Spencer. En analysant ou en résumant simplement les données de la morale chez Spencer, nous sommes à même de constater comment s'opère ce passage, quel en est le principe, c'est-à-dire quel est le principe que nous cherchons[1]. Nous ne saurions en demeurer à cette indication, surtout quand il s'agit de principe de morale, supposant, par définition même, l'activité : nous dirons brièvement quels préceptes généraux de conduite en découlent soit pour l'individu considéré isolément, soit pour l'individu unité sociale, car la morale de Spencer a un caractère éminemment social.

Nous avons parlé de « résumé des points principaux de la philosophie spencérienne »; à ce propos, nous tenons à exprimer que notre partie dite d'*exposé* ne saurait faire double emploi avec le

---

[1] Voir d'ailleurs au § 5 de cette étude le sens où nous entendons le mot « principe ».

volume publié par M. H. Collins qui précisément est un « Résumé de la philosophie synthétique de H. Spencer ». Ce travail nous donne comme une photographie extrêmement réduite de tout le système ; aucun détail n'y est omis ; son auteur suit l'œuvre de Spencer à la lettre, paragraphe après paragraphe. Pour nous, nous avons cherché à dégager comme les lignes fondamentales, le squelette pour ainsi dire de cette œuvre. Nous avons d'ailleurs souvent utilisé, dans nos citations surtout, le livre de M. Collins.

La seconde partie nous mettra sur le terrain de la critique du système ou plutôt du point spécial que nous y avons choisi ; l'Exposé, constituant la première partie du travail, aura suffi à nous montrer, pensons-nous, que l'évolutionnisme de Spencer ne peut être caractérisé par ce seul mot d'évolution, qu'il repose sur un certain nombre de principes, d'affirmations, du domaine philosophique, ou se rapportant à la méthode en général, ou présuppositions métaphysiques, ou bien enfin questions de psychologie ; de plus, Spencer pose comme postulat à la fois et but de sa philosophie le monisme ; que représente cette tendance moniste ? est-elle justifiée ? Aux questions préliminaires indiquées plus haut comme à ces dernières, doit essayer de répondre le chapitre intitulé : *Point de vue philosophique*.

Dans l'opinion même de Spencer, tout doit dans son système servir de préparation à l'établissement d'une morale ; et pour nous, l'importance des idées proprement théoriques réside dans leurs conséquences pratiques ; nous ne nous plaçons pas ici à un point de vue utilitaire, mais l'idée vivante, nous en sommes persaudé, porte en elle un fruit bon ou mauvais. Le *Point de vue moral* nous amènera à un examen des principales notions qui constituent la morale évolutionniste, tout d'abord de la notion même de cette morale. Ces notions sont-elles suffisantes pour fonder une science de la conduite, et dans quel rapport se trouve cette science avec l'ensemble du système ?

La philosophie de Spencer prétend être philosophie du réel, philosophie scientifique, et non vaine création de la spéculation ; la morale doit en conséquence avoir le même caractère. Or, pour nous, la morale conduit à la religion ; dans quels rapports se trouvent d'abord la religion et la science en général, puis plus spécialement la religion et la morale ? C'est là une question capitale en morale. Le *Point de vue religieux* cherchera en quoi consiste, pour Spencer, ce premier rapport qu'il nomme une réconciliation, et quel est le lien entre morale et religion que l'évolutionnisme méconnaît.

Tel est, dans ses grandes lignes, le plan que nous suivrons ; telle est la tâche qui nous paraît devoir être accomplie, et dont nous ne pouvons, nous le sentons vivement, donner ici qu'une esquisse. Le plan suffit pourtant à nous montrer la grandeur et la beauté de cette tâche, alors qu'elle serait complètement réalisée.

Mais nous tenons à indiquer ici comment nous avons conçu la partie critique de notre travail ; critiquer n'est nullement opposer toujours un système à un autre système, bien qu'une telle opposition puisse être de la critique. Devant les affirmations, les présuppositions, les hypothèses, la méthode du philosophe évolutionniste, nous avons examiné les opinions de divers philosophes qui ont fait des œuvres de Spencer un objet spécial d'étude[1]. Nous avons essayé de montrer les difficultés qui demeurent, les questions non résolues qui s'imposent à quiconque veut réfléchir impartialement ; nous l'avons fait souvent en posant simplement une question nouvelle, soit que nous estimions ne pouvoir répondre, soit qu'une réponse nous eût entraîné au-delà d'une simple étude critique. Nous avons enfin indiqué non pas des solutions, le travail serait bien trop vaste et nous n'y saurions présentement prétendre, mais la direction dans laquelle nous croyons pour notre part que se trouvent ces solutions et qu'il les faut chercher ; notre critique sera souvent ainsi une simple mise en relief de certains points qui nous semblent importants, un énoncé de raisons plutôt morales qu'intellectuelles, de convictions plutôt que de principes d'un système logiquement ordonné.

Nous prions d'ailleurs qu'on ne nous impute pas les inconséquences et les manques de coordination dont Spencer seul serait coupable.

Pour nous, nous croyons fermement que la vérité

---

[1] Le *système* de Spencer, œuvre très récente et même, comme nous l'avons dit, œuvre non complètement terminée, n'a pas trouvé encore, à notre connaissance, de critique qui l'ait envisagé en sa totalité. On peut même dire, pensons-nous, qu'il n'a pas pris encore rang parmi les systèmes philosophiques, et M. Renouvier lui conteste d'ailleurs ce droit. Parmi les hommes qui ont étudié l'œuvre de Spencer d'une façon relativement complète, et qui nous ont donné le résultat de cette étude, nous avons à mentionner M. Renouvier lui-même, et en Angleterre M. Malcolm Guthrie. C'est dans les Revues surtout et dans des ouvrages spéciaux qu'il faut, pour le moment, chercher ce que les contemporains du philosophe anglais pensent de son système, de ses idées.

est *une*, et que le « Vrai » en tous domaines, sous quelque forme qu'il se présente, ne saurait être en contradiction avec la Vérité. « Toutes les vérités, a dit A. Vinet, ne sont que les diverses faces ou les différentes applications d'une même vérité. » Cette parole, vraie dans le domaine religieux, est vraie aussi dans le domaine général de l'esprit ; mais, créatures finies et bornées, nous ne saisissons jamais qu'une partie de la vérité, nous n'embrassons qu'un point de son horizon ; et l'important est pour nous non pas tant de chercher à connaître tout le vrai que de discerner la vérité, d'embrasser du regard la plus vaste étendue de ciel possible que de discerner l'étoile qui doit guider notre course. La morale de Spencer répond-elle à cette prétention d'être « la vérité » ? Telle est la question dernière qui résume toutes celles que nous pourrons nous poser dans la suite de ce travail, et à laquelle, comme conclusion, nous devrons répondre.

Ce que nous venons de dire suffit à exprimer le peu de prétention qu'a ce travail à être un traité de morale, moins même, l'établissement préliminaire et positif des principes dont pareil traité serait l'illustration ; il n'a pour prétention que de démontrer l'insuffisance, évidente selon nous, de ce que l'évolutionnisme nomme sa morale, c'est-à-dire de ce que nombre de philosophes acceptent comme pleinement suffisant à la vie. Si nous avions à le cataloguer nous-même, nous l'appellerions volontiers un travail d'apologétique négative. Si l'homme est fait pour la vérité, s'il existe une vérité qui soit *la vérité*, la tâche de l'être humain est de la rechercher et de la vivre ; et s'il s'aperçoit que la vérité proclamée absolue par certains penseurs n'est point suffisante à son âme, il tournera sans doute ses regards vers quelque autre point où la lumière lui paraîtra plus grande, sinon capable de dissiper tous les doutes, de chasser toutes les ombres ; il trouvera dans cette recherche une récompense déjà en faisant l'expérience que la recherche de la vérité, recherche loyale et impartiale, est le commencement de sa possession.

Première partie : Exposé

CHAPITRE PREMIER

Les bases philosophiques de la morale évolutionniste de Spencer

§ I⁽ᵉʳ⁾. Idée et données de la philosophie d'après Spencer[1]

Toute connaissance est relative, mais implique un non-relatif que nous affirmons avec autant de certitude que le relatif lui-même. Par la méthode d'abstraction, c'est-à-dire par l'élimination de plus en plus complète des caractères spécifiques de nos connaissances particulières, nous arrivons à une connaissance de plus en

---

[1] Autant que cela nous sera possible, nous suivrons dans l'exposé des idées de Spencer la marche suivie par lui-même dans sa *philosophie synthétique*. Nous commençons cependant en laissant de côté la première partie de ses *Premiers principes* qui a pour titre « l'Inconnaissable »; cela pour plusieurs raisons : 1° Cette partie n'est pas partie vraiment organique du système, au même titre du moins que d'autres dans l'œuvre du philosophe anglais; 2° Nous retrouverons, dans la suite de notre étude, le sujet ou les sujets dont traite cette première partie. (Voir chap. 3); 3° Nous aurons à maintes reprises l'occasion d'en exposer les idées saillantes. Le résumé en pourrait être donné en cette courte proposition : réconciliation de la science et de la religion par la reconnaissance que tout savoir est relatif.

plus générale, pour atteindre enfin à la vérité abstraite, vraie dans la totalité des cas [1].

S'il est un mot qui ait reçu des définitions variées, du moins qui ait désigné des choses diverses, c'est celui de philosophie. Sous ces définitions multiples, nous découvrons cependant un sens général : celui de « science dépassant la connaissance vulgaire ». La connaissance a donc des degrés et le degré ou un degré supérieur est ce qu'on appelle communément philosophie. Spencer établit le processus de la connaissance de la façon suivante : le premier degré résulte de simples observations particulières ; le second, résultat des abstractions et généralisations des observations premières, s'exprime en propositions plus générales ; enfin le troisième degré s'exprime en propositions universelles. Au premier degré correspond ce que nous nommons simplement connaissance vulgaire des choses ; au second répondent la connaissance et la vérité scientifiques, et au troisième la connaissance et la vérité philosophiques. Entre la première espèce de savoir et la dernière, la différence n'est que différence de degré. La philosophie sera donc le savoir humain porté à son plus haut point possible d'abstraction et de généralisation, ou pour parler avec Spencer lui-même : « la connaissance de l'espèce la plus humble est le savoir *non unifié* ; la science est le savoir *partiellement unifié* ; la philosophie, le savoir *complètement unifié* [2]. »

---

[1] *Premiers principes*, par H. Spencer. Traduit de l'anglais, par M. E. Cazelles. 7ᵐᵉ édition. Paris 1894, chap. Iᵉʳ, § 2.

[2] *Prem. princ.*, chap. II, § 37, d'après le *Résumé de la philosophie de Herbert Spencer*, par Howard Collins. Traduit par Henry de Varigny. 2ᵉ éd. Paris 1894. Toutes les fois que cela nous semblera suffisant, nous citerons d'après cet ouvrage.

Le but que poursuit la philosophie est donc l'unification complète du savoir[1], sa synthèse et sa réduction à des vérités de plus en plus vastes, tellement qu'on arrive pour ainsi dire à un sommet d'où l'on embrasse tous les savoirs particuliers, à un point où toutes les lignes des connaissances humaines convergent. De là le nom de *philosophie synthétique* dont l'auteur lui-même a nommé son œuvre.

Mais il faut distinguer deux formes de philosophie : la philosophie générale et la philosophie spéciale. Dans la première les vérités particulières, faits et lois scientifiques, doivent servir à établir et à éclairer les vérités universelles ou mieux la vérité universelle, puisque c'est à celle-ci que nous devons revenir toujours. Dans la seconde, on part de ces vérités universelles comme de principes admis, et par elles on interprète les vérités particulières, on montre comment ces dernières ne sont que conséquences des premières, et s'y ramènent. Spencer a traité des vérités premières de son système dans le livre des *Premiers principes*. Il y établit, avec force illustrations à l'appui, ce qu'il considère comme les principes de l'unification de la connaissance humaine. Quant à la philosophie spéciale, elle forme le sujet des neuf autres volumes (dans l'édition anglaise) de son œuvre ; laissant de côté la nature inorganique, il examine tour à tour les faits et les généralisations de la biologie, de la psychologie, de la sociologie et de la morale. Et dans chacun de ces domaines, les vérités spéciales à ce domaine sont commentées et expliquées à l'aide des « principes premiers » posés au début. C'est dire assez l'impossibilité de commencer l'étude d'une partie de

---

[1] *Prem. princ.*, § 39.

l'œuvre de Spencer sans connaître déjà, à grands traits au moins, ses *Premiers principes*; et dans le cas particulier, nous ne saurions songer à exposer le principe de sa morale sans remonter aux vérités ultimes qui l'expliquent.

Dans la philosophie, science du « général », comme dans les sciences particulières, nous devons partir d'un certain nombre de données; ces données sont les « intuitions fondamentales » de la pensée, et provisoirement nous devons admettre leur compatibilité, leur accord avec les autres données de cette conscience ; « on laisse aux résultats, dit Spencer, le soin de justifier ces hypothèses ». Ce sera à la psychologie qu'incombera tout spécialement la tâche de fournir cette justification. L'intuition fondamentale est celle de ressemblance et de différence ; toute connaissance se ramène en définitive à la conscience d'une ressemblance ou d'une différence entre un objet présent dans cette conscience et un autre objet ou une autre classe d'objets. Et si nous affirmons quelque similitude ou dissemblance, c'est-à-dire si nous affirmons connaître quelque chose, c'est parce que nous avons l'intuition de ressemblance et de différence.

Existence de compatibilités et d'incompatibilités entre cette intuition première et les autres données, et possibilité de leur connaissance, voilà la *donnée* fondamentale de la philosophie.

Tout savoir, venant de l'observation et de l'expérience et consistant dans le groupement par ressemblance ou dissemblance, nous amène à constater l'opposition de deux classes ultimes d'expériences. Toutes les choses sont des manifestations d'un Inconnaissable, vérité reconnue aussi bien par la religion que par la science, au fond de tout se trouve le mystère ; or, les manifestations simples de cet Inconnaissable sont ou fortes ou faibles. Les premières sont produites sous les conditions de ce que nous nommons perception ; ce sont, en quelque sorte, des originaux. Les secondes, produites sous les conditions de réflexion, d'idéation, de mémoire, d'imagination, ne sont que copies des premières. Cette division de Spencer répond à ce que la psychologie appelle les faits de perception externe et ceux de perception interne. Ces manifestations fortes et faibles forment dans la conscience deux courants parallèles ininterrompus ou du moins qui paraissent tels. Chacun de ces courants a ses caractères : dans le courant fort, par exemple, les cohésions sont indissolubles, tandis que dans le courant faible elles sont facilement dissolubles. Le premier est peu modifiable par le second ; celui-ci peut facilement se séparer de celui-là. Enfin, les conditions sous lesquelles ces manifestations apparaissent sont particulières à chaque ordre.

Cette division revient à celle de l'objet et du sujet, du *non-moi* et du *moi*. Le moi est le pouvoir qui se manifeste dans la série faible, le non-moi celui de la série forte[1]. « La séparation (entre objet et sujet) est déjà déterminée, le jugement ne fait que la prononcer davantage[2]. » Ce qui revient à dire que le monde de la perception médiate a une réalité égale à celui de la perception immédiate ; c'est là, nous paraît-il, la plus simple expression du réalisme de Spencer ; mais qu'on se rappelle ceci : ce que nous percevons n'est jamais que

---

[1] Les manifestations de l'Inconnaissable rangées dans la classe des faits de tension musculaire et des émotions sont des manifestations faibles, bien qu'elles puissent paraître vives. Voir *Prem. princ.*, § 43.

[2] *Prem. princ.*, § 44, p. 135.

symbole de la « réalité réelle », si nous pouvons ainsi dire.

Les conditions d'apparition des manifestations faibles doivent toujours se trouver; celles des manifestations vives ne se peuvent toujours découvrir. Mais chez celles de ces dernières dont les antécédents restent inconnus, nous savons que les conditions d'apparition sont pareilles à celles dont nous connaissons les antécédents. De là naît la conscience vague d' « une région indéfiniment étendue de force ou d'être, non seulement séparée du courant des manifestations faibles qui constituent le *moi*, mais placée en dehors du courant des manifestations vives qui constituent la portion immédiatement présente du *non-moi* [1] ».

La philosophie admet donc, en résumé, la validité d'une opération primordiale de la conscience : intuition de ressemblance et de différence, et le produit primordial de cette opération : distinction du moi et du non-moi. Et nous pouvons ramener les postulats de Spencer aux suivants : 1° Existence d'une force inconnaissable. 2° Existence de manifestations connaissables de cette force, ordonnées suivant leur ressemblance ou leur différence [2]. C'est ici que Spencer met en garde contre l'erreur qu'il y aurait à prendre la connaissance de ces manifestations pour la connaissance de l'Inconnaissable lui-même. En elles-mêmes, ces manifestations nous

---

[1] *Prem. princ.*, § 44, p. 136. C'est sur ces données de l'expérience qu'est en grande partie basée l'affirmation de l'Inconnaissable et de la force infinie de Spencer.

[2] *Ouv. cit.*, § 45, ou encore, ainsi que Spencer se résume lui-même au § 51, les postulats de sa philosophie se ramènent à : 1° Une cause inconnue des phénomènes ; 2° Des ressemblances et des différences entre ces phénomènes ; 3° La séparation des phénomènes en sujet et objet.

demeurent inconnues, et les termes par lesquels nous les désignons, termes que Spencer va maintenant passer en revue, ne sont que des signes.

Nous ne connaissons que des phénomènes ; or ce terme de phénomène, synonyme de celui d'apparence, pourrait être avantageusement remplacé par celui d'*effet*; ce dernier mot fait penser à cause, et ce que nous percevons n'est que la succession des effets produits par une cause inconnue et inconnaissable. Le réel, toute philosophie devrait débuter par une définition de ce terme, est ce qui persiste : « la persistance est le critérium ultime de la réalité en tant que présente à la conscience [1]. » Or, percevoir les effets persistants d'une cause persistante est pour nous pratiquement comme si nous percevions la cause elle-même. Nos impressions de vue ne sont que des symboles de nos impressions de tact et pourtant nous identifions les deux. Ainsi, bien que les vérités dont nous nous occupons soient relatives, nous les traitons comme vérités absolues.

La relation est la forme universelle de la pensée ; elle n'existe que sous deux modes : séquence et coexistence. L'abstrait de toutes nos expériences de séquence est ce que nous appelons : *temps;* l'abstrait de toutes celles de coexistence est ce que nous nommons : *espace*.

Espace et temps, formes abstraites de la perception, nous sont connus comme réalités relatives, mais ils impliquent des réalités absolues : et ces dernières sont la base des raisonnements qui nous amènent aux vérités relatives seules connues de nous. Mais ces formes d'intuition sont le résultat des expériences accumulées de toute l'espèce animale et humaine, car partout le con-

---

[1] *Prem. princ.*, § 46, p. 140.

cret précède l'abstrait et lui donne naissance. L'espace, de même que le temps, est pour nous purement relatif, tant par sa formation que par sa définition. Inutile serait la question : l'espace est-il une forme ou une condition de l'existence absolue qui produit en nous une forme ou une condition de l'existence relative que nous connaissons? nous ne saurions y répondre ; nous sommes devant l'inconnu.

La conscience de la *matière* est celle de positions coexistantes, mais qui en même temps opposent de la résistance ; c'est ce qui la distingue de la conscience de l'espace. Il y a donc dans la matière deux éléments : un élément primaire, spécifique, celui de résistance ; et un élément secondaire, celui d'espace. La conscience de l'espace n'étant que l'abstrait d'expériences de force sous le mode de coexistence, celle de la résistance provenant naturellement d'expériences de force aussi, la conscience de la matière n'est que la conscience de la force, sous deux modes différents. L'absolu dont nous connaissons le côté relatif sous le nom de matière est un mode de l'Inconnaissable ; tout ce que nous pouvons affirmer de la relation qui unit cette matière à l'Inconnaissable, c'est qu'elle est relation d'effet à cause.

La conscience du *mouvement* implique celle du temps, de l'espace et de la matière ; elle n'est ainsi que la synthèse des expériences de force vues jusqu'ici sous ces différents noms de temps, espace, matière. Elle renferme un élément fondamental : celui de la nécessité du changement de position. Or cet élément vient, lui aussi, des expériences de force (expériences de tension musculaire et de résistance objective)[1]. Est-il besoin de

---

[1] *Prem. princ.*, § 49, p. 147.

dire qu'à cette réalité relative correspond un absolu?

Nous en avons dit assez, bien qu'ayant exposé les idées de Spencer d'une façon fort résumée, pour montrer qu'en dernière analyse toutes ces vérités relatives se ramènent à la force comme vérité et réalité dernières. La force est dans le système de Spencer le « principe des principes », et c'est d'expériences de cette force que sont tirées par abstraction nos conceptions du temps, de l'espace, de la matière et du mouvement. Dans ces quatre termes nous pouvons du reste établir un groupement encore : la pensée est une relation; la matière et le mouvement, ou ce que nous désignons par ces termes, sont les concrets formés du contenu de nos diverses relations mentales; et l'espace et le temps sont les abstraits des formes de ces relations. Mais le concret aussi bien que l'abstrait nous vient de la force, cette dernière nous donnant les matériaux et les formes du connaissable.

En présence de telles données et de telles conclusions, un problème se pose: qu'est-ce que la conscience? Cette question a été prévue par Spencer et voici comment il y répond : les impressions de force, dont résultent les idées générales que nous avons examinées, ne *produisent* pas la conscience. Mais ces impressions, différentes par l'espèce et le degré, donnent en se multipliant les matériaux pour l'établissement de relations, c'est-à-dire la pensée. Les formes s'organisent entre elles, le contenu de même; or comme, pour Spencer, une impression unique de force peut évidemment être perçue par un être sentant dépourvu de formes mentales, la conscience naît de cette ordonnance des impressions. La conscience *consiste* en changements [1].

---

[1] *Prem. princ.*, § 50, p. 148.

Noumène et phénomène sont ainsi comme deux côtés du même changement, et tous deux également réels.

Laissant de côté les abstraits des formes de relations mentales, temps et espace, Spencer traite des concrets qui forment leur contenu : matière et mouvement. Il va montrer ce qui en est pour ainsi dire l'essence, tout au moins un caractère essentiel : la matière est indestructible ; l'idée d'anéantissement ou de création possible de la matière est restée longtemps parmi les croyances humaines ; elle y subsiste encore sous la forme de la foi aux créations spéciales que Spencer réfute très au long dans ses *Principes de biologie*[1] ; la science en a démontré la fausseté. Il est impossible en effet à la pensée de concevoir la matière devenant inexistante ; la pensée consistant dans l'établissement de relations, si dans une relation de deux termes l'un des termes disparaît, la relation cesse nécessairement. Il est impossible à l'esprit de se représenter quelque chose devenant rien ou rien quelque chose, car rien n'est pas objet de conscience. Cette vérité reste d'ailleurs en dehors du champ de l'expérience, puisqu'une vérification expérimentale de l'indestructibilité de la matière demanderait comme point de départ la reconnaissance du principe en cause. Si la matière pouvait disparaître, être anéantie, la science et la philosophie seraient impossibles ; or la possibilité de la connaissance a été admise comme un postulat nécessaire. — Il importe de se rappeler, en parlant d'indestructibilité de la matière, que le philosophe n'entend par là que l'indestructibilité de la force qui nous affecte comme matière.

[1] *Princ. biol.*, 3ᵉ partie, chap. Iᵉʳ et II.

Le mouvement présente le même caractère que la matière ; comme celle-ci est indestructible, celui-là est continu. L'idée grecque a persisté dans la science jusqu'à Galilée, et cette idée c'est que les corps ont une tendance à perdre leur mouvement; le principe d'inertie est aujourd'hui celui sur lequel repose toute la mécanique. Mais continuité du mouvement ne signifie pas continuité du mouvement de translation ; cette espèce de mouvement peut cesser, l'expérience quotidienne en fournit la preuve; quand le mouvement de translation cesse, ce n'est pas une chose qui disparaît, mais un signe d'existence apparu sous certaines conditions. Le principe d'activité demeure, et quand il n'est pas sensible, il devient latent; ce fait est spécialement important pour comprendre la formule définitive que Spencer établira dans la suite. Ce principe d'activité qui se révèle à nous comme translation ou tension, c'est ce qui dans le mouvement demeure, ce que nous nommons continu. Il est un corrélatif objectif du sentiment subjectif appelé effort; il nous est connu sous la forme simple de l'activité musculaire [1].

De même que l'indestructibilité de la matière, la continuité du mouvement est une condition de la possibilité de la science et de la philosophie. La quantité de l'élément force du mouvement demeure, pour la pensée, invariable.

Ces deux principes, indestructibilité de la matière et continuité du mouvement, ne sont que deux formes de la vérité dernière à laquelle nous puissions atteindre : la *persistance de la force*, point d'arrivée de toute induction, point de départ de toute déduction, vérité dont toutes

---

[1] *Prem. princ.*, § 58, p. 165-166.

les autres ne sont que des corollaires ; la persistance de la force est la vérité irréductible.

La force se présente à nous dans l'expérience sous deux modes : *a)* la force qui est répandue dans l'espace et qui maintient les corps dans l'état où nous les voyons; force qui n'a pas de nom particulier et que Spencer appelle force intrinsèque; et *b)* celle qui produit les mouvements actuels ou potentiels ; c'est l'énergie ou, par opposition à la première : la force extrinsèque. Dans le cas général de la force, comme dans les cas particuliers de ses deux aspects : la matière et le mouvement, prouver sa persistance est impossible, puisque la persistance de la force intrinsèque et de la force extrinsèque est impliquée par toute démonstration.

Cette force dont nous affirmons la persistance est la force absolue; celle que nous connaissons n'en est que le relatif et « le sens de l'effort est pour nous le symbole subjectif de la force objective en général, passive ou active [1] ».

Du principe dernier de la persistance de la force résulte comme corollaire un autre principe dont l'application est constante dans la philosophie de Spencer. C'est celui de la persistance des relations entre les forces, le principe d'uniformité de loi [2].

Les forces physiques, espèces dont la force dernière et absolue est le genre et la cause, peuvent se transformer les unes dans les autres; Spencer part de la théorie cinétique de la chaleur et, appuyé sur l'autorité des Grove, des Helmoltz, montre le mouvement devenant tour à tour chaleur, lumière, électricité, magnétisme ; et

---

[1] *Prem. princ.*, § 60, p. 170.
[2] *Ouv. cit.*, § 65, p. 177.

au travers de ces diverses métamorphoses, ces forces ne sont ni augmentées, ni diminuées. Les sciences concrètes servent à l'établissement d'une corrélation qualitative et quantitative entre les forces.

Dans toute son œuvre, et pour chaque cas particulier à expliquer, il faudrait revenir à cette idée : Spencer prend pour point de départ du processus de notre système solaire l'hypothèse de la nébuleuse primitive. Au début, la matière cosmique et la force de gravitation existent seules. Ces données suffisent à expliquer le système dont nous faisons partie. Le mouvement qui d'abord a produit l'agrégation des masses est devenu chaleur, rayonnement du soleil. Ce mouvement se transformant, on passe de la genèse des astres aux faits géologiques, puis à ceux de la vie végétale, enfin à ceux de la vie animale par une marche continue et infinie dans le temps. Mais si grandes que soient les périodes auxquelles correspondent les diverses phases de l'histoire de notre univers, dans les phénomènes du tout comme dans ceux de ses grandes divisions, comme chez l'individu, on constate le même principe, la même loi [1].

Mais la loi de métamorphose n'a pas pour domaine le monde des forces physiques seulement; elle s'étend bien au delà, car les forces mentales sont en corrélation avec les premières. La nature en est la même : la sensation est le produit des forces physiques; l'action n'est que le réflexe de la sensation [2]. Nous avons dans ces dernières propositions tout le résumé de la psychologie de Spencer, et les deux volumes qui traitent des principes de psychologie ne sont que le développement et l'illustration de ces idées.

[1] *Prem. princ.*, § 70, p. 191.
[2] *Ouv. cit.*, § 71.

Les modes de l'Inconnaissable connus de nous comme chaleur, lumière, etc., sont donc non seulement transformables les uns dans les autres, mais encore transformables en ces modes que nous désignons par les termes de sensation, pensée, émotion [1]. C'est là une vérité d'expérience ; mais comment s'opère cette transformation ? comment le mouvement peut-il devenir lumière ou état de conscience ? comment une opération chimique au point de vue objectif est-elle subjectivement une émotion ? C'est un mystère qu'il serait inutile de chercher à dévoiler ; ici encore nous sommes à la limite de notre connaissance ; tout « ce que nous pouvons savoir c'est que nous sommes en présence d'une des lois du monde phénoménal ».

La corrélation n'existe pas seulement entre les forces physiques et les forces vitales, elle peut s'observer encore entre ces dernières et les forces sociales. Ainsi, quelque forme que revêtent les manifestations de la force, cette force est tirée du soleil ; on peut dire que tout nous vient de lui. Des étoiles qui poursuivent leur marche dans l'espace infini aux pensées de l'astronome, aux sentiments du poète qui les contemplent, tout est produit de la force ; les forces changent et se transforment, *la force* demeure identique.

Les forces d'attraction ou de répulsion que l'expérience nous montre partout sont des modes de l'Inconnaissable, modes connus de nous ; de leur coexistence résultent les lois de la direction du mouvement. Ces lois sont au nombre de quatre : 1° le mouvement se produit dans le sens de la moindre résistance ; 2° tout mouvement persévère dans sa direction première tant qu'une

---

[1] *Prem. princ.*, § 71, p. 196.

nouvelle force n'entre pas en jeu ; 3° les forces extérieures influent sur un agrégat en mouvement ; et 4° la déviation de la direction première s'accroît avec chaque nouvelle force s'ajoutant aux précédentes ou s'y opposant. Les mouvements des astres, les phénomènes géologiques, les phénomènes biologiques, tant de l'espèce que des individus, les phénomènes physiologiques, ceux de l'esprit[1] aussi bien que ceux de la société sont autant d'exemples de ces lois, qui se ramènent au fond aux deux premières seulement.

Cette loi, car nous pouvons parler d'une loi exprimant la direction et la continuité du mouvement, se déduit comme toutes les autres de la persistance de la force.

Mais le mouvement a un autre caractère encore : tout mouvement est rythmique ; le rythme se produit partout où il y a conflit de forces et non équilibre, il est une propriété nécessaire du mouvement. Le rythme est simple ou composé, composé quand il résulte de la coïncidence et de l'antagonisme de rythmes simples ; le mouvement n'étant jamais absolument rectiligne, le rythme est toujours incomplet, ce qui implique et explique qu'il n'y a jamais retour parfait à l'état primitif, au point de départ. Cette nécessité du rythme paraît évidente si l'on considère que pour qu'elle n'existât pas, il faudrait supposer un mouvement continu en ligne droite, c'est-à-dire un infini vide et un seul corps se mouvant dans cet infini. De l'arrangement spiral des nébuleuses diffuses aux « hauts » et « bas » que présente toute statistique, en passant par les phénomènes psychologiques, la sensation par exemple qui se décompose en une succession d'oscillations

---

[1] « La volition, par exemple, est une décharge initiale le long d'une ligne de faible résistance. » *Prem. princ.*, § 79, p. 216.

rapides, tout est soumis à la loi du rythme. Religions, philosophies, arts, sciences pourraient servir aussi d'illustrations à cette loi [1]. Etant donnée la coexistence des forces antagonistes, ce rythme universel n'est qu'un corollaire de la persistance de la force.

Les divers principes et lois examinés jusqu'ici sont tous analytiques et ne constituent pas une connaissance des choses proprement dite ; la philosophie doit faire la synthèse de ces vérités particulières. Quel est l'élément commun à toutes les opérations concrètes que présentent les diverses sciences, tant de la nature que de l'homme et de la société? La matière indestructible étant, comme nous l'avons vu, soumise au mouvement continu et rythmique, la vérité dernière à laquelle nous amène l'analyse des phénomènes est : « la redistribution universelle de matière et de mouvement ». La philosophie réclame une synthèse et cette synthèse nous sera donnée dans une formule exprimant « le cours des changements subis par la matière et le mouvement[2] » Cette formule, c'est la loi de l'évolution.

Autant qu'il nous paraît possible de grouper et de classer les principes vus jusqu'ici, et c'est là une tâche assez difficile, voici en résumé ce que nous considérons comme les données de la philosophie de Spencer : affirmation d'un Inconnaissable, à nous connu en fonction de force ou comme cause de tous les phénomènes. Les

---

[1] On ne saurait trop insister, pensons-nous, sur ce caractère rythmique de toute existence ; les conséquences de ce principe sont tout spécialement importantes pour ce qui concerne les phénomènes psychiques et moraux. — En outre, il serait plus juste de désigner le système de Spencer sous le nom de « *rythmisme* » que sous celui si général d' « évolutionnisme ».

[2] *Prem. princ.*, § 92, p. 250.

expériences de cette force constituent toutes nos connaissances des réalités, réalité signifiant chose qui persiste. Le temps et l'espace sont les formes abstraites de toute connaissance ; la matière et le mouvement représentent les contenus concrets de ces connaissances ; formes et contenus sont connus de nous comme réalités relatives, mais sont corrélatifs de réalités absolues. La matière et le mouvement dans leur persistance manifestent la persistance de la dernière réalité que nous puissions statuer : la force. Les forces, formes diverses de la force, sont transformables les unes dans les autres et au travers de ces transformations demeurent équivalentes ; enfin le mouvement continu est soumis, quant à sa direction, à la loi de moindre résistance ; à la loi du rythme, quant à sa nature.

§ 2. La loi d'évolution

Dire philosophie ou dire « unification du savoir », c'est dire même chose ; or connaitre une chose c'est la voir non seulement dans le présent, mais encore dans son passé et dans son avenir ; ce passé et cet avenir sont des objets de connaissance possible s'ils ne le sont de connaissance actuellement réelle. Toute théorie des choses, autre mot pour signifier philosophie, prend chaque chose à sa sortie de l'imperceptible et la conduit au travers des phases diverses de son existence jusqu'à sa rentrée dans cet imperceptible [1]. Ce passage de l'état imperceptible à l'état perceptible, puis retour au premier, est le même dans tous les domaines de la nature et l'établissement

---

[1] « L'histoire complète d'une chose doit la prendre à sa sortie de l'imperceptible et la conduire jusqu'à sa rentrée dans l'imperceptible. » *Prem. princ.*, § 93, p. 251.

de sa formule constitue la tâche de la philosophie; cette formule sera la loi universelle des êtres. Toute théorie philosophique qui laisserait en dehors de ses explications une portion ou une autre de l'univers, dans le passé ou le futur, serait par là-même théorie incomplète, savoir non totalement unifié, en un mot ne serait pas encore *la* philosophie. Cette dernière est donc essentiellement une *histoire*, histoire du tout aussi bien que de chacune de ses parties.

Les changements auxquels sont soumises les choses reviennent à : perte de mouvement et intégration de matière, ou bien acquisition de mouvement et désintégration de matière (c'est à cela que nous avait amené notre § 1er). Malgré l'apparence donc, rien n'est véritablement stable; tout est dans un perpétuel mouvement d'intégration ou de désintégration, et l'on peut résumer l'histoire de tout agrégat (or chaque chose ou chaque être est un agrégat) en disant qu'il passe d'un état imperceptible diffus à un état perceptible concentré, grâce au processus d'intégration, puis revient à un état imperceptible diffus, par le processus de désintégration. La croissance d'un organisme, par exemple, est la phase de prédominance de l'intégration; l'état stable, en apparence, est la succession rythmique de l'intégration et de la désintégration dont les résultats se font équilibre; la fin est la période où la désintégration prédomine [1]. Ce qui est vrai d'un organisme l'est aussi du groupe auquel cet organisme appartient, vrai également de l'ensemble des êtres auxquels ce groupe se rattache, vrai enfin de l'univers. La vérité dernière est donc bien : redistribution de matière et de mouvement, et cette vérité le

---

[1] *Prem. princ.*, § 96, p. 256.

principe unificateur de tous les groupes scientifiques connus.

Ces deux processus en antagonisme, auxquels se ramène l'histoire de toutes les choses et de toutes choses sont : l'*évolution* et la *dissolution*. L'évolution est pour Spencer l'intégration de la matière amenée par le dégagement du mouvement ; la dissolution et l'absorption du mouvement produisant la désintégration de la matière. Disons tout de suite qu'à la suite de cette première définition du premier processus, l'évolution, Spencer ajoute : cette évolution est souvent beaucoup plus encore, comme la suite le montrera[1]. L'évolution qui n'est qu'agrégation de matière et dégagement de mouvement, est dite *évolution simple* ; le phénomène de la cristallisation en est un exemple. Lorsque, par le fait de la lenteur de la dissipation du mouvement, à l'intégration, qui constitue l'évolution simple et consiste en un seul changement, se joignent des changements secondaires, l'évolution devient alors *composée* : l'évolution de l'organisme le plus simple est une évolution composée. Les changements secondaires qui ont lieu dans les parties de l'agrégat et qui accompagnent le changement primaire sont proportionnés à la durée de l'évolution et à la quantité de mouvement latent que contient l'agrégat ; de quelque mouvement d'ailleurs qu'il s'agisse le principe demeure le même : plus le mouvement latent est grand, plus les forces incidentes (forces physiques, chimiques, biologiques, sociales) opéreront de redistributions secondaires ; la stabilité ou l'instabilité relatives

---

[1] Au mot *évolution*, Spencer préférerait celui d'*involution*. Il adopte cependant le premier comme opposé dans le langage commun à dissolution. *Prem. princ.*, § 96, p. 258.

d'un corps sont donc proportionnelles au mouvement latent contenu dans ce corps [1].

La stabilité et la complexité sont par leurs conditions mêmes en opposition ; la conciliation, et fort complète, s'en trouve pourtant dans la matière organique vivante ; cette matière à la fois contient une grande quantité de mouvement latent et possède une cohésion assez forte pour permettre la fixité dans l'arrangement. Les caractères qui distinguent les agrégats inorganiques des organiques sont le mouvement latent qui se manifeste comme chaleur et la complexité plus grande manifestée par les arrangements secondaires.

Et les agrégats vivants se distinguent des agrégats simplement organiques par des faits connexes : les premiers, dit Spencer, subissent des changements secondaires remarquables et ont plus de mouvement latent. Si donc la redistribution primaire de matière est rapide, le résultat en sera un agrégat simple ; si elle est lente, et que par là les effets des redistributions secondaires s'accumulent, l'agrégat en résultant sera composé.

On le voit maintenant, pensons-nous, le mouvement, autre nom pour désigner la force, effet dont la force absolue n'est que la cause, est bien le principe dernier du système de Spencer. Toutes les différences entre les agrégats divers, différences que nos sens perçoivent, ne sont que différences de quantité de ce mouvement ou différences dans sa forme (latente ou apparente).

---

[1] Cette loi est importante spécialement en ce que, unie à deux autres lois que Spencer mentionne, et surtout à celle de la relation entre l'instabilité et le nombre des éléments d'un agrégat, elle doit expliquer les propriétés de la matière à l'état colloïde. Et cet état est celui sous lequel le protoplasma ou matière vivante se présente à nous et forme le point de départ de toute l'évolution organique.

Arrivé à ce point dans l'établissement de son système, Spencer s'arrête pour ainsi dire afin de montrer cette évolution sous ses trois aspects fondamentaux, de la montrer dans tous les domaines où notre savoir peut prétendre ; par une série de faits et d'inductions, il commente de façon très détaillée les mots : intégration de matière et dissipation de mouvement, et le résultat de cette enquête sera l'établissement de la formule dernière et absolue de l'évolution. C'est ici surtout que dans ses *Premiers principes* le philosophe anglais manifeste un remarquable talent de synthèse, ici qu'il laisse voir l'étendue et la diversité de ses connaissances ; s'il n'inspire souvent à la pensée qu'une confiance relative, toujours du moins il force l'admiration ; et l'on doit lui reconnaître une science peu commune, encore qu'elle soit loin, selon nous, d'être absolument unifiée !

L'*évolution* au sens tout général du terme est un passage d'un état à un autre, passage positif dans l'évolution proprement dite, négatif dans la dissolution ; la philosophie n'est en quelque sorte que l'histoire de ce passage. Passage d'abord, c'est ici le premier aspect de l'évolution, de l'*incohérence* à la *cohérence* ; au commencement de toute existence, ce qui sera plus tard les éléments de cette existence est confus, sans aucun lien ; dans la nature entière et dans toutes les manifestations de l'Inconnaissable, de l'état primitif de notre système solaire, état de la nébuleuse diffuse, aux opérations quotidiennes de la Bourse sur l'un des grands marchés européens, au système même que Spencer expose et que nous résumons ici, tout accuse une marche vers l'individualisation ; tout se combine, s'unit pour former des agrégats qui se recombineront, pour s'individualiser à nouveau. La dépendance si étroite des divers agrégats les uns à l'égard des autres, observable dans ce que Spencer nomme les mondes inorganique, organique et superorganique, présente à la pensée cette intégration du tout et des parties. C'est là comme un premier débrouillement de cette confusion primitive des choses, point de départ de l'évolution universelle.

Outre ce passage de l'état diffus à un état concentré, l'évolution est encore celui de l'*homogène* à l'*hétérogène*. Tout est simple, tout est un au début; par l'évolution tout devient complexe et multiple. C'est là une idée énoncée déjà dans le domaine de la biologie par le compatriote de Spencer, le médecin Harvey, et surtout par von Baer[1]. Spencer l'applique à l'ensemble des choses et l'appuie d'observations nombreuses et de faits empruntés à toutes les sciences. La différenciation du soleil et des planètes, le développement de toute l'animalité, aussi bien que de l'organisme humain dont le point de départ est l'œuf fécondé, les distinctions qui s'établissent dans toute société, les différents genres en littérature et jusqu'aux modes auxquelles nous nous soumettons, sont autant d'exemples que l'hétérogénéité devient toujours plus grande au cours du temps[2]. Cet aspect de l'évolution se résume d'un mot : la multiformité sortant de l'uniformité.

Enfin, l'évolution est un passage de l'*indéfini* au *défini*; c'est bien ici un aspect nouveau, non une répétition du

---

[1] Voir sur la loi de von Baer *Princ. biolog.*, IIe part., chap. II, § 52.

[2] Ce passage de l'homogène à l'hétérogène est le caractère essentiel, le point central de l'idée d'évolution ; c'est une forme de la loi du progrès comme allant du simple au complexe. Spencer connut l'idée de von Baer, il nous le dit lui-même, en 1852, et il l'exprima, non plus comme loi biologique seulement, mais en l'étendant à tout organisme, dans un *Essay*, paru en avril 1857 déjà, de la *Westminster Review* : « Le progrès, sa loi et sa cause. »

caractère d'hétérogénéité, car l'hétérogène peut être le désordre et cela à cause de son indétermination. Le caractère défini est le principe de l'ordre qui vient s'ajouter à ceux de la cohérence et de la multiformité. Chaque pas, chaque période dans l'histoire de notre système solaire comme dans celle de notre globe est un pas vers une structure plus définie; l'œuf ici encore pourrait servir de type à ce caractère de l'évolution : d'une masse indéfinie on voit sortir cet être si complexe et si harmonisé qui est un mammifère par exemple; la société, elle aussi, devient de plus en plus limitée en ses parties et dans ses fonctions; et de l'instrument de silex, outil unique de l'homme des cavernes, au microscope de nos laboratoires, c'est un progrès continu vers un caractère plus défini; c'est là du reste un caractère secondaire en regard des deux autres.

Il est important de remarquer que, dans cette analyse du processus d'évolution, les trois aspects nous ont conduit à constater le même fait : la marche ascendante, le progrès. Plus un agrégat sera cohérent, plus il sera diversifié et aura un caractère défini, plus il sera élevé dans l'ordre des agrégats en général, et en particulier dans la classe à laquelle il appartient.

Mais en parlant de marche vers l'intégration, la différenciation et le défini, nous n'avons envisagé que des aspects de la matière en évolution; il nous reste à voir ce que devient le mouvement. Dans un agrégat en voie de changement, le mouvement latent demeure, et c'est lui qui permet les redistributions secondaires; or ce mouvement retenu subit des transformations analogues et parallèles à celles de la matière : il devient plus intégré, il se différencie et se définit. C'est là ce que Spencer nomme l'évolution sous son aspect dynamique;

le mouvement concret ou apparent n'est qu'un produit du mouvement diffus. « Le mouvement des masses qui apparait implique la cessation d'un mouvement moléculaire équivalent [1]. » Tout dans le mouvement se ramène aux mouvements moléculaires du soleil à la terre. Spencer donne des exemples de ces transformations du mouvement : le mouvement de la nébuleuse est simple ; ceux des planètes et de leurs satellites sont extrêmement complexes ; les mouvements de locomotion chez l'animal, les changements mentals de l'homme, le jeu des organes sociaux, tout prouve cette redistribution du mouvement en tous domaines, parallèle à celle de la matière. Ces deux redistributions ne sont que les deux faces de l'évolution et la première est aussi importante que la seconde ; on ne les saurait séparer d'ailleurs que par analyse.

Parti de cette formule provisoire et trop générale : « redistribution de matière et de mouvement », nous arrivons maintenant à la formule définitive et complète : « L'évolution est une intégration de matière accompagnée d'une dissipation de mouvement, pendant laquelle la matière passe d'une homogénéité indéfinie, incohérente, à une hétérogénéité définie, cohérente, et pendant laquelle aussi le mouvement retenu subit une transformation analogue [2]. »

Le savant et le philosophe constatent donc partout des transformations et partout ces transformations se font suivant une même loi ; mais posséder l'expression complète de cette loi n'est pas tout connaître encore ; pouvons-nous trouver la raison de cette méta-

---

[1] *Prem. princ.*, § 139, p. 342.
[2] *Ouv. cit.*, § 145, p. 355.

morphose, la réponse au « pourquoi » après la réponse au « comment » ? Après avoir envisagé l'évolution sous ses divers aspects et avoir exprimé ces aspects par des principes (de cohérence ou d'intégration, d'hétérogénéité ou multiformité, etc.), il nous reste à en faire ce que Spencer appelle la « synthèse rationnelle », c'est-à-dire à « rattacher à un principe supérieur les caractères universels de l'évolution [1] ». Le principe supérieur est celui auquel nous sommes arrivés déjà par l'analyse des idées de matière et de mouvement : la persistance de la force, dont tout doit pouvoir se déduire.

L'histoire d'un agrégat le prend, nous l'avons vu, à sa sortie de l'imperceptible ; sa genèse et son évolution, la première n'étant du reste que la phase initiale de la seconde, réclament certaines conditions, en dépendent, et présentent à l'analyse divers facteurs ; ce sont ces facteurs que nous avons, après Spencer, à examiner.

Le point de départ de tout agrégat, partie ou tout, est un état homogène ; or, l'état d'homogénéité est un état d'équilibre instable ; c'est dire qu'il ne peut demeurer tel ; l'*instabilité de l'homogène* exprime ce fait général que les parties semblables d'un agrégat étant exposées à des forces diverses, doivent être diversement modifiées ; dans tout agrégat on peut distinguer au moins l'interne et l'externe ; la proximité, en outre, plus ou moins grande de sources d'influence implique des influences diverses, soit en qualité, soit en quantité ; en conséquence, des changements divers aussi. L'homogène primitif devra donc nécessairement devenir hétérogène. L'instabilité de l'homogène nous fournit donc la raison de ce caractère

---

[1] *Prem. princ.*, § 147, p. 357.

de l'évolution : le passage de l'homogène à l'hétérogène ou de l'un au multiple. — Du fait que les orbites des astres sont excentriques au fait de la division du travail, par exemple au fait que là où le sol renferme des métaux la population devient en partie minière, toutes les sciences illustrent ce principe de l'instabilité de l'homogène [1]. Cette loi est un corollaire de la loi dernière de persistance de la force; l'évolution commence, si l'on peut se servir de cette expression impropre, pour ainsi dire par la loi de permanence de la force et se continue par celle de changement, changements de plus en plus nombreux ; l'homogène absolu du début devient un homogène relatif, en d'autres termes un hétérogène. Et cette loi est également observable dans le tout et dans les parties.

Le second facteur ou la seconde raison de l'évolution, seconde cause relative de complexité, est la *multiplication des effets*. Ce n'est pas la matière seule qui devient complexe; la multiformité affecte la force aussi. Une force incidente qui tombe sur un agrégat ne demeure pas une; par réaction de la matière elle se décompose en groupes de forces dissemblables; elle subit une dispersion et en même temps une différenciation qualitative.

---

[1] Nous ne pouvons pour chaque principe nouveau qu'énonce Spencer donner ne fût-ce que quelques exemples; notre sujet n'est pas une étude des *Premiers principes*, bien qu'un examen attentif nous en ait paru nécessaire. Nous renvoyons pour tout ce qui est insuffisamment développé dans ce rapide exposé, comme pour des exemples nombreux, à ces *Premiers principes*, pour ne pas dire à l'œuvre entière de Spencer. Ces lois générales, on l'aura remarqué, s'emboîtent toutes pour ainsi dire les unes dans les autres; elles ne sont que l'expression des divers aspects d'un même fait qu'exprime une seule et même loi : le fait est celui de la persistance de la force; la loi, celle de l'évolution.

La loi sous sa forme générale peut s'exprimer par la formule : « L'effet est universellement plus complexe que la cause [1]. » Toute nouvelle division spécialisée devient à son tour centre de forces spécialisées, et les effets d'une cause augmentent en progression géométrique. Un exemple bien typique nous est fourni par le nombre incalculable de conséquences qu'a eues un seul fait comme celui de l'invention de la locomotive. La loi de multiplication des effets, comme la précédente, se déduit pour Spencer de la persistance de la force. L'affirmation de différences entre les choses n'est en réalité que l'affirmation de différences de force perçues par nous ; la cause est unique, les effets en sont infinis en nombre.

Mais l'hétérogénéité résultant de ces deux premiers facteurs n'est point une hétérogénéité vague, elle est harmonique. Le troisième facteur de l'évolution nous donne la raison de l'ordre qui règne dans la nature ; c'est la loi de *ségrégation* qui exprime le fait partout constatable de l'union des unités semblables en groupes différents des groupes voisins. Ce n'est que l'intégration locale accompagnant la différenciation locale, résultat de l'action des deux premiers facteurs. Cette troisième loi peut s'exprimer en cette formule : des forces mêlées sont séparées par la réaction de substances semblables, et des unités mêlées sont séparées par l'action de forces semblables. — La sélection naturelle et la survie des plus aptes à l'existence, principes qui jouent un rôle si grand dans toute théorie évolutionniste, dans le système de Spencer par conséquent, ne sont qu'une forme d'expression de cette loi dans l'ordre biologique. Les

---

[1] *Prem. princ.*, § 156, p. 388.

faits de ségrégation constatés dans tous les ordres naturels peuvent tous se ramener à cette vérité générale : dans toute action ou réaction de force sur la matière, une dissemblance dans un facteur (cause) amène une dissemblance dans l'effet, et si les facteurs sont semblables les effets le doivent être aussi. Cet énoncé suffit à montrer que le principe de ségrégation se déduit, comme les précédents, de la persistance de la force.

Ce que Spencer vient de décrire, et qu'il résume dans les trois principes examinés, n'est que le conflit de la force et de la matière [1]. Mais quelle doit être la fin de ce conflit, la fin relative, naturellement, puisque la persistance de la force empêche toute fin absolue ? Cette fin, c'est l'*équilibre*, terme vers lequel tendent toutes choses. La coexistence de forces antagonistes nécessite un rythme et la décomposition de la force en forces divergentes nécessite un équilibre final. Ainsi le but de l'évolution, pour autant que l'on peut parler ici d'un but, sans attacher à ce mot aucune idée de finalité, est un état d'équilibre mobile ; dans un agrégat en effet, et nous savons assez qu'il en est de la partie comme du tout, tant qu'un excès quelconque de force n'est pas contrebalancé par une autre force, la redistribution continue et la complexité s'accroit ; d'où la limite à l'hétérogénéité de chaque agrégat et de l'ensemble des agrégats sera la formation de combinaisons et de spécialisations aussi nombreuses qu'il y aura de forces à équilibrer [2]. Ces propositions ouvrent devant l'esprit du philosophe qui se demande ce que sera l'avenir de notre monde, de l'univers, des infinis tels que la pensée y sombre.

---

[1] *Prem. princ.*, § 156, p. 386.
[2] Ouv. cit., § 170.

Bien inutile serait de notre part la tentative de définir l'équilibre mobile, par opposition à l'équilibre absolu ; tout équilibre est à la fois relatif et absolu : « Tout équilibre regardé communément comme absolu est, en un sens, un équilibre mobile, parce que, à côté d'un état sans mouvement de la masse, il y a toujours quelque mouvement relatif des parties insensibles qui le composent. Réciproquement, tout équilibre mobile peut, en un sens, être regardé comme absolu, parce que les mouvements relatifs de ses parties sensibles s'accompagnent d'un état immobile du tout [1]. » — Du balancement des astres dans l'espace infini aux succès alternatifs des conservateurs et des réformistes dans la politique anglaise, tout dans la nature et dans la société nous apparaît par suite des mouvements rythmiques comme marchant vers l'équilibre ;... « les changements terrestres nous apparaissent comme des détails de l'établissement de l'équilibre cosmique [2]. » La vie elle-même n'est qu'un état d'équilibre que l'évolution tend à réaliser [3], et la mort n'est autre chose pour l'individu que l'établissement d'un équilibre définitif. Dans l'ordre mental, les lois du rythme et de l'équilibre se peuvent aussi observer : « Toute connexion externe de phénomènes que nous pouvons percevoir, engendre... une connexion interne d'états mentaux [4]. » Mêmes phénomènes dans la société : ici l'équilibre se fera de plus en plus entre les sentiments ou forces intérieures et les forces extérieures ; le résultat en sera une nature individuelle et une société telles que les désirs de l'homme seront satisfaits dans sa sphère

---

[1] *Prem. princ.*, § 170, p. 438.
[2] Ouv. cit., § 172, p. 445.
[3] *Princ. de Biolog.*, 1re partie, chap. VI, § 36.
[4] *Prem. princ.*, § 174, p. 451.

d'action, et que la société n'imposera d'autres limites que celles respectées librement par chacun ; la liberté de tous sera la limite à la liberté de chacun alors que l'équilibre sera complet[1].

La réalité dernière que nous pouvons entrevoir est, nous l'avons vu, la force, dont la quantité doit demeurer toujours même, et qui se manifeste à nous sous les deux formes générales de force attractive et force répulsive ; nous savons également que tous les corps se meuvent dans un milieu et que c'est à ce milieu que passe le mouvement perdu par les agrégats en évolution. D'où nous pouvons établir les deux propositions suivantes comme exprimant la condition dernière d'un équilibre final : 1° par des soustractions continuelles de mouvement un corps deviendra immobile ; 2° il ne sera immobile qu'une fois tout le mouvement soustrait. L'établissement de l'équilibre ou passage du mouvement sous un autre mode, ce que nous appelons mouvement apparent n'étant jamais qu'un signe d'existence, se déduit de la persistance de la force ; or, cette persistance est la garantie même d'un équilibre final[2].

L'évolution ayant pour limite l'état d'équilibre, cette

---

[1] On peut voir ici déjà quel sera le principe de la morale pour Spencer, une des formes de ce principe du moins; la limitation de l'activité de chacun par l'activité d'autrui ou l'équilibre entre les différentes unités sociales, la justice.

[2] Sans empiéter sur notre partie critique, nous devons cependant faire ici remarquer que cet équilibre mobile, dit final, n'est qu'un équilibre relatif. En un sens, l'équilibre final s'il existe est la mort universelle, comme Spencer le reconnait, *Prem. princ.*, p. 460. Cette mort universelle pourra être suivie d'ailleurs d'un recommencement de toutes choses, puisque la force demeure identique à elle-même et que ses manifestations : matière et mouvement restent les mêmes en quantité. C'est d'ailleurs là, comme nous le verrons plus loin (p. 32-33), un problème transcendant.

évolution suivant une marche ascendante en vertu même de la nature de ses facteurs, la persistance de la force nous permet d'affirmer qu'il s'opère un *progrès graduel*, une marche vers l'harmonie. Progrès n'est, en définitive, dans le système que nous étudions, qu'un synonyme d'évolution ; et c'est d'ailleurs de ce premier nom que Spencer appelait son principe dernier des choses, alors qu'il donnait, en 1857 déjà, une esquisse de sa philosophie à venir, dans une grande revue anglaise [1]. Et, en relation avec ce sens plus spécialisé du mot évolution, le mot équilibre désignant le terme du processus prend le sens du plus grand bonheur des êtres animés et de la plus grande perfection de toutes choses. On saisit, sans que nous ayons besoin d'insister, toute l'importance de ce principe de l'équilibre, au point de vue de l'établissement futur de la morale de Spencer.

Mais l'état d'équilibre n'est encore qu'une phase de l'évolution, l'avant-dernière ; le corps quelconque que nous considérons comme exemple de la loi générale des choses, corps sorti de l'imperceptible, y doit rentrer. Tout agrégat en équilibre relatif, et, à un certain point de vue, on peut dire que tout équilibre sera toujours relatif, demeure soumis aux actions de son milieu ; sous ces influences extérieures, le mouvement qui en lui s'était équilibré augmente, l'état précédent est rompu et un nouveau processus commence, mais cette fois processus inverse du premier. C'est celui de désintégration ou de *dissolution*. Spencer s'arrête peu devant cette contre-partie de ce qu'il a précédemment exposé tout au long, sans doute, pensons-nous, par motif de sentiment ; ce retour en arrière, encore que très scientifiquement

---

[1] Voyez note 2, p. 22 du présent travail.

établi, n'en a pas moins un caractère mélancolique !
Sans doute aussi parce que nous avons pour le moment,
c'est-à-dire depuis que l'homme a fait son apparition
sur la terre, le bonheur de n'en voir que des cas isolés !

Suivant une marche inverse de celle suivie jusqu'ici
dans la série d'exemples qui illustrent chaque principe
particulier, Spencer commence par le domaine de la
société et montre là des cas de désagrégation partielle ou
totale ; il suffit de jeter un coup d'œil sur certaines
périodes de l'histoire pour observer de tels phénomènes.
La vie, avant que l'individu atteigne à cet équilibre
complet qui est la mort, subit une dissolution. Notre
terre se désagrège et se désagrègera toujours davantage,
et la fin du système solaire tout entier n'est autre que la
dissolution. Certains esprits infèrent de tels faits et
d'une telle loi qu'une mort universelle est le terme
auquel nous tendons, ou plutôt auquel l'espèce humaine
tend. « Fausse conclusion, dit Spencer ; au lieu de la
mort, c'est la vie universelle qu'il faut attendre. Car il y
a plus dans l'évolution que cette loi de dissolution,
chemin de mort et d'immobilité. Le mouvement et la
matière demeurent fixes, la force est toujours identique ;
une fois que notre système solaire sera arrivé à un équilibre relativement absolu, c'est-à-dire quand il sera
revenu à cet état de primitive homogénéité que nous
connaissons, la perte de mouvement que subira nécessairement la masse ramènera la forme nébuleuse. »
Deux processus pourront d'ailleurs avoir lieu: si l'espace est illimité et si l'éther remplit cet espace, il se
peut que « la quantité de mouvement moléculaire
rayonné dans la région de notre système sidéral soit
égale à celle que notre système rayonne » ; dans ce cas,
les concentrations et diffusions de la matière cosmique

se répèteront à l'infini. Ou bien, si dans l'espace illimité il n'existe pas de systèmes sidéraux soumis à ces mêmes changements, ou s'ils existent, mais trop loin pour que leur rayonnement équilibre celui de notre système, la quantité de mouvement de celui-ci diminuera à chaque nouvelle concentration; la fin sera alors un état d'intégration complète et de repos absolu. Mais c'est là une question transcendante à laquelle nous ne pouvons répondre, puisqu'un de ses éléments, l'espace illimité, est inconcevable.

L'opinion de Spencer est que nous avons des raisons de croire que l'univers, et plus particulièrement le système dont nous faisons partie, passe par des périodes incommensurables et alternatives d'attraction et de répulsion; c'est là le rythme universel, loi suprême des choses, auquel est soumis le tout comme la plus infime de ses parties. Le passé nous apparaît alors comme composé d'une série infinie d'évolutions analogues aux évolutions actuelles ; l'avenir, de même, ne sera que la succession des évolutions toujours et toutes mêmes en principe, mais différentes par leurs résultats concrets. Et cette dernière vérité, importante surtout en ce qui concerne la sociologie et la morale, est celle que Spencer cherche à établir dans les volumes qui font suite aux *Premiers principes*.

La loi d'évolution, résumé de toute la « philosophie synthétique », est donc bien la formule cherchée d'unification du savoir, l'expression complète de la philosophie, puisque tous les cas particuliers que nous puissions constater rentrent dans le cas général, et absolu en un sens, qu'elle exprime. Mais il importe de bien se rappeler que les différents aspects que nous y avons trouvés, les divers facteurs et principes que Spencer a établis ne se présentent pas successivement ; ceux-ci agissent simultanément, et l'on peut dire que dans tout phénomène tous sont à la fois en jeu et tous pourraient être observés ensemble si l'esprit en avait la capacité.

En résumé, partant de la formule définitive d'évolution, nous avons vu que les causes de multiformité se ramènent à l'instabilité de l'homogène et à la multiplication des effets ; celle du caractère défini des existences à la ségrégation ; que la limite de l'évolution, au sens restreint du terme, est l'équilibre mobile, état de stabilité relative que doit suivre le processus contraire de dissolution ; que tous ces principes ou lois se peuvent déduire enfin de la persistance de la force.

La force, et c'est ici l'impression que nous laisse l'étude des *Premiers principes*, plane ainsi sur tout le système, et en même temps le constitue tout entier. Véritable divinité, réalité suprême et unique, à la fois transcendante et immanente, dont toutes choses ne sont que des manifestations particulières, elle est tout, elle produit tout, c'est d'elle que tout naît, à elle que tout se peut ramener.

CHAPITRE II

Le principe de la morale évolutionniste.

§ 3. L'homme et la société résultats de l'évolution.

Si nous voulions établir une philosophie complète, il faudrait débuter par décrire l'évolution du monde inorganique, qui précède et conditionne le monde organique. Mais Spencer laisse cette première partie de côté : « L'ordre logique eût exigé, dit-il, une application de ces premiers principes (établis dans son premier volume de la *Philosophie synthétique*) à la nature inorganique. J'ai jugé convenable de ne pas traiter ce grand sujet, d'abord parce que, même en le supprimant, mon plan est trop vaste, et ensuite parce que l'explication de la nature organique d'après la méthode que je propose est bien plus importante [1]. » Il commence donc par cette

---

[1] Voyez préface de Spencer aux *Premiers principes*, p. LXXXII de la préface de la traduction française d'après laquelle nous citons. Disons que, pour un motif analogue à celui pour lequel Spencer a laissé de côté l'évolution du monde inorganique, il n'a pas publié encore (novembre 1898) les parties de ses *Principes de sociologie* traitant des progrès du langage, progrès intellectuel, progrès esthétique, progrès moral. Des « Institutions ecclésiastiques » qui forment la dernière partie de ses *Principes de sociologie* actuels, il a passé aux *Principes de morale* en raison de l'importance qu'il y attache.

explication de l'ordre organique; la matière organique, nous l'avons vu déjà dans les *Premiers principes*, se distingue de l'inorganique en ce qu'elle concilie deux caractères ou propriétés habituellement en opposition, celle de posséder beaucoup de mouvement latent et celle de demeurer fixée; la matière sous la forme colloïde, opposée à la forme cristalloïde, possède l'activité, et cette activité n'est que le résultat des changements physico-chimiques qui se passent au sein de cette matière. « L'état colloïde est en réalité un état dynamique de la matière; l'état cristalloïde en est l'état statique... On peut considérer l'activité comme la première source de la force qui apparait dans le phénomène de vitalité [1]. »

Les mêmes forces physiques qui agissent sur toute matière agissent sur la matière organique et la réaction de cette dernière fait apparaitre ces forces que nous nommons : chaleur, lumière, électricité, etc. Pourtant une de ces forces mérite une mention spéciale : celle que nous nommons la *force nerveuse*; elle n'est assimilable à aucune autre, bien qu'engendrée par les forces incidentes de toute espèce; tout ce que nous en pouvons savoir, et en saurons probablement jamais, c'est qu'elle est « un genre de dérangement moléculaire propagé d'un bout à l'autre d'un nerf [2] ». Le mouvement sensible qui accompagne et caractérise la vie n'est aussi qu'une réaction; mais ici encore nous sommes en présence d'une inconnue : nous ignorons comment le mouvement moléculaire, insensible, devient mouvement de masse. La vie enfin, caractérisée déjà comme un équilibre, est, au point de vue de son développement, « l'accommoda-

---

[1] *Princ. biol.*, 1re partie, chap. I, § 6, p. 18.
[2] Ouv. cit., 1re partie, chap. III, § 21.

tion continue des relations internes aux relations externes »; les relations internes étant ce que Spencer appelle concrètement : « des combinaisons définies de changements simultanés et successifs », les relations externes « des coexistences et des séquences, et le lien entre ces deux termes : « une correspondance [1] ». Plus la correspondance est complète, plus la vie augmente en étendue et en complexité, plus nous disons que la vie est grande ou élevée; or la correspondance par l'évolution doit croître »; ... le maintien d'une correspondance entre les relations internes et les externes qui... constitue la vie... répond complètement à l'état d'équilibre mobile qui se forme au cours de l'évolution, et tend toujours à devenir plus complet[2]. » Une correspondance parfaite entre l'individu et son milieu serait la vie parfaite.

Mais tout commence par l'imparfait et l'indéterminé ; quels sont les facteurs qui vont agir dans l'évolution de la vie et l'amener à son plus haut point de perfection ? Les énumérer sera énumérer les causes de complexité des organismes, c'est-à-dire les causes de l'apparition de l'espèce humaine après les autres espèces animales. Ces facteurs sont externes et internes.

A. *Facteurs externes :* Les rythmes astronomiques soumettent les organismes à des influences solaires variées et produisent des conditions physiques nouvelles; les variations solaires, par exemple, sont soumises à un rythme quadruple : variations quotidiennes dans la quantité de lumière et de chaleur, par le fait de l'alternance du jour et de la nuit; variations annuelles manifestées par les saisons; en outre, la terre est soumise à

---

[1] *Princ. biol.*, 1re partie, chap. IV, § 25, chap. V, § 30.
[2] *Ouv. cit.*, 1re partie, chap. VI, § 36, p. 112.

des variations d'une période de vingt et un mille ans, suivant qu'elle est plus ou moins inclinée sur son axe, et enfin à d'autres d'une période de deux millions d'années environ, suivant la plus ou moins grande excentricité de l'orbite terrestre [1]. Par la multiplication des effets, chaque région ou habitat terrestre devient plus hétérogène ; de nouveaux facteurs influent alors sur les organismes et de nouveaux effets en sont la conséquence. Aux rythmes astronomiques et géologiques, comme résultantes de ces rythmes, mais devenant causes à leur tour, s'ajoutent les variations de climat. Enfin, influencés par ces facteurs divers, les organismes produisent des changements les uns sur les autres par le fait de leur coexistence. « Il faut noter ce principe général que les organismes sont constamment occupés à envahir leurs sphères d'existence respectives. La tendance que montrent les races humaines à envahir et à occuper les territoires les unes des autres est une tendance qui règne dans toutes les classes d'organismes, et de toutes sortes de manières [2]. »

De l'union de toutes ces causes, agissant à la fois ou successivement, résulte la complexité des organismes telle que nous la pouvons constater.

B. *Facteurs internes :* Ces facteurs se ramènent aux trois principes ou facteurs de l'évolution : instabilité de l'homogène, multiplication des effets et ségrégation, qui produisent l'hétérogénéité et un caractère plus défini dans

---

[1] *Princ. biol.*, 3ᵉ partie, chap. IX, § 148. Nous avons donné ce résumé du rythme quadruple du soleil non seulement en raison de son importance, puisque toute force terrestre vient du soleil, mais pour montrer combien sont complexes les facteurs de l'évolution et combien loin souvent il faut chercher les causes des phénomènes.

[2] *Ouv. cit.*, 2ᵉ partie, chap. XII, § 105.

tout agrégat : genre, ordre, classe ou individu. Ce n'est ici, on le voit, que l'application directe des principes généraux de toute évolution à celle de la vie des individus et des espèces.

Partant de telles prémisses, on est naturellement amené à se demander si l'évolution organique est ou doit être universelle ? s'il n'existe pas une persistance sans progression ? en d'autres termes la question de l'existence des espèces se pose. Chaque espèce est le produit de certaines conditions ; si les conditions demeurent les mêmes l'espèce subsistera et prendra un caractère plus défini ; c'est là une simple application du principe : « même cause, mêmes effets ». Et si les conditions viennent à changer, les espèces se conservent par la migration ; le changement d'habitat permet à l'espèce de trouver les conditions constantes sous lesquelles l'hétérogénéité ne se produit plus.

Mais comment le degré d'hétérogénéité nécessaire à la vie et l'équilibre qui constitue cette vie sont-ils atteints et peuvent-ils se conserver ? bien plus, comment se fait le progrès chez les êtres vivants ? De deux façons : directement d'abord, quand à une force incidente externe affectant un organisme répond une force interne de cet organisme, force directement produite ; indirectement, en second lieu, quand l'effet de la force incidente est contrebalancé par un changement de structure ou de fonction survenu dans l'organisme d'une manière indirecte. L'établissement direct de l'équilibre, ou « équilibration » directe, se manifeste chez l'animal comme adaptation ; par exemple les changements dans le pelage ou dans la couleur de la peau sont des phénomènes d'adaptation. L'équilibration « indirecte » est plus importante que la première ; elle s'opère par la destruction des individus qui ne sont pas aptes à s'adapter au milieu ; c'est ce que Darwin a appelé la « sélection naturelle ou conservation des races favorisées dans la lutte pour la vie ». C'est une épuration automatique qui tend à assurer l'adaptation [1]. Cette adaptation est ou produite ou maintenue par la sélection naturelle ; quant aux variations de structure ou de fonctions qui ont favorisé l'existence de l'espèce, elles sont comme accumulées, et transmises grâce à l'hérédité.

Ces divers facteurs que nous avons passés en revue, externes et internes, dont l'action a pour résultat la production et le développement des espèces [2], n'agissent point séparément ; tous coopèrent, et il est souvent difficile, sinon impossible, de dire ce qui vient de l'un plus spécialement que d'un autre. Un fait digne de remarque, c'est que l'équilibration directe, moins importante aux débuts de l'évolution organique que l'équilibration indirecte, le devient toujours plus à mesure que les facultés essentielles se multiplient ; tandis que la sélection naturelle produit moins d'adaptations spécifiques et rentre pour ainsi dire dans l'ombre ; son rôle se borne à faciliter en certains cas la première [3] équilibration.

De cette évolution qui commence à la matière organique simple et aboutit aux organismes vivants les plus complexes [4], le produit dernier est l'homme, dont l'im-

---

[1] *Princ. biol.*, III⁰ partie, chap. XII, § 165.
[2] Spencer traite longuement des phénomènes biologiques de la genèse, de l'adaptation, de la variation et de l'hérédité et les explique par son hypothèse des « unités physiologiques » dans ses *Princ. biol.*, II⁰ partie : Inductions de la Biologie, chap. V-X.
[3] *Ouv. cit.*, III⁰ partie, chap. XIII, § 170, p. 568 (1ᵉʳ vol.).
[4] Que l'on entende bien : nous ne disons pas par là que l'évolution suit un plan linéaire, comme s'il y avait une marche continue des

portance vient non de ce qu'il différerait substantiellement des animaux les plus élevés (cette différence n'existe pas), mais de ce qu'il est comme le point de départ d'une nouvelle évolution : l'évolution superorganique, et aussi de ce que chez lui l'évolution psychophysiologique atteint un degré supérieur à celui atteint chez les autres animaux. Il importe de voir le point de départ de cette nouvelle évolution pour voir ensuite, au paragraphe suivant, quel doit en être le point d'arrivée ; sachant que partout et toujours les mêmes lois et les mêmes principes agissent, on en déduit la manière dont s'opèrera ce passage ou évolution de l'homme et des organismes auxquels il appartient, ces derniers se ramenant à la société en général.

L'homme primitif dut être d'une taille inférieure à celle de l'homme civilisé actuel ; constamment en lutte avec les animaux qui lui disputaient les lieux habitables de la planète agitée encore par ses dernières convulsions, il devait vaincre des difficultés de toutes sortes et il est naturel que, une haute stature lui procurant de sérieux avantages, la stature primitive se soit accrue ; son agilité aussi devait être moindre en raison surtout du peu de développement de ses membres inférieurs, développement ou de structure ou de grandeur ; son alimentation irrégulière, sa nourriture de qualité infé-

« monères » du prof. Haeckel à « l'homo sapiens » ; le plan de l'évolution est un plan rayonné et ne se laisserait représenter que par une figure à trois dimensions. On comprend par là que les rapports entre les espèces sont d'une complexité telle qu'aucune représentation n'en pourrait donner une idée. Ce que nous voulons dire par évolution qui va de la matière organique aux mammifères supérieurs, c'est qu'au premier degré de cette évolution est la matière organique et au plus élevé l'homme. Voyez *Princ. biol.*, IIe partie, chap. XI, § 100.

rieure, malpropre, non cuite, ne pouvaient lui fournir qu'une provision irrégulière aussi de puissance nerveuse ; en un mot sa force devait être inférieure à la moyenne de la force humaine actuelle. Par contre, en raison du développement fort incomplet du système nerveux, son endurance corporelle était relativement grande ; indifférent en une certaine mesure aux sensations agréables comme aux sensations douloureuses, il était plus capable de supporter les températures extrêmes ; enfin, arrivant vite au développement que les circonstances extérieures lui permettaient d'atteindre, sa nature était peu plastique et rendait difficile toute modification [1].

Au point de vue émotionnel, l'homme primitif était éminemment simple : des sensations suivant d'autres sensations, des états de conscience simplement représentatifs s'unissant à ces sensations, c'était là tout ce qui constituait sa conscience. Il est difficile d'ailleurs de faire un tableau net et complet de l'être humain à ce point de vue ; les faits qui nous servent de témoignage sont embrouillés et en partie contradictoires. Voici les traits cependant qui nous apparaissent comme caractéristiques : la tendance tout d'abord à obéir à l'impulsion du moment, de laquelle résulte l'impossibilité d'une coopération ; « l'humeur variable et changeante » de l'individu empêche la confiance de naître ; la conduite n'étant gouvernée que par des émotions tyranniques, elle est toute explosions et désordre, elle n'a aucune suite. L'homme tout absorbé par ses sensations présentes ignore toute prévoyance, la passion est son guide ; le manque de cohésion dans ses

---

[1] *Princ. sociol.*, Ire partie, chap. V.

actions en est le résultat naturel. Mais les avantages qu'il retire de l'approbation de ceux avec lesquels il vit, comme les désagréments qui résultent de leur désapprobation, donnent au sauvage l'amour de celle-là et la crainte de celle-ci ; d'où prend naissance une subordination très indéterminée encore à l'opinion de la horde dont il fait partie. C'est là un fait capital comme la suite nous le montrera à maintes reprises. Mentionnons encore la fixité de l'habitude chez l'homme primitif, son caractère conservateur, et nous aurons indiqué à grands traits ce qu'est l'homme émotionnel au début de toute société [1].

Au point de vue intellectuel, comme au point de vue physique, l'homme primitif manque de plasticité : ses croyances sont rigides, il manque d'idées abstraites, il est ignorant de faits généraux et n'a pas de conceptions créatrices. En revanche ses sens sont en général fort développés, sa perception du monde extérieur est rapide et grâce à cette faculté il acquiert une adresse dont les récits des voyageurs chez les peuplades primitives nous donnent des exemples nombreux. Cette vie intellectuelle inférieure entrave par son développement même celui d'une vie supérieure. L'homme primitif porte son attention sur tout, des détails souvent minimes le frappent, mais dans l'amas de ses impressions il ne sait pas choisir, de ses nombreuses expériences il ne sait pas conclure à une observation générale ; ce caractère d'irréflexion est un des plus apparents chez les races inférieures : la faculté d'imitation qu'elles possèdent souvent à un haut degré montre l'antagonisme qui existe chez elles entre l'activité perceptive et l'activité réfléchie ; cette faculté

---

[1] *Princ. sociol.*, Ire partie, chap. VI. *Princ. psychol.*, passim.

d'imitation est déterminée par les mille incidents extérieurs de la vie du sauvage, mais elle reste pour ainsi dire tout à la surface; la faculté représentative, condition de toute activité réfléchie et un peu étendue, lui fait défaut; aussi ignore-t-il les classifications et les idées complexes. L'absence de vérités générales, ces vérités étant comme des types auxquels nous ramenons les idées particulières, produit chez lui la crédulité; fait important en ce qu'il favorise l'établissement des codes religieux et politique. L'idée de causation naturelle n'est pas non plus primitive; on ne rencontre pas chez l'homme aux premiers degrés de son développement ce que Spencer appelle la « surprise rationnelle », germe de la curiosité scientifique; le besoin d'expliquer les phénomènes n'existe pas; cette idée est contraire à l'idée courante, à l'opinion qui voit dans le sauvage un être qui se perd dans la recherche du sens des phénomènes qui le frappent. Nous pourrions dire que pour Spencer, bien qu'il n'emploie pas le mot, l'homme primitif est avant tout « simpliste » dans ses explications, quand explications il donne. En outre, il n'a pas l'esprit inventif; cet esprit ne se rencontre que chez les races ayant atteint un degré de civilisation assez avancé déjà. Comme au point de vue physique, au point de vue mental la limite du développement de l'homme primitif est rapidement atteinte, et une fois atteinte n'est pas dépassée, tant que les conditions demeurent mêmes [1]. Ces différents traits qui caractérisent le sauvage se retrouvent chez l'enfant et même chez l'adulte des races peu civilisées, chez les femmes des classes inférieures aussi en général [2].

[1] *Princ. sociol.*, Ire partie, chap. VII; *Princ. psychol.*, passim.
[2] *Princ. psychol.*, VIIIe partie, chap. III, §493.

L'esquisse que nous venons de tenter, d'après Spencer, n'est encore que l'esquisse de l'homme sortant de l'animalité, l'homme considéré comme individu seulement, c'est-à-dire isolé de tous ses semblables ; mais il est impossible de l'étudier de cette façon sans le mutiler, car en même temps qu'individu, unité vivant pour soi-même, l'homme est unité sociale ; une ou deux remarques faites précédemment, soit à propos de « l'amour de l'approbation » de l'homme primitif, soit à propos de sa crédulité doivent l'avoir fait pressentir déjà. Le point de départ de l'évolution nouvelle qui se définit nettement dans la race humaine n'est pas l'homme seulement, c'est l'homme être social ; l'évolution générale amène cette évolution particulière ; et l'homme en même temps qu'il crée la société est pour ainsi dire créé par elle ; il y a entre l'individu et le milieu social auquel il appartient action et réaction de façon que l'on peut les considérer l'un et l'autre comme cause et effet à la fois.

Les débuts de toute évolution sociale dépendent du milieu physique et biologique où se trouvent les unités qui vont s'agréger ; certains facteurs spéciaux doivent être mentionnés en raison de leur importance dans ce nouveau processus. 1° La température : chacun sait que la vie de l'homme n'est possible qu'entre certains extrêmes soit de chaud, soit de froid. 2° L'humidité de l'atmosphère est un élément très important par les effets directs qu'il produit sur les organismes animaux : l'activité corporelle est beaucoup plus intense dans les lieux secs que dans les lieux humides, et cela parce que l'évaporation pulmonaire et cutanée se fait plus facilement. 3° La configuration et la nature du sol facilitent ou entravent la vie et amènent une réunion plus rapide ou plus lente des unités ou même l'empêchent totalement. 4° La flore doit présenter un certain degré de développement sans être cependant excessive, car dans ce dernier cas elle peut être un obstacle à l'intégration sociale et même à la vie [1] ; enfin, 5° la faune détermine en un sens ce que sera la vie des premiers agrégats sociaux : vie pastorale ou chasseresse ; est-il besoin de rappeler que les fauves et les insectes peuvent être des agents de destruction redoutables et par là avoir des effets sociaux importants ?

Par l'action de ces différents facteurs, et d'autres encore, car nous ne les connaissons pas tous [2], les caractères qui constituent le type primitif de l'homme en partie se développent et en partie surtout se transforment. L'examen de ces premiers progrès nous montrera l'homme comme unité sociale ; la faculté sensitive, c'est ici le principe premier de la psychologie évolutionniste, est la racine de toutes les autres facultés [3]. Les idées, d'absolument simples qu'elles étaient au début, deviennent plus complexes et plus générales. La naissance de ces idées suppose, il est vrai, certaines conditions sociales ; mais il faut envisager les deux côtés à la fois : ici comme partout il y a action et réaction et, en étant effets du milieu social, elles contribuent en partie à sa transformation. Grâce à des expériences nombreuses et de plus en plus complexes, l'homme acquiert la possibilité d'une pensée plus élevée ; et les croyances, rigides au commencement, peuvent se modi-

---

[1] Spencer cite comme exemple de ce dernier fait qui peut sembler étrange au premier abord les îles Andaman dont l'intérieur est couvert d'une végétation telle qu'il en est rendu inhabitable. *Princ. sociol.*, 1re partie, chap. III, § 18.

[2] *Princ. sociol.*, 1re partie, chap. V, § 20.

[3] *Princ. psychol.*, VIIIe partie, chap. II, § 479.

fier peu à peu. L'idée de cause, confuse et indéterminée dans l'esprit de l'homme primitif, nait à la suite d'innombrables expériences de phénomènes particuliers de causation ; les notions se précisent, et la crédulité primitive devient l'esprit de critique et le scepticisme. L'imagination qui certainement existait au début, tous les peuples primitifs en témoignent, mais qui n'était que reproductive, devient par évolution constructive ; or l'imagination constructive est comme le fondement de tout ordre élevé de développement intellectuel.

Si du premier processus de l'intelligence humaine nous passons à celui des sentiments, nous devons constater que les mêmes causes produisent des effets analogues mais dans un domaine différent, et suivant une même marche aussi. S'il est vrai qu'il faudrait, pour comprendre toute partie de l'évolution générale, en connaitre tous les éléments, cela est encore plus vrai quand il s'agit de l'évolution psychologique ou sociologique, tellement que pour chaque élément il faudrait parler du tout. Sans que nous l'ayons expressément indiqué, on a pu voir déjà qu'en un sens les deux pôles de l'évolution sont l'individu et l'espèce, et que leur conservation nous apparait comme le terme de cette évolution : « Il y a, dit Spencer, deux fonctions de la plus haute généralité, la conservation de l'individu et la conservation de la race, auxquelles toutes les autres fonctions particulières sont subordonnées [1]. » La conservation de l'espèce d'ailleurs, et cela surtout dans l'espèce humaine, n'est que le moyen pour la conservation de l'individu. Or la réunion des unités se produit naturellement parce qu'elle favorise la conservation de l'espèce ; ce fait se peut constater

---

[1] *Princ. psychol.*, VIIIe partie, chap. V, § 503.

non seulement dans la race humaine mais déjà parmi certaines espèces animales. La vie en commun, que l'expérience prouve être favorable à cette conservation, produit un sentiment de plaisir dû à la conscience de la présence d'un autre individu, conscience, en conséquence, d'une force plus grande dans la lutte toujours possible. C'est la première racine de la sympathie.

A ce premier fait tout général d'association d'où naît la sympathie se joignent les rapports sexuels et ceux de paternité. « En raison directe de la permanence et de l'intensité de ces relations, il y a un nombre plus grand et une variété plus grande d'occasions où les individus qu'elles unissent sont affectés ensemble par les mêmes causes, et laissent voir ensemble les mêmes signes extérieurs ; les sympathies deviennent plus larges et plus fortes là où les trois formes de sociabilité existent à côté d'une haute intelligence et où il n'y a pas de conditions nécessitant la répression des sympathies[1]. » État d'association et sentiment de sympathie s'impliquent ainsi et s'unissent ; en eux se trouve le germe de toutes les évolutions sociales particulières.

Mais, à côté de ce caractère de sociabilité, ou mieux de cette tendance à vivre en société que Spencer nomme « socialité », il faut remarquer que la race humaine possède le caractère « prédateur ». Le sentiment de camaraderie et d'union s'est développé là où il est utile seulement ; l'activité « prédatrice », primitive en un sens puisqu'elle répond aux besoins de conservation de l'individu, a spécialisé la sympathie et en retarde le développement. L'évolution des sentiments sociaux élevés qui ont leur racine dans la sympathie est ainsi tenue en

[1] *Princ. psychol.*, VIIIe partie, chap. V, § 508.

échec par les sentiments que crée et que développe la lutte pour l'existence. On peut entrevoir ici déjà les deux types généraux et opposés auxquels Spencer ramène tout état social : le type prédateur ou organisé pour la lutte, et le type pacifique où la sympathie domine.

Les sentiments égoïstes, et par sentiment Spencer entend la représentation au second degré d'une émotion particulière, sont pour lui : le sentiment de la possession, source de plaisir parce qu'il est comme le rappel vague de tous les plaisirs passés procurés par la possession d'une chose quelconque; le sentiment de liberté, qui n'est au début que la conscience de « pouvoir se servir sans empêchement de ses membres et de ses sens », sentiment qui est également source de plaisir individuel; enfin, le sentiment d'estime de soi, né de la conscience d'avoir atteint un but quelconque, et d'avoir par là satisfait à un besoin ou à un désir. A côté de ces sentiments purement égoïstes naissent les sentiments égo-altruistes; ils impliquent à la fois le plaisir personnel de l'individu et un plaisir chez autrui; l'élément égoïste est la représentation du plaisir d'autrui, représentation qui devient source de plaisir. Cette seconde catégorie est particulièrement importante pour l'évolution sociale, car ce sont les émotions produites par la représentation de l'amour ou de la haine des autres membres de la tribu qui déterminent les relations sociales; par expérience l'homme primitif apprend l'utilité qu'il y a pour lui à adopter une conduite appelant l'amour, à éviter celle qui lui attirerait la haine; il pense, en agissant, non à la valeur de l'acte qu'il accomplit, mais aux conséquences qu'aura cet acte. Les sentiments dits religieux rentrent en partie dans cette classe : « Une bonne part de ce qui passe pour sentiment religieux n'est qu'une forme hautement re-représentative de ce sentiment égo-altruiste qui guide surtout les hommes dans la conduite des uns à l'égard des autres. En exprimant son étroite parenté avec la prudence mondaine, le mot heureux de Leigh Hunt : « la prudence pour l'autre monde » fait bien comprendre cette vérité [1]. » Les sentiments que nous nommons moraux sont par conséquent aussi en partie sentiments égo-altruistes. Quant aux sentiments altruistes, qui doivent se développer par évolution, ils n'appartiennent pas au type social primitif, ce type étant caractérisé par la lutte et la destruction ; les sentiments altruistes ne sont, en une certaine mesure, compatibles qu'avec l'état de paix. Les sentiments esthétiques ont pour caractère essentiel celui du désintéressement, c'està-dire qu'ils sont associés à des fonctions n'ayant pas pour but la conservation immédiate de la vie ; il en est de même du jeu, qu'on pourrait définir « la tendance à l'exercice superflu et inutile d'activités qui ont été au repos », et qui se peut observer chez les animaux déjà. Les sentiments esthétiques, fort rudimentaires il est vrai, se trouvent déjà aux débuts de l'évolution sociale.

Nous avons vu l'homme primitif individu, et, par son premier développement, l'homme unité sociale. Nous avons aperçu les premiers germes de la société en général, les premiers facteurs de sa constitution ; mais la société est elle-même formée par plusieurs organismes qui se développent et sortent pour ainsi dire les uns des autres ; nous avons à examiner les débuts de ces organismes dont l'homme fait partie. Les individus disparaissent, et pour que l'espèce subsiste il faut qu'ils soient rem-

---

[1] *Princ. psychol.*, VIIIe partie, chap. VII, § 521, p. 631 (2e vol.).

placés; la production d'êtres nouveaux et la mortalité doivent être proportionnées l'une à l'autre dans l'humanité comme dans les espèces animales. Trois sortes d'intérêt sont en conflit : ceux de l'espèce, ceux des parents et ceux de la progéniture; l'évolution doit amener un équilibre entre ces intérêts de manière que la conservation de l'espèce exige le moins de sacrifice possible de la part des parents.

La *famille* est le mode supérieur de conciliation entre les besoins de la société et ceux de l'individu. Les rapports primitifs entre les sexes ne diffèrent en rien de ceux dans l'espèce animale; la passion du moment en est le seul guide, et le seul frein la crainte des conséquences; ce que dans la suite on nommera mariage n'est autre chose, au début, que la vie en commun, avec ou sans le consentement mutuel des unités. L'homme, représentant la force, dispose de sa femme ou de ses femmes et de ses enfants comme il dispose de tout ce qu'il a en sa possession; aucune valeur n'est attribuée à la chasteté corporelle ou à la fidélité dans le mariage, et des rapports condamnés avec horreur par les peuples civilisés sont chose commune et n'ont rien de répréhensible chez les sauvages. L'état de lutte est manifesté surtout, dans ce domaine, aux débuts de l'évolution de la famille, par le rapt des femmes, par la condition inférieure à laquelle elles et leurs enfants sont soumis, et par le despotisme sans frein qui règne dans la famille. Mais ce n'est là qu'une ébauche grossière de ce que deviendra cette famille; le progrès social élèvera les rapports entre époux comme entre parents et enfants [1].

La famille est la première société, elle est le germe de

---

[1] *Princ. sociol.*, IIIe partie, chap. I-III.

ce que nous appelons la *société* ; mais une vie en commun, l'union seule de plusieurs unités ne constitue pas encore cette société, ou mieux partout où se forme un agrégat social il y a organisation. Dans les relations entre personnes, individus primitifs, le premier gouvernement, entendant par là « tout ce qui a autorité sur la conduite », est celui des observances cérémonielles. Il est, pour Spencer, « le plus primitif, celui dont l'existence est la plus générale et qui se reconstitue toujours spontanément [1].... » Son autorité pour être vague n'en est pas moins à la base des autres autorités et son influence est avant tout régulatrice ; c'est comme le premier frein social mis aux emportements et aux explosions de la nature humaine primitive. Etudier les sociétés inférieures avec nos idées de loi et de code religieux et moral est une faute ; lois et religions sont des institutions dérivées ; chez les sauvages encore sans gouvernement proprement dit, le gouvernement cérémonial seul naît spontanément. « La cérémonie prend naissance dans la crainte : d'une part suprématie d'un vainqueur ou maître ; d'autre part, peur de la mort ou d'un châtiment chez le vaincu ou l'esclave [2]... » et ce qui plus tard sera règlement politique et règlement religieux n'est au début qu'un système de cérémonies exprimant la suprématie des uns et la soumission des autres. Si des traits communs impliquent une communauté d'origine, on peut affirmer hardiment que les autorités civile, religieuse et politique sont comme trois branches sortant d'un même tronc ; elles ont en commun le caractère cérémonial ; l'autorité des cérémonies date d'une haute

---

[1] *Princ. sociol.*, IVᵉ partie, chap. Iᵉʳ, § 343, p. 1 (3ᵉ vol.).
[2] *Ouv. cit.*, IVᵉ partie, chap. XII, § 430, p. 300 (3ᵉ vol.).

antiquité. Elles ne sont pas, comme on le croit communément, des symboles dès leur apparition ; elles sont des modifications d'actes accomplis au début en vue de fins personnelles ; la conduite individuelle se trouve au commencement de ce produit différencié de l'évolution sociale générale, comme au commencement de toute autre évolution sociale ; et le caractère symbolique qui nous apparaît aujourd'hui comme l'essentiel dans la cérémonie ne vient que dans la suite, alors que les conditions du milieu ont changé.

De la lutte, état primitif et général, résulte donc la différenciation première entre vainqueurs et vaincus ; et les cérémonies ne sont d'abord que l'expression de cette différence sociale. Le système cérémonial, simple au début, devient complexe ; il s'organise ; il aura ses fonctionnaires particuliers, son code spécial transmis et plus défini de génération en génération, ses rites propres chargés d'exprimer avant tout la subordination envers les vivants ou les morts. Un tel gouvernement, dont l'expression certainement semble bizarre au premier abord, se rencontre surtout dans le type primitif des sociétés ; et cependant il en reste encore beaucoup de traits dans notre société actuelle : les présents que nous envoyons au jour de l'an, les visites que nous faisons ou recevons, la poignée de mains de deux amis qui se rencontrent, les titres par lesquels nous commençons une lettre officielle, la mode enfin qui nous fait porter un vêtement ou un chapeau de formes particulières ne sont que les dernières manifestations du gouvernement cérémonial auquel nous nous soumettons sans en avoir même conscience [1].

---

[1] *Princ. sociol.*, IVᵉ partie, chap. Iᵉʳ, et passim.

Mais il n'y a pas lutte entre les individus seulement ou entre ceux-ci et les obstacles naturels qui s'opposent à la vie ; dès qu'un agrégat social est constitué il entrera, à moins de conditions très spéciales, en lutte avec d'autres agrégats semblables ; et cette lutte entre les sociétés est nécessaire : « C'est parce que la lutte pour l'existence s'est propagée dans toute l'étendue du monde animal qu'elle a été un moyen indispensable d'évolution ;... nous voyons que la guerre incessante entre les espèces est la cause principale et de la croissance et de l'organisation [1]. » Toute société suppose, ceci est impliqué dans sa définition, juxtaposition d'unités et coopération ; celle-ci à son tour demande une organisation. « Ce qui est le point de départ de la coopération sociale, c'est l'action combinée pour l'attaque et la défense ; c'est de ce genre de coopération que tous les autres proviennent [2]. » L'organisation qui a lieu en vue de la société, pour sa conservation et son amélioration, se développe consciemment, elle est coercitive, tandis que l'organisation en vue de l'individu naît et grandit inconsciemment, et a pour trait caractéristique la liberté [3]. A la question : qu'est-ce qu'une société ? Spencer répond dans les « Inductions » de sa sociologie : une société est un organisme ; or, comme tout organisme, une société croît par intégration. Elle commence par un germe ténu, réunion de quelques individus formant un groupe ; des groupes s'unissent pour former le clan ou la tribu. Dans les agrégats encore petits l'augmentation de la masse se fait par vol ou par adoption ; dans les grands agrégats, elle a

---

[1] *Princ. sociol.*, V⁰ partie, chap. I⁰, § 438, p. 326 (3⁰ vol.).
[2] *Ouv. cit.*, V⁰ partie, chap. I⁰, § 438, p. 328.
[3] *Ouv. cit.*, V⁰ partie, chap. II, § 440-441.

lieu par assujettissement ou par annexion ; au début l'intégration sociale dépend des liens du sang ; la famille, disions-nous, est la première société ; l'alliance naturelle des différents membres d'une famille rend la coopération facile ; et en s'unissant, les groupes patriarcaux primitifs forment les clans ; l'intégration subséquente, la formation de dépendances et d'unions nouvelles effacent les divisions primitives.

Ce n'est là encore qu'une partie de l'évolution de la société ; en même temps qu'il y a intégration il y a différenciation ; la distinction primitive et naturelle entre hommes et femmes correspond à celle entre gouvernants et gouvernés. Par la lutte, et cela surtout quand la tribu est sédentaire, s'établit celle entre vainqueurs et vaincus ; les vainqueurs sont en même temps les possesseurs de la terre ; possession qui est individuelle, au contraire de celle qui caractérise la phase nomade. Dans cet agrégat d'êtres humains comment naît le gouvernement politique ? Nous partons de la horde non encore organisée, où la seule distinction peut-être est celle des sexes ; devant le danger d'une guerre imminente il se forme dans cette horde réunie deux partis : celui des forts et des sages qui ont manifesté cette force ou cette sagesse en d'autres circonstances, dans des luttes précédentes contre d'autres hommes ou contre les animaux, parti formant la minorité, noyau biologique de l'organisme nouveau ; puis le parti des jeunes et des faibles qui constitue la majorité et comme le corps entourant le noyau primitif. Parmi les premiers se produit une autre différenciation ; l'une des unités prendra sur les autres un ascendant qui l'élèvera au-dessus de toutes : ce sera le chef. Ce dernier est l'organe des volontés particulières qu'il représente et dont il est l'expression, c'est là ce qui lui donne sa puissance[1] ; puissance accrue encore quand, à ces raisons, se joint le fait qu'il obtient la sanction religieuse.

La lutte est donc bien la cause de tout gouvernement primitif : au premier degré de développement la seule capacité prise en considération ou la seule qui s'impose est la capacité guerrière ; la suprématie qui en résulte n'est d'abord que transitoire ; une fois la guerre passée, le chef redevient simple membre de la tribu ; mais, par la réunion de conditions que nous ne pouvons ici indiquer, cette supériorité tend à devenir permanente et héréditaire. Ce qui fut primitivement le conseil des guerriers deviendra le ou les corps consultatifs dont la tâche est d'assister le chef dans son administration de la tribu. Quant à la majorité de l'assemblée, au reste du peuple, il ne peut plus être présent aux délibérations, cela est évident, surtout quand le territoire est de quelque étendue ; cette majorité devient les corps' représentatifs toutes les fois que le gouvernement n'est pas absolument despotique. De l'autorité primitive qui concentre toutes les autorités particulières se différencient, par délégation du souverain, l'autorité militaire proprement dite, l'autorité judiciaire et l'autorité exécutive.

A côté de ces deux sortes de gouvernement : cérémonial et politique, s'en trouve une troisième non moins importante : le gouvernement religieux ou ecclésiastique ; la raison de ce dernier se trouve dans l'idée religieuse ; il importe donc de connaître ce que désigne ce terme : idée religieuse ; cela nous fournira l'occasion de voir comment Spencer entend l'origine et le sens de toute religion, sujet assez important et touchant d'assez

---

[1] *Princ. sociol.*, IVe partie, chap. II, et passim.

près à la morale pour que nous nous y arrêtions un instant.

La terre et le ciel présentent à l'homme primitif une succession d'apparitions et de disparitions inexplicables au premier abord ; de la constatation de ces phénomènes naît dans l'esprit du sauvage l'idée de choses se manifestant et se cachant tour à tour ; en même temps l'idée d'une dualité, puisque les choses visibles ont deux modes d'existence ; cette idée est confirmée par l'observation de transformations comme celle de la chrysalide en papillon ou la découverte de fossiles divers. Il en résulte la croyance aux métamorphoses et l'idée générale que chaque objet est ce qu'il paraît réellement, plus quelque chose qu'il pourrait devenir. L'homme qui marche au soleil se voit accompagné de son ombre et, une fois la nuit venue, il constate que cette ombre s'est séparée de lui ; de même, se penchant au-dessus de la source claire où il boit, il voit son image réfléchie par l'eau ; l'idée d'un « autre soi », d'un « double » s'impose alors à lui. D'autre part, il est ignorant encore de ce que nous appelons « esprit » ; le rêve vient encore confirmer ces expériences diverses de dualité ; des rêves dans lesquels il a cru agir, alors que ses camarades lui affirment qu'il est resté auprès d'eux, couché, il tire sa première conception « d'un autre soi mental » ; la « croyance en un autre soi qui lui appartient est en harmonie avec tous les faits attestant la dualité que les choses ambiantes lui présentent ; elle l'est aussi avec ces faits nombreux où des choses passent d'états visibles à des états invisibles et réciproquement[1]. » Le « double » mental est conçu d'abord comme aussi matériel que l'être corporel ; peu à

---

[1] *Princ. sociol.*, 1ʳᵉ partie, chap. X, § 73, p. 204 (1ᵉʳ vol.).

peu l'idée se spiritualise en se mêlant à celle de l'ombre, pour devenir enfin celle d'un être purement spirituel. Ainsi naissent les idées de l'esprit, d'esprits, les croyances à une autre vie, à un autre monde, à des agents surnaturels se manifestant dans la nature. Pour le sauvage la vie se caractérise par le mouvement ; les idées d'animé et d'inanimé, d'abord confuses, se définissent ; mais, comme après le sommeil, la syncope, la catalepsie, l'homme inanimé a repris vie, comme le « double-esprit » est revenu dans le corps, on en conclut à un retour possible même une fois que l'homme semble bien mort ; d'où la croyance à la résurrection et l'idée que ces esprits qui ont abandonné leur demeure agissent toujours quoique invisibles ; ils peuvent faire du bien ou du mal aux vivants, aussi on les craint et l'on cherche à s'attirer leur faveur ; c'est la naissance de tout culte, qui est avant tout un acte de propitiation. La maison où fut le mort, qui souvent dans la suite est abandonnée, ou la caverne où l'on a déposé ses restes, deviendront un temple ; le tas de terre sur la fosse où l'on déposait d'abord la nourriture pour l'ombre deviendra l'autel ; les aliments offerts se nommeront sacrifices, et les paroles de louange destinées à apaiser l'esprit ou les demandes à lui adressées sont les premières prières. Ainsi à la racine de tout culte se trouve celui des morts, culte des ancêtres parmi lesquels les plus illustres, ceux dont le souvenir demeure plus longtemps en raison d'actions qui ont marqué leur vie, seront les dieux des générations à venir.

« Il n'y a pas d'exception, dit Spencer ; en donnant aux mots culte des ancêtres le sens le plus étendu, celui qui comprend tout culte rendu aux morts, qu'ils soient de même sang ou non, nous concluons que le culte des ancêtres est la racine de toute religion [1]. » Et ailleurs : « Dans leurs formes normales, comme dans les anormales, tous les dieux proviennent d'une apothéose. Dans le principe, le dieu est l'homme vivant supérieur dont on conçoit le pouvoir comme surhumain... »; et « dans les idées primitives la divinité est... synonyme de supériorité [2]. »

Ce culte des ancêtres implique que les enfants et les descendants accomplissent les cérémonies qu'il réclame puisqu'il est d'abord restreint à la famille; dans les communautés nomades le patriarche est à la fois chef et prêtre; les pouvoirs ecclésiastique et politique sont réunis sur la même tête; puis ces pouvoirs, suivant la marche habituelle de tous les éléments sociaux, se séparent l'un de l'autre et une hiérarchie ecclésiastique prend naissance et se développe parallèlement à la hiérarchie civile et souvent en opposition avec celle-ci. L'influence des institutions ecclésiastiques est surtout conservatrice : elles conservent et resserrent les liens sociaux, cela surtout en conservant les croyances et les coutumes du passé; et en insistant surtout sur l'obéissance due aux rites et aux codes de ce passé, elles fortifient le sentiment d'obéissance.

En résumé, comme l'exprime Spencer, « la *crainte des vivants* est le point de départ du gouvernement politique; la *crainte des morts* est le point de départ du gouvernement religieux [3] »; et ce sentiment de crainte est le résultat de la lutte générale entre les individus et les agrégats d'individus : « A l'époque où la terre se peuplait, la lutte pour l'existence entre sociétés, depuis les petites

---

[1] *Princ. sociol.*, Ire partie, chap. Ier, § 204, p. 563 (1er vol.).
[2] Ouv. cit., VIe partie, chap. Ier, § 585, p. 22, 24 (4e vol.).
[3] Ouv. cit., 1re partie, chap. XXVII, § 209, p. 582 (1er vol.).

hordes jusqu'aux grandes nations, a sévi partout [1]. » La lutte sous toutes ses formes, partout et presque constamment, tel est bien le caractère synthétique des débuts de l'évolution sociale.

Nous avons vu les débuts de l'évolution de l'homme comme individu [2]; mais cet individu étant étroitement uni à ses semblables, il dépend de différents organismes; nous avons vu les débuts de la famille, première société, puis de cette société même, enfin dans celle-ci des gouvernements divers : cérémonial, politique et religieux, et nous avons conclu à la lutte comme au caractère général résumant l'état primitif. Il nous reste à faire œuvre de synthèse en résumant les traits principaux de cet état social né de la lutte et organisé pour elle. Pour Spencer tous les types de sociétés se ramènent à deux : le type militant ou prédateur et le type industriel ou pacifique. L'évolution sociale consiste dans le passage relatif du premier au second, ce dernier n'étant que l'état d'équilibre auquel la société doit atteindre pour se réaliser parfaitement. Il est inutile presque de dire que jamais occasion ne nous est offerte d'observer l'un de ces types dans sa pureté absolue; aussi est-il difficile de réunir les traits divers qui les constituent de manière à en faire un tout coordonné, ces traits particuliers à l'un ou à l'autre type étant aujourd'hui fort mélangés. Voici ceux qu'on peut indiquer pourtant pour esquisser le type mili-

---

[1] *Princ. sociol.*, V^e partie, chap. XVIII, § 573, p. 818 (3e vol.).

[2] Par « homme comme individu » nous entendons, après Spencer, l'homme au point de vue biologique et en partie au point de vue psychologique. Voici d'ailleurs la définition que Spencer donne de l'individu : « Tout centre ou axe capable de poursuivre, d'une manière indépendante, cette accommodation continue des relations internes aux relations externes qui constitue la vie. » *Princ. biol.*, 2e partie, chap. VI, § 74.

tant ou primitif : l'action corporative doit être partagée par tous sans exception; et comme tous cependant ne sont pas guerriers, afin que la puissance de combat de la tribu soit augmentée, il faut que les non-guerriers travaillent pour ceux qui sont sous les armes; « dans une société militaire, les individus qui ne portent pas les armes doivent consumer leur existence à entretenir celle de ceux qui combattent[1]. » Et dans les deux parties de la nation, celle des guerriers et celle des non-guerriers, les efforts doivent être combinés et réglés en vue de l'action la plus efficace, c'est-à-dire de la prédominance dans la lutte; il en résulte naturellement que la vie, l'activité, les biens possédés par chacun sont au service de tous; ce service universel implique de la part des chefs un contrôle despotique et dans toute la société une organisation administrative rigoureuse; l'organisation et la hiérarchie militaires passent de l'armée à la société civile; la règle militaire qui fait loi est à la fois positivement et négativement régulatrice, elle commande en ordonnant et en défendant; le régime général est régime obligatoire pour le citoyen comme pour le soldat. On comprend, partant de telles données, que le type militaire amène dans la société une rigidité toujours croissante; il entrave la liberté de mouvement et d'action, il exclut les combinaisons privées; tout est public et tout se fait pour la nation. L'organisation économique nécessaire à l'entretien des individus, guerriers ou non, se crée au dedans et tire tout du dedans; il y a autour d'un pays organisé de telle manière comme une multitude de barrières en tous domaines. Militarisme et fonctionnarisme marchent de pair, partout l'individu trouve des entraves et tout

[1] *Princ. sociol.*, V^e partie, chap. XVII, § 549, p. 739 (3e vol.).

dans sa vie devient objet de réglementation ; c'est le système que Spencer nomme le système de « status ». Les Dahoméens, l'empire russe et celui d'Allemagne, ce dernier depuis la guerre de 1870 particulièrement, sont autant d'illustrations plus ou moins parfaites de ce type militant.

Telle est la société, tel sera l'homme, pour Spencer. L'homme s'adapte au type social, comme celui-ci est créé par lui ; entre les deux il y a action et réaction. La force est considérée comme la vertu par excellence ; la bravoure et la vengeance sont des devoirs dont l'omission attire le mépris ; une foi d'autorité solide, et pour ainsi dire immuable, est nécessaire pour que l'obéissance soit entière ; le manque d'initiative est général [1]. Tels sont les caractères et en même temps les conditions d'existence d'une société au début de son évolution ; l'individu n'existe pas comme personnalité : « ... Sous le régime militaire l'individu est la propriété de l'État. Si la conservation de la société est la fin principale, la conservation de chaque membre est la fin secondaire, fin secondaire qu'il faut assurer dans l'intérêt de la principale [2]. » En un mot l'individu ne s'appartient pas puisqu'il n'est pas libre.

Deux mots résument cet état primitif : lutte et contrainte. Mais ce n'est là qu'une phase de transition, combien longue souvent, hélas ! il est vrai, puisque des milliers d'années ont laissé des sociétés entières, et des sociétés civilisées, organisées sur un tel type ! Grâce à l'évolution, nous marchons vers un avenir où le type social dominant sera le contraire de celui que nous

---

[1] *Princ. sociol.*, V^e partie, chap. XVII, et passim.
[2] *Ouv. cit.*, V^e partie, chap. XVII, § 551, p. 762 (3e vol.).

venons de caractériser, le type industriel, opposé au type prédateur, où l'activité deviendra libre et spontanée, où la coopération forcée aura disparu, où l'homme sera devenu un animal sociable dans toute la force et l'étendue du terme.

§ 4. La société de l'avenir d'après Spencer.

Après le tableau sombre des origines, sombre à nos yeux d'hommes de la fin du dix-neuvième siècle, le tableau lumineux du point d'arrivée de l'évolution ! Nous en avons vu déjà comme une esquisse dans un chapitre des *Premiers principes :* « ... L'adaptation de la nature humaine aux conditions de son existence, disait Spencer, ne peut s'arrêter tant que les forces internes que nous appelons les *sentiments* ne sont pas en équilibre avec les forces extérieures qu'elles combattent. Ce qui caractérise l'établissement de cet équilibre, c'est un état de la nature de l'homme et de l'organisation sociale tel que l'individu n'ait aucun désir qui ne puisse être satisfait sans qu'il sorte de sa propre sphère d'action, tandis que la société n'impose de limites que celles que l'individu respecte librement. L'extension progressive de la liberté des citoyens et l'abrogation des restrictions politiques qui en est la conséquence, tels sont les degrés par lesquels nous nous élevons à cet état [1]. » Montrer les

---

[1] *Prem. princ.*, II⁰ partie, chap. XXII, § 175, p. 459. Si nous donnons ici cette citation, répétition presque textuelle de ce que nous avons dit ailleurs déjà (voir p. 29-30 de ce travail), c'est en partie aussi pour montrer comment Spencer nous ramène toujours dans les nombreux volumes de sa *Philosophie spéciale* à ses *Premiers principes* ou *philosophie générale*. Celle-ci n'est, on le voit, composée pour ainsi dire que d'illustrations de celle-là.

résultats de cette adaptation dont parle Spencer dans les différents domaines qui constituent la nature humaine et la société, telle est maintenant notre tâche.

Toute évolution particulière chez l'homme doit suivre la même marche que l'évolution générale de la vie : elle est une adaptation de l'interne à l'externe. « Une évolution plus grande, ou une vie supérieure, implique donc des modifications de la nature humaine, qui rendent plus parfaites les correspondances existantes, ou établissent des correspondances nouvelles, ou fassent les deux choses à la fois [1]. » La science ayant constaté ce que l'évolution a été jusqu'au point où nous sommes arrivés aujourd'hui, on en peut inférer que la direction dans laquelle se fera l'évolution ou les évolutions nouvelles dans l'avenir sera le développement des sentiments et de l'intelligence ; et ce mouvement ne s'arrêtera qu'une fois le parfait équilibre atteint, l'harmonie universelle établie. Il doit se produire un progrès dans la connaissance des conditions d'existence les meilleures, une adaptation toujours plus entière à ces conditions et par là un empire plus grand de l'homme sur soi-même. Mais, au nom de quoi, demandera-t-on sans doute, affirmer avec une pareille certitude cet âge d'or de l'avenir? Au nom des principes établis au début, au nom de l'évolution et de la permanence de la force, vérité dernière en laquelle, nous l'avons vu, tout repose. Les facteurs demeurent les mêmes, et aux mêmes causes correspondent les mêmes effets. Qu'on se garde d'oublier qu'une cause, suivant la loi de multiplication des effets, produit des conséquences diverses et que chaque effet devient

---

[1] *Princ. biol.*, IIIe partie. Plus spécialement : *Princ. biol.*, VIe partie, chap. XIII, § 371, p. 586-587 (2e vol.).

cause à son tour; la complexité de tous les agrégats augmente, et de cette multiplicité d'éléments naissent des conditions et comme des pouvoirs nouveaux. La compétition des intérêts, la lutte pour la vie exigeront et amèneront (bienfaisante nécessité, dit Spencer) une éducation plus élevée et plus étendue et une application plus soutenue; la nécessité elle-même nous conduit à un progrès continu, et l'excès de fécondité, peut-être sujet d'inquiétude parfois pour le philosophe qui cherche à voir dans l'avenir, deviendra la cause principale d'une évolution supérieure.

L'évolution, par quoi Spencer entend ici surtout le progrès, ne s'est pas faite et ne se fait pas spontanément; l'augmentation de la population amènera le manque de nourriture, et dans le combat de l'existence, l'intelligence et l'habileté humaines augmenteront; en un mot, « la mort de tous les hommes qui ne parviendront pas à lutter contre les dangers avec succès assure un progrès constant vers un degré supérieur d'adresse, d'intelligence, d'empire sur soi-même, une meilleure coordination d'actions, une vie plus complète [1]. »

Ici nous entrons dans l'exposé sommaire des principaux changements que nous sommes en droit d'attendre de l'avenir. Si sous le nom « individuation » nous entendons tous les processus qui complètent et soutiennent la vie de l'individu, sous celui de « genèse » tous ceux qui contribuent à la formation et au développement de nouvelles unités, les sciences naturelles nous montrent que du haut en bas de l'échelle animale, dans la race humaine aussi par conséquent, individuation et genèse sont en antagonisme; le facteur principal qui amène une augmen-

---

[1] *Princ. biol.*, VI° partie, chap. XIII, § 371-374. Cit. p. 594 (2° vol.).

tation dans la genèse, c'est l'abondance de la nourriture ; la proportion générale qui s'établit entre la conservation de l'individu et celle de l'espèce dépend donc du stock commun de matériaux à disposition. Entre la dépense individuelle, dépense qui se ramène toujours à une perte de la force emmagasinée, et la genèse, il y a antagonisme aussi, opposition qui n'est d'ailleurs qu'un cas spécial du cas général de l'opposition entre individuation et genèse. De ces faits généraux il suit nécessairement que l'évolution ultérieure amènera un déclin de la fécondité et un abaissement de la population humaine. Ce qu'on entend par lutte pour la vie est avant tout un fait individuel ; par la dépense toujours plus grande en vue de cette lutte, comme par la diminution des matériaux dont une part revient à chaque individu, diminution amenée par le nombre croissant de ces derniers, se produira à un certain moment une diminution du nombre des unités ; mais cet état, loin de marquer une décadence, sera au contraire la plus haute forme de conservation de l'espèce et de l'individu, car le maximum de vie sera alors atteint. L'abondance excessive de la population a une œuvre à accomplir, et une fois cette œuvre accomplie, elle cessera. Tous les changements accomplis déjà comme ceux à venir concourent à l'établissement de l'harmonie complète et générale [1] ; et l'on peut dire que le passé nous est garant de l'avenir.

Mais ces données ne concernent encore que l'humanité considérée du point de vue de la quantité, et l'important est surtout la transformation du type social. Le type primitif est caractérisé par la lutte et la contrainte : c'est le type prédateur ou militant. Celui de l'avenir est

---

[1] *Princ. biol.*, VIe partie, chap. XIII, § 374 sq. (2e vol.).

le type pacifique ou industriel. Avant tout il importe de ne pas confondre « type industriel » et « société industrieuse »; sans doute les membres d'une société organisée industriellement sont d'ordinaire industrieux; mais il ne se fait pas nécessairement beaucoup d'ouvrage dans un agrégat du type industriel; et il y a lieu de distinguer aussi le type industriel proprement dit de celui où les individus, occupés uniquement de production et de distribution, sont soumis à une règle du genre de celle que préconisent le socialisme et le communisme [1].

« Le contraste entre le *militarisme* et l'*industrialisme* consiste en ce que dans l'un la vie se passe dans une lutte permanente contre d'autres êtres, animaux et hommes, et que dans l'autre on s'occupe de travaux paisibles. Dans le premier, toutes les forces sont dépensées à détruire; dans le second, à produire [2]. » Comme des unités de nature très opposée ne peuvent coopérer spontanément, on peut envisager comme condition essentielle de la stabilité et de la coopération qu'implique le type industriel une ressemblance relative des unités sociales; ce n'est qu'une fois ces unités parvenues à cette ressemblance que la société de l'avenir pourra naître et se développer, si les circonstances sont favorables. Les deux types sociaux résumant tous les autres, type prédateur et pacifique, se transforment l'un dans l'autre, nous en avons de nombreux exemples partiels aujourd'hui déjà; parfois, au lieu de suivre une marche ascendante continue, la société a des reculs et revient à un état inférieur; mais l'évolution sociale,

---

[1] *Princ. sociol.*, V^e partie, chap. XVIII, § 562, p. 804 (3e vol.).
[2] Ouv. cit., IIIe partie, chap. IX, § 315, p. 309 (2e vol.).

dont l'histoire est la manifestation, fait partie de l'évolution générale ; la première a les mêmes lois que la seconde, et le mot progrès qui résume l'une est aussi le mot qui caractérise l'autre. Etablissement du type industriel, tel est le fait généralisé duquel nous partons : nous avons à faire l'analyse de ce fait, puis à synthétiser les résultats particuliers pour donner la caractéristique complète de ce type bienheureux.

Le premier domaine où nous avons à envisager l'état d'équilibre complet à venir est celui de la *famille*. Au début nous avons vu entre les sexes des relations purement animales, une promiscuité générale, encore qu'il soit juste de dire que cet état inférieur n'est pas établi d'une façon certaine comme état primitif du premier organisme social, les données nous faisant défaut. En tous cas, les rapports de famille sont fort indéfinis ; l'évolution vient les définir ; on rencontre dans les sociétés parvenues à des degrés divers de développement la polyandrie et la polygynie, chacune d'elles répondant à des conditions spéciales du milieu naturel ; mais la seconde forme marque certainement un état supérieur à celle où se rencontre la polyandrie, car la descendance masculine qui résulte de la polygynie assure une stabilité politique plus grande, et c'est là un élément capital dans le développement social subséquent. De la polygamie, on passe à l'état où l'une des femmes l'emporte sur les autres, puis à celui où elle est seule, à l'état monogame ; la monogamie, instable et accidentelle au début, devient fait permanent ; c'est la forme qui satisfait le plus complètement à la fois aux intérêts de la société, à ceux des parents et à ceux des enfants ; c'est pour cette raison aussi qu'elle est appelée à s'étendre de plus en plus et à devenir la forme de la famille dans le type industriel. La famille a un triple but à remplir : le bien-être de l'espèce, le bien-être des parents et celui des enfants ; « les relations matrimoniales qui favorisent le plus ce résultat doivent se propager ; en même temps les idées et les sentiments dominants doivent s'harmoniser avec eux de façon que les autres relations soient condamnées comme immorales [1]. » Cette conciliation entre des intérêts opposés, est-il besoin de le dire ? est un fruit de l'évolution. Par elle les rapports actuels entre mari et femme, comme ceux entre parents et enfants, atteindront un état supérieur ; les sentiments et les idées qui se rapportent à la famille aussi s'élèveront. Tout mercantilisme dans le mariage disparaîtra ; le caractère monogame lui-même « s'élèvera grâce à l'opinion publique qui exigera que l'on ne contracte le lien légal que s'il représente le lien naturel... » ; « un temps viendra où l'union par l'affection sera réputée la plus importante et l'union par la loi la moins importante » ; « à mesure que l'altruisme s'étendra les dissensions domestiques diminueront ;... la sollicitude pour les enfants deviendra plus grande et durera plus longtemps [2]. »

Les relations domestiques sont partout conformes aux relations sociales ; la société ayant été transformée, il en sera de même de la famille ; entre les deux domaines du reste, comme en toutes les parties de l'évolution générale, il y a même action réciproque ; dans la lutte entre les sociétés, celles qui auront le plus de chances de survie seront celles produisant le plus d'individus et les meilleurs, c'est-à-dire celles où la famille sera le

---

[1] *Princ. sociol.*, IIIe partie, passim. — Citat. *Princ. sociol.*, IIIe partie, chap. XII, § 339, p. 412 (2e vol.).

[2] *Ouv. cit.*, IIIe partie, chap. XII, § 339, p. 409 sq. (2e vol.).

plus développée ; et non seulement elles survivront, mais elles deviendront prépondérantes et finiront par remplacer les autres. Sans avoir à dire ici en détail ce que deviendront les relations particulières dans la famille, ce qui nous ferait entrer dans les *Principes de morale*, disons cependant ce qui caractérisera l'état et les sentiments des parents, des femmes et des enfants quant à leur position domestique et sociale.

Les parents, les pères tout particulièrement, satisferont consciencieusement aux exigences de cette paternité et, jaloux de l'éducation de leurs enfants, « refuseront à toute assemblée d'hommes le droit de leur enlever (ceux-ci) pour les modeler à leur gré ». Entre la position de la femme et celle de l'homme il y aura, généralement parlant, égalité ; les différences qui subsisteront viendront de la constitution organique différente chez les deux sexes. « L'infériorité... domestique des femmes diminuera, jusqu'à ce qu'il ne reste plus que l'infériorité provenant de la constitution corporelle... » ; « il restera toujours (il est vrai)... entre hommes et femmes non seulement des égards dérivant de la sympathie du fort pour le faible indépendamment du sexe, et encore davantage de la sympathie du sexe fort pour le sexe faible ; mais il restera des égards inspirés par le désir, senti, sinon consciemment formulé, d'offrir aux femmes une compensation pour certains désavantages naturels, et d'introduire par là dans l'existence des sexes la plus grande égalité possible. » Dans le pouvoir domestique, l'autorité prépondérante restera au mari à cause de sa constitution ; mais, dit Spencer, « si les femmes comprenaient tout ce qu'embrasse la sphère de la vie domestique, elles n'en réclameraient pas d'autre » ; et ce dernier mot s'applique aussi au domaine politique où l'égalité absolue est impossible en tous cas tant que la guerre subsiste sous quelque forme que ce soit [1]. »

Quant aux enfants, il est difficile de dire en quoi leur position actuelle sera changée ; tout ce qu'on peut affirmer c'est que, s'il y a des changements, ils répondront à la satisfaction de leurs intérêts supérieurs. « On peut prévoir un accroissement moyen dans la liberté des enfants, mais il y a des raisons pour croire que çà et là elle va déjà trop loin » maintenant et... « qu'une réintégration de la famille suivra la désintégration exagérée d'à présent. » Le sentiment « qui pousse les enfants à avoir soin de leurs parents est appelé à prendre un plus grand développement » ; d'une façon générale la sympathie des enfants à l'égard des parents augmentera, mais « ce progrès ne s'accomplira qu'autant que la culture morale et intellectuelle des enfants se trouvera portée par les parents à un point qu'on cherche rarement à atteindre de nos jours ». Enfin, « on verra les derniers jours de la vie adoucis par une grande sollicitude filiale qui répondra à la sollicitude plus grande que les parents auront montrée pendant les premières phases de la vie de leurs enfants [2]. »

Telle sera la famille ! Que sera la société ? Le gouvernement des cérémonies est celui qui s'établit le premier et spontanément ; les diverses sortes de gouvernement s'en différencient peu à peu au cours de l'évolution : gouvernements politique, religieux et social. Ce premier gouvernement, qu'on trouve partout, là même où les autres feraient défaut, est né, on se le rappelle, de l'état de lutte, puisqu'il règle dans l'origine les rapports de

---

[1] *Princ. sociol.*, IIIe partie, chap. XII, § 340, p. 413-415 (2e vol.).
[2] Ouv. cit., IIIe partie, chap. XII, § 341-442, p. 418-421 (2e vol.).

vaincu à vainqueur ; le caractère moral du type militant, la crainte, favorise l'établissement et le développement du cérémonial ; avec l'extension du type opposé, le type industriel, qui a pour caractère la sympathie, ce gouvernement est appelé, en grande partie au moins, à disparaître : formules marquant la subordination, titres hiérarchiques, distinctions extérieures qui sont autant de signes de la servitude des uns et de la domination des autres, tomberont en désuétude ; leur emploi serait incompatible avec les idées et les sentiments d'égalité et de liberté de la société future. De tout cet ensemble de formes et de dispositions exprimées par les institutions cérémonielles, il demeurera cependant quelque chose, une sorte d'autorité systématisée et qui sera indépendante des autres pouvoirs sociaux : ce sera la politesse.
« D'observances qui, dans leurs formes primitives, expriment en partie la subordination et en partie l'attachement à un supérieur, et qui, en se généralisant dans les couches inférieures, deviennent des formes de la conduite, sortent à la fin des observances exprimant une attention proprement dirigée sur la personnalité d'autrui et une vraie sympathie pour son bonheur [1]. »

Si l'évolution a des résultats importants dans les sphères de la famille et de la vie sociale générale, bien plus encore sont ceux qu'elle a dans le domaine politique, dans la réorganisation même de la société ; car ici nous avons comme la charpente de cette société de l'avenir. L'intégration sociale, primitivement résultat du vol, de l'assujettissement, de l'adoption quelquefois, en un mot de la force et de la lutte dans la majorité des cas, doit devenir spontanée ; les hommes s'uniront en

---

[1] *Princ. sociol.*, IVe partie, chap. XII, § 432, p. 306-307 (3e vol.).

vertu d'intérêts supérieurs et pour le bien commun. Les divisions primitives, distinctions entre classes et surtout entre maîtres et esclaves, seront battues en brèche et disparaîtront. En créant une richesse qui ne dépendra pas du rang, mais des capacités individuelles, l'industrialisme donnera naissance à une puissance rivale de celle donnée par le rang, et, comme dans les transactions commerciales les citoyens traiteront tous d'égal à égal, les divisions seront affaiblies. Les lois, coutumes et injonctions venant du passé, données d'abord par les chefs et représentant la volonté de maîtres morts ou vivants, ne s'occupent nullement, dans les phases inférieures de civilisation, des intérêts individuels de la masse ; à l'avenir, le « consensus » des intérêts deviendra dans l'établissement de ces lois la chose principale. Quant à la propriété privée des choses produites par le travail, elle deviendra plus précise et plus sacrée encore qu'elle ne l'est maintenant ; mais « il se peut que la propriété commune de la terre... soit remise en pratique quand le type industriel aura complété son évolution », cela parce que le territoire habité ne peut être produit par le travail [1].

Les organismes politiques particuliers aussi se transformeront par la modification des conditions sociales ; organisme implique division du travail ; quels seront les caractères de ces différentes divisions du travail nécessitées par la vie sociale ? l'organe exécutif ultime, longtemps héréditaire, c'est-à-dire imposé à la nation, sera électif ; l'Etat verra ses fonctions restreintes en une large mesure et elles deviendront plus automatiques. L'initiative privée, dont l'absence est un des signes les

---

[1] *Princ. sociol.*, V^e partie, chap. XV, § 540.

plus caractéristiques de la société militaire, naîtra et se développera, et une foule d'institutions qui aujourd'hui sont abandonnées à l'Etat deviendront propriété des individus et objets de leurs soins et de leur administration [1]. Le type industriel le meilleur sera celui qui représentera non des individus, mais des intérêts.

On peut se demander, et cette question a beaucoup préoccupé Spencer et c'est par les réponses qu'il y a données qu'il est connu surtout du public, des politiciens et des administrateurs en particulier, quel rôle l'Etat sera appelé à jouer dans la société industriellement organisée. L'Etat se présente comme arbitre pour le maintien de l'ordre général et comme administrateur dans les luttes contre les ennemis qui mettent une société en péril ; la lutte cessant, le devoir capital qui lui incombera sera l'administration de la justice ; la centralisation et la production par l'Etat seront de plus en plus limitées ; agriculture, industrie, commerce, institutions ayant en vue le développement intellectuel et moral seront presque entièrement, autant du moins que cela sera possible, résultats des actions individuelles. Au contraire de ce qui se passe dans la société militaire, l'Etat n'aura plus aucune prétention à éduquer et à discipliner ses ressortissants [2].

Les institutions ecclésiastiques sont naturellement soumises à une évolution analogue à celle des autres organismes sociaux : le code religieux, dont nous avons vu l'origine, a deux éléments : un élément moral et un élément religieux ou de culte. Ces deux éléments, étroitement unis au début, se sépareront

---

[1] *Princ. sociol.*, V^e partie passim et chap. XIX spécialement.
[2] *Princ. moral.*, IVe partie, chap. XXIV-XXIX.

toujours davantage. Le culte passera au second plan et s'il ne disparaît complètement, son importance diminuera beaucoup; au lieu que le premier élément prendra une position prépondérante. Toutefois on peut prévoir que les fonctions ecclésiastiques, pour moins importantes qu'elles seront, n'en demeureront pas moins en partie; sous quelle forme elles survivront, c'est ce qu'il est difficile de dire: les relations des hommes avec l'Invisible ont exigé de tout temps des hommes spécialement chargés de vaquer à leur observance; il en sera encore de même dans la suite, encore que ces hommes de l'avenir doivent être fort différents de leurs prototypes. La liberté étant un des traits et l'un des éléments capitaux de l'organisation pacifique, l'indépendance religieuse sera absolue; possibilité sera laissée à chacun de rendre à l'Inconnaissable le culte qui lui semblera le meilleur, et grâce à la liberté de conscience assurée à tous, comme au respect des opinions individuelles, personne ne se verra plus contraint de subventionner le culte de son voisin [1].

Les institutions ecclésiastiques ne sont du reste pas encore la religion proprement dite; elles ne sont qu'une expression des croyances religieuses. Nous savons comment Spencer envisage l'élément religieux chez l'homme, à quoi cet élément correspond aux débuts de l'évolution; sa valeur est avant tout sociale. Dans l'avenir que l'on fait à la religion, il y a deux facteurs à envisager: grâce au développement général et à l'élévation des sentiments, l'homme ne pourra plus admettre chez sa divinité des sentiments inférieurs tels que le mensonge, la cruauté, etc., et grâce au développement de l'intelligence, il ne se

---

[1] *Princ. sociol.*, VI⁰ partie, chap. XV passim.

contentera plus d'explications enfantines et grossièrement anthropomorphiques. La conception de la divinité ira s'élargissant et s'épurant jusqu'à n'être plus qu'une conscience dépassant toutes les formes de la pensée distincte. C'est une erreur, qui pour être commune n'en est pas moins grossière, que de voir dans la science l'ennemie née de la religion ; celle-ci n'a rien à craindre de celle-là ; la science a pour tâche d'expliquer les phénomènes et en nous montrant partout des causes naturelles, elle ne fait pour ainsi dire que nous ramener en arrière pour nous laisser enfin devant l'Inexplicable et l'Inconnaissable, véritable objet de la religion [1].

Résumons maintenant les traits de ce « type industriel ou pacifique » comme nous avons résumé ceux du « type militaire ». Le premier ne présente encore que des ébauches fort imparfaites de réalisation ; sa structure et ses fonctions ne se distinguent de celles du type opposé que par degrés ; c'est l'ère de la paix mais qui demande bien des luttes avant de s'établir définitivement, si nombreuses sont les conditions que réclame cet établissement. L'organisation sociale du type industriel est exclusivement adaptée pour conserver la vie de la société par l'entretien de la vie de ses unités ; l'action essentiellement extérieure dans le type militaire, devient tout intérieure dans l'autre forme sociale. L'action corporative diminue jusqu'au minimum nécessaire pour préserver les actions individuelles ; tout gouvernement despotique est exclu. L'autorité est exercée par un organe qui représente la volonté moyenne de la nation ; ce sont les corps représentatifs qui jouent ce rôle d'expression de la majorité ; la tâche du gouvernement est de veiller à une juste

---

[1] *Princ. sociol.*, VIe partie, chap. XVI, § 660, p. 215 (4e vol.).

répartition des avantages suivant les activités. Le régime de « status » ou de réglementation qui résume en quelque sorte le type guerrier disparaît, et le régime de « contrat » le remplace ; le type industriel n'est plus que négativement régulateur. L'organisation publique se restreint et l'organisation individuelle se développe.

De là résulte : 1° que le type industriel est caractérisé par une grande plasticité, par son aptitude à s'adapter aux conditions diverses ; 2° que les barrières qui séparent les nationalités diverses tombent et qu'une même organisation devient commune à des agrégats autrefois opposés les uns aux autres.

Ces différents traits se peuvent, aujourd'hui déjà, reconnaître chez certaines nations ; la comparaison entre les sociétés du moyen âge et les sociétés actuelles est instructive à cet égard. En un mot, dans les agrégats sociaux du type industriel, l'Etat est là pour les individus, et non les individus pour l'Etat : « Dans le régime industriel, dit Spencer, l'individualité du citoyen, au lieu d'être sacrifiée par la société, doit être protégée par la société. La société a pour devoir essentiel de défendre l'individualité de ses membres [1]. »

Mais que seront ces unités sociales en cette société de l'avenir, que sera l'homme au terme relatif de l'évolution ? Il est probable que la force, l'agilité et la rapidité n'atteindront guère un degré plus élevé que celui où elles sont arrivées aujourd'hui ; l'adresse mécanique, par contre, augmentera, et surtout l'intelligence grandira beaucoup [2]. La sympathie s'étendra et s'élèvera ; on sait que cette sympathie est comme le sceau qui doit marquer

---

[1] *Princ. sociol.*, V^e partie, chap. XVIII, § 564, p. 809 (3e vol.).
[2] *Princ. biol.*, VIe partie, chap. XIII, § 372.

les hommes du type industriel ; « le degré et l'étendue de la sympathie dépendent de la clarté et de l'étendue de la représentation. Un sentiment sympathique n'est pas celui qui est immédiatement excité par la cause naturelle d'un tel sentiment ; c'est celui qui est excité médiatement par la représentation de signes habituellement associés à ce sentiment[1]. » Les sentiments varient en raison de leur adaptation au type social, guerrier ou pacifique ; la ressemblance des unités est une des conditions premières, nous l'avons dit, de réalisation du type industriel ; or cette uniformité se manifeste avant tout chez les individus dans les idées et les sentiments ; avec l'extension de la civilisation, la dépendance mutuelle des unités sociales devient plus grande : d'où la progression des sentiments qui satisfont au bien de tous. Les sentiments égoïstes et égo-altruistes ont été mentionnés comme caractérisant la nature primitive de l'homme et ses premières phases de développement. L'évolution fait apparaître les sentiments proprement altruistes : ces sentiments altruistes sont « toutes les excitations sympathiques d'émotions égoïstes ; et leurs caractères varient suivant les caractères des émotions égoïstes excitées sympathiquement[2] ». L'émotion altruiste ne devient donc sentiment altruiste que si l'état de conscience, objet de la sympathie, est une émotion et non uniquement une sensation ; on n'atteint à ce degré supérieur où tout élément présentatif fait défaut que par des transitions graduelles[3]. La générosité est le plus souvent un

---

[1] *Princ. psychol.*, VIIIᵉ partie, chap. V, § 507, p. 590 (2ᵉ vol.).

[2] *Ouv. cit.*, VIIIᵉ partie, chap. VIII, § 527, p. 643 (2ᵉ vol.).

[3] Rappelons ici que l'esprit, pour Spencer, se compose d' « états de conscience » et de relations entre ces états de conscience. « Les états de conscience sont divisibles premièrement en états qui vien-

sentiment égo-altruiste ; par le développement de la sympathie elle devient réellement sentiment altruiste ; la pitié naît surtout et grandit quand diminuent les activités prédatrices ; le sentiment de justice est plus complexe que les deux précédents ; il est constitué par la représentation d'un sentiment lui-même doublement représentatif ; « la limite vers laquelle il tend est celle où chaque citoyen prendra un intérêt aussi sympathique à la sphère d'action des autres citoyens qu'à la sienne propre. » Les sentiments de la liberté, du caractère sacré de la vie, de la propriété, d'abord purement égoïstes, puis égo-altruistes, finissent par devenir altruistes par leur développement [1]. La miséricorde enfin est de tous les sentiments altruistes le plus complexe et le plus difficile à analyser ; c'est le conflit de deux sentiments altruistes : la justice et la pitié, se terminant par la victoire de cette dernière.

En même temps que les sentiments que nous pourrions appeler « sociaux » augmenteront, se développeront les sentiments esthétiques. Ces sentiments sont caractérisés par cela qu'ils ne sont pas des auxiliaires immédiats des fonctions servant à la vie ; les plus élevés seront ceux qui « auront le plus grand volume produit par l'exercice normal du plus grand nombre d'énergies... ou ceux résultant de l'exercice complet, sans excès, de la faculté émotionnelle la plus complexe. »

---

nent du centre et états qui viennent de la périphérie, et secondement ceux-ci sont de nouveau divisibles en états qui viennent de la surface extérieure du corps et états qui viennent de l'intérieur du corps. » Les premiers états de conscience sont ce que nous nommons émotions ; les seconds, venant de la périphérie, sont les sensations. *Princ. psychol.*, IV⁰ partie, chap. VIII, § 209, p. 509 (1ᵉʳ vol.).

[1] *Princ. psychol.*, VIII⁰ partie, chap. VIII passim.

Plus le sentiment esthétique s'éloigne de la sensation simple, plus il est complexe, plus aussi il s'élève. A mesure que l'évolution progressera, les activités esthétiques joueront un rôle plus grand dans la vie humaine; les formes de l'art deviendront telles qu'elles procureront un exercice agréable aux facultés les plus simples, et qu'en même temps, plus que maintenant, elles feront appel aux émotions les plus élevées [1].

Au point de vue purement social, l'homme de l'avenir se caractérisera, en résumé, par son humanité et sa douceur ; par sa supériorité morale, qu'accompagnera la supériorité de ses relations de famille ; par son indépendance croissante ; par une foi moins grande au pouvoir gouvernemental ; par un patriotisme mitigé ; par son affirmation enfin et surtout de l'individualité, affirmation qui aura sa source dans son respect des autres unités sociales et dans sa recherche de leur bien [2].

Si les mots lutte et contrainte suffisaient à peindre la société du type primitif, un seul suffit à décrire la société de l'avenir: équilibre, équilibre parfait en tous domaines, équilibre synonyme de paix, de liberté, de bonheur ; c'était là ce que les *Premiers Principes* nous laissaient entrevoir ; la psychologie, la biologie, la sociologie, chacune à son tour, viennent apporter leurs inductions et confirmer cet espoir d'une ère nouvelle, pacifique et magnifique résultat de l'évolution universelle. Equilibre dans la famille, entre époux comme entre parents et enfants ; équilibre entre la famille et la société, entre l'individu et l'Etat, ce dernier ne faisant plus que ce que le premier ne pourra pas accomplir ; équilibre aussi chez

---

[1] *Princ. psychol.*, VIIIe partie, chap. IX, § 539-540.
[2] *Princ. sociol.*, V^e partie, chap. XVIII, § 574.

l'individu entre l'intelligence et les sentiments, entre ces sentiments mêmes ; après avoir été en quelque sorte tout égoïsme, l'homme ne deviendra pas tout altruisme, mais ces deux tendances s'harmoniseront. L'homme n'aura plus qu'une « activité normale et agréable » ; le système nerveux « sera capable de fournir à toutes les demandes qu'il reçoit » ; « l'accomplissement des devoirs demandera exactement ce genre et cette quantité d'action qui est nécessaire à la santé et au bonheur [1] ». En un mot, et pour conclure, ce sera le règne de l'harmonie complète.

Devant ces horizons radieux, une question s'impose à nous : cet idéal, le pouvons-nous connaître et réaliser maintenant ? Pour le moment, nous dit Spencer, nous sommes en chemin seulement pour y arriver. « Tandis que le type militaire... se montre dans un si grand nombre de sociétés avec des traits qui ne laissent aucun doute sur sa nature essentielle, le type industriel a ses traits si bien masqués par ceux du type militaire encore dominant que sa forme idéale n'offre nulle part que des spécimens très imparfaits [2]. » Mais Spencer a le ferme espoir qu'un jour l'humanité atteindra ce but : « Nous pouvons, dit-il, d'après les changements que la civilisation a produits, induire qu'à une époque plus ou moins éloignée de nous, le type industriel se trouvera définitivement établi [3]. » Pour cela, il suffit que les circonstances extérieures soient favorables à l'action sociale ; sans doute, comme tout dépend, en dernière analyse, de ces circonstances, certaines formes inférieures pourront, en certains cas, subsister à côté des supérieures ; mais on

---

[1] *Princ. biol.*, VIe partie, chap. XIII, § 375.
[2] *Princ. sociol.*, V^e partie, chap. XVIII, § 562, p. 804 (3e vol.).
[3] *Ouv. cit.*, V^e partie, chap. XIX, § 577, p. 859 (3e vol.).

peut prévoir, d'après tous les résultats que l'évolution nous a déjà montrés, que ces sociétés inférieures disparaîtront peu à peu et qu'il ne restera que cette humanité idéale dont la seule perspective est déjà si belle !

Que l'on ne s'étonne pas de ne pas trouver dans l'œuvre du philosophe anglais un tableau aussi nettement dessiné de la société de l'avenir que de celle du passé ; celle-ci appartient à l'histoire, celle-là est du domaine de l'induction encore ; et les lois de notre univers ont beau être uniformes et immuables, une loi suprême a beau les dominer toutes, et être connue de Spencer, il n'en reste pas moins que la complexité des facteurs et de leurs conséquences et que leur nombre sont si grands que la science est encore incapable de parler des siècles futurs comme elle parle des ères passées ! Ce qu'on peut affirmer de plus précis, c'est que l'humanité se transformera par l'extension du non-militarisme plus que par l'établissement de l'industrialisme proprement dit. Mais combien cette doctrine de paix répond peu encore à l'état général actuel de notre monde, même dans sa partie civilisée ! « Tout ce qu'on peut faire pour répandre une doctrine grandement en avance sur une époque, c'est de faciliter l'action des forces qui tendent à produire le progrès. On n'accroîtra peut-être que faiblement ces forces, mais on peut quelque chose pour les empêcher de prendre une fausse direction[1]. » « Faciliter l'action des forces réalisant le progrès..., les empêcher de prendre une fausse direction... », cela revient à dire : avoir une *conduite* conforme aux lois du progrès, et par ces mots Spencer nous introduit dans le domaine de la morale, couronnement et partie capitale de son œuvre.

[1] *Princ. sociol.*, V^e partie, chap. XIX, § 582, p. 881 (3e vol.).

§ 5. L'évolution, principe de la morale.

« Cette partie de la tâche, nous dit Spencer en abordant les *Principes de morale*, est celle pour laquelle toutes les précédentes sont une préparation. » Et il n'entend point par là présenter la morale comme une science à part, exigeant une méthode différente de la méthode naturelle des autres sciences. Reine, elle l'est certainement, mais parce qu'elle résume et couronne celles qui l'ont précédée, non parce qu'elle serait pour ainsi dire d'une autre essence. De même, en effet, que la biologie est la science de la vie, la psychologie celle de l'esprit, la sociologie celle de la société, la morale est la science de la conduite, et elle rentre dans le vaste plan synthétique qui constitue les avoir complètement unifié ou la philosophie. La biologie est étroitement unie aux sciences de la nature inorganique : physique et chimie, puisque les propriétés de la matière vivante se ramènent abstraitement à des changements physico-chimiques ; la psychologie dépend de la biologie, puisqu'il y a entre la vie et l'esprit une étroite correspondance et que la sensation, phénomène psychologique initial, est encore par un côté un phénomène absolument physiologique ; la sociologie se rattache à toutes les sciences précédentes, l'homme, corps et esprit, étant le sujet du nouveau développement que décrit cette science et les sciences naturelles présentant les facteurs de ce développement. La morale, enfin, a pour tâche finale, d'après Spencer, de « trouver une base scientifique pour les principes du bien et du mal dans la conduite en général [1] ».

---

[1] *Les bases de la morale évolutionniste*, Paris 1880. Traduction française des *Data of Ethics*. 1re part. des *Principles of Ethics*

Le trait caractéristique de la morale évolutionniste de Spencer, c'est qu'elle doit être *scientifique*; à ce prix seulement d'ailleurs la morale peut subsister; car en fait, ce que nous avons appelé « la morale » jusqu'à maintenant, c'est-à-dire un ensemble de préceptes, de règles et de croyances reposant sur certaines idées métaphysiques ou religieuses, cette morale s'en va; et la tâche qui s'impose au philosophe, c'est de la « séculariser ». Il y a une science de la conduite, comme il y a des sciences des différents ordres de phénomènes; et cette science, Spencer veut l'établir « en conformité avec sa foi », en d'autres termes en conformité avec les principes fondamentaux de sa philosophie.

Toute science devrait débuter, et spécialement les sciences philosophiques, par des définitions. Spencer commence ses *Principes de morale* par une définition de la conduite : elle est « un ensemble, et, en un sens, un ensemble organique, un agrégat d'actions mutuellement liées, accomplies par un organisme. La division ou l'aspect de la conduite dont traite la morale est une partie de ce tout organique [1]... » Ces derniers mots nous montrent que la morale n'a point à envisager *toutes* les

---

préface p. V. Dans la suite nous désignerons ce volume par : *Principes de morale*, partie I. Les *Bases de la morale évolutionniste* font partie de la *Bibliothèque scientifique internationale*, et sont avec *Justice* et *Le rôle moral de la bienfaisance*, parus dans la *Collection d'auteurs étrangers contemporains*, Guillaumin & Cie, éditeurs, Paris la seule partie jusqu'ici traduite en français (1898) des *Principles of Ethics*. Nous devons ici dire que ce que nous indiquons comme « tâche de la morale » d'après Spencer est, en fait, indiqué comme sa tâche, à lui Spencer; mais, comme l'établissement d'une morale scientifique est résumé par ces mots, nous avons cru pouvoir les donner comme résumant en conséquence la tâche même de la science morale d'après notre philosophe.

[1] *Princ. mor.*, 1re partie, chap. I, § 2, p. 2.

actions, mais certaines actions seulement; « les actes qui ne tendent à aucune fin sont exclus »; et la conduite en un sens plus restreint, au sens moral proprement dit, est « l'ensemble des actes adaptés à une fin » ou « l'adaptation des actes à une fin », suivant que l'on prend le mot conduite comme l'ensemble des actions déjà accomplies ou qu'on envisage ces actions dans leur formation successive. Il y a donc des actes indifférents, dont Spencer donne des exemples, et c'est par degrés que l'on passe de ceux-ci à ceux qui sont bons ou mauvais.

Si nous voulons comprendre la morale, il nous faudra étudier la conduite humaine comme un tout, mais ce tout n'est lui-même que partie par rapport à un agrégat plus vaste. Et, comme pour comprendre la partie il faut envisager le tout, il nous faudra, pour comprendre la conduite humaine, envisager d'abord la conduite des êtres en général. Or, cette conduite des créatures, telle que nous la pouvons actuellement observer, est un produit du passé; si nous voulons véritablement la saisir dans le présent, nous en devons auparavant connaître le passé. Ici comme partout, on le voit, connaître quelque chose revient à voir cette chose dans ses phases et transformations successives, c'est-à-dire dans son évolution.

Envisageant donc le mot conduite en ce sens absolument général, c'est une banalité de dire que la structure, la fonction et la conduite d'un organisme sont en étroite corrélation; « la conduite commence, en effet, par les combinaisons d'actions des organes sensoriels ou moteurs en tant qu'elles se manifestent au dehors[1] ». C'est le passage de l'adaptation initiale des actes à des

---

[1] *Princ. mor.*, 1re partie, chap. II, § 3, p. 6.

fins, état non encore moral, mais purement physiologique, à une adaptation plus complexe qui donne lieu à des jugements moraux ; le progrès dans la conduite se présente comme une adaptation des actes aux fins telle que la vie en soit prolongée et la quantité de celle-ci augmentée. Si par exemple nous passons des mouvements d'un rotifère à ceux d'un poisson, de ceux d'un poisson à ceux du sauvage le plus inférieur, il est très évident qu'il y a une adaptation plus complète des actes à leur fin à mesure qu'on s'élève dans l'échelle animale ; « la durée de la vie qui constitue la fin suprême s'accroît ». Mais qu'on ne s'y trompe pas, la longueur n'est pas le seul critère pour juger de la vie ; celle-ci ne peut être représentée par la ligne seulement ; il faut pour cette représentation l'espace à deux dimensions, et pour l'estimer justement chez un être quelconque « il faut multiplier la longueur de cette vie par sa largeur » ; en d'autres termes, il ne suffit pas que les correspondances entre interne et externe qui constituent la vie s'étendent dans le temps et suivant une ligne invariablement droite, il faut encore qu'elles s'étendent dans l'espace ; plus un être aura de correspondances particulières avec son milieu, plus sa vie sera complète. L'évolution amène cette augmentation dans les deux sens [1].

Ce n'est là encore que la conduite ayant pour fin la vie individuelle ; dans l'évolution des êtres animés nous constatons des ajustements ayant pour fin la vie de l'espèce ; les deux formes de conduite du reste ne se laissent qu'abstraitement séparer ; en fait elles marchent de concert, de même que nous avons vu l'évolution de l'individu et celle de la société être à la fois cause et

---

[1] *Princ. mor.*, 1re partie, chap. II, § 4, p. 11.

conséquence l'une de l'autre. Une adaptation absolue demeure pour les deux également idéale ; mais l'évolution nous achemine à des phases où elle sera de plus en plus complète. Conduite ayant comme fin la vie individuelle et conduite ayant comme fin celle de l'espèce n'épuisent pas encore tout le domaine de l'action morale ; les membres d'une espèce peuvent, et cela sans même qu'aucun lien de famille les unisse, s'entr'aider, en coopérant les uns avec les autres en vue d'un but commun et en se prêtant une libre assistance. Les deux principaux facteurs qui facilitent l'adaptation de l'individu et qui rendent plus facile la vie de tous sont : l'état de paix et l'aide réciproque des unités sociales et des sociétés elles-mêmes. En résumé, la vie est le but que l'homme doit poursuivre ; la conduite a donc pour objet une adaptation toujours plus complète des actes qui la constituent à sa fin : une vie toujours plus grande.

La conduite peut être, du jugement général des hommes, bonne ou mauvaise ; dans le domaine des objets matériels, c'est suivant leur utilité qu'on déclare les choses bonnes ou mauvaises ; dans celui des êtres vivants il n'en est pas autrement : « ces mots, dans leur application courante, se rapportent à l'utilité[1] ». Quant aux actions indifférentes, on les classe dans l'une ou l'autre des « catégories morales » (l'expression n'est pas de Spencer) suivant qu'elles réussissent ou non. Quelle est enfin la donnée la plus générale de ce que nous appelons le sens moral ? c'est qu'un acte est bon ou mauvais suivant qu'il est ou n'est pas adapté à sa fin. La fin suprême est la vie, vie chez l'individu, vie chez ses descendants, vie chez ses semblables en général. La con-

---

[1] *Princ. mor.*, Ire partie, chap. III, § 8, p. 18.

duite peut donc être bonne ou mauvaise suivant qu'elle favorise ou conserve l'une ou l'autre de ces formes particulières de vie[1] et la conduite la meilleure sera celle qui atteindra ces trois fins à la fois : la conservation personnelle, l'élevage des enfants, dans lequel Spencer comprend l'éducation, et la vie sociale générale.

Mais pour parler de bon et de mauvais, nous avons, inconsciemment peut-être, un critérium. Quel est ce critérium le plus général qu'il nous soit possible d'établir ? La vie est en effet déclarée bonne par les optimistes et haïssable par les pessimistes ; l'accord entre ces deux tendances opposées est dans ce fait que leurs partisans prennent pour critérium « la nature de la vie au point de vue de la sensibilité ». Si l'on estime que la vie crée un excédent de sensations agréables, on la déclare bonne ; si au contraire les sensations pénibles y prédominent, on l'affirme mauvaise. C'est là l'opinion courante quoi qu'on en puisse penser et dire ; car, si les hommes ne sont pas créés pour être à eux-mêmes et aux autres sources de misère, s'ils ne sont pas nés pour souffrir et faire par leurs souffrances le plaisir d'une divinité inhumaine, et ce sont là en fait des idées plus fréquentes qu'on ne se l'imagine, tous les hommes soutiennent en réalité que la dernière raison de vivre est le plus ou moins de plaisir qu'offre la vie. Ce qui est déclaré bon, en un mot, se confond universellement avec ce qui procure du plaisir. (« The pleasurable » l'agréable [2].)

C'est là une vérité qui paraît s'imposer, mais les hommes en majeure partie n'admettent pas cette vérité morale ultime ; ils laissent de côté ce qui est le véritable

---

[1] *Princ. mor.*, Ire partie, chap. III, § 8, p. 19, 20.
[2] *Ouv. cit.*, Ire partie, chap. III, § 10.

but dernier et ils prennent les moyens d'atteindre ce but pour le but lui-même ; et l'expérience nous montre pourtant que le « mauvais » est, généralement parlant, ce qui est cause d'une peine immédiate ou éloignée, et que le « bon » se ramène à ce qui cause un plaisir. C'est le type moral par excellence et tous les types d'idéal des diverses écoles de morale se peuvent ramener à ce type.

Voyons plutôt en un rapide résumé quelques-uns de ces systèmes de morale et leurs critériums divers : 1° L'idée de perfection est le critérium de l'école idéaliste, de Platon en particulier ; c'est ce que nous pourrions appeler le principe de la morale platonicienne. Or perfection est évidemment synonyme de bonheur ; et qu'est-ce que le bonheur sinon un maximum de vie ? qu'est-ce qu'une conduite tendant à la perfection sinon celle qui procure le plaisir ? 2° L'idée de vertu est le principe de la morale d'Aristote ; mais la vertu n'est pas une fin, elle est un moyen ; les idées de vertu et de bonheur sont intimement unies ; la conception de la vertu ne peut se séparer de celle d'une conduite qui produit ou produira le bonheur. 3° Pour une autre école, l'école intuitionniste, dont Spencer donne comme représentant Hutcheson, l'intuition morale nous vient directement de Dieu et le « bien » consiste à suivre cette intuition. Mais, en dernière analyse, pour l'intuitionniste aussi bien que pour les partisans d'autres systèmes de morale, le bien et le mal se peuvent ramener à peine et plaisir. Pourquoi l'homme en effet accorde-t-il sa confiance et obéit-il à ces impulsions intérieures ? pour l'unique raison qu'il a remarqué qu'en agissant ainsi, il agit pour son bien. 4° Enfin la dernière école citée par Spencer envisage le résultat des actes qui constituent la conduite. C'est l'utilitarisme sous la forme que nous pourrions appeler laïque ou sous la forme religieuse. Car pour les hommes dits religieux les douleurs ou les privations que l'homme doit ici-bas subir n'ont d'autre but que de le faire échapper à d'autres douleurs, à d'autres privations dans un monde à venir ; si l'accomplissement du devoir avait pour conséquence une éternité de tourments au lieu d'une éternité de bonheur, le devoir ne serait plus considéré comme devoir. Et si l'être humain n'a été mis dans ce monde que pour souffrir, le plaisir est encore la cause dernière de ce fait, plaisir d'un dieu diabolique et cruel [1].

« Aucune école, conclut Spencer, ne peut donc éviter de prendre pour dernier terme de l'effort moral un état désirable de sentiment, quelque nom d'ailleurs qu'on lui donne : récompense, jouissance ou bonheur. Le plaisir, de quelque nature qu'il soit, à quelque moment que ce soit, et pour n'importe quel être ou quels êtres, voilà l'élément essentiel de toute conception de moralité. C'est une forme aussi nécessaire de l'intuition morale que l'espace est une forme nécessaire de l'intuition intellectuelle [2]. »

Il y a chez toutes ces écoles de morale que Spencer a passées en revue un vice commun, vice qui les fait envisager ce qui n'est que moyen comme but : ce vice c'est l'absence de l'idée de causation ou de loi naturelle ou bien une application insuffisante de cette notion. Il est vrai que l'idée de causation suppose un développement intellectuel fort avancé déjà ; nous avons vu que l'idée de loi naturelle était étrangère à l'esprit primitif et l'état actuel des esprits nous montre que cette notion de

---

[1] *Princ. mor.*, Ire partie, chap. III, § 11-15.
[2] *Ouv. cit.*, Ire partie, chap. III, § 16, p. 38.

causation universelle est un signe de haute science ; bien rares sont les intelligences qui y parviennent, malgré l'extension actuelle des connaissances. Le savant, le philosophe constatent des relations nécessaires entre des faits-causes et d'autres faits-effets ; et pourtant ils ne savent pas ériger en système la constatation de telles relations, non plus qu'en déduire des règles de conduite générales et rationnelles.

Une seconde fois Spencer envisage, à un point de vue un peu différent, les diverses écoles de morale pour montrer en chacune ce manque de caractère vraiment scientifique. 1° L'école théologique de morale prend pour règle de la conduite une prétendue « volonté de Dieu ». Agir suivant ou contre cette volonté, c'est agir bien ou mal. Et par une telle théorie, cette école nie la causation naturelle des actions, à savoir que certaines actions ont, en dépit de tout, de mauvais résultats et d'autres au contraire de bons résultats. 2° Dans l'école politique, la loi seule est l'origine du bien et du mal dans la conduite ; se soumettre à la loi c'est le bien ; y résister, c'est le mal. Mais d'où vient l'autorité de cette loi ? elle n'est nullement primitive ; elle est dérivée. La causation ultime est en fait absolument ignorée par les partisans de cette école, car, qu'il existe ou non un code, certains actes, le meurtre par exemple, produiront toujours des effets fâcheux, et d'autres, tel un acte de courage, des effets bienfaisants. 3° L'école intuitionniste, en affirmant que l'homme peut faire le départ entre bien et mal grâce aux intuitions innées en lui de ce bien et de ce mal, nie par là même la causation naturelle ; car sans cette intuition l'homme ignorerait ce qui est bon et ce qui est mauvais malgré ses expériences des choses et des actions. Enfin 4° l'école utilitaire, qui « à première vue semble se distinguer des autres par sa croyance à la causation naturelle, est elle-même sinon aussi loin, du moins très loin encore de la reconnaitre complètement [1] ». La conduite, il est vrai, y est estimée d'après ses résultats ; on établit bien entre la cause et l'effet une relation empirique, mais non *la* relation nécessaire et absolument générale ; l'utilitarisme est le système de morale qui se rapproche le plus de la vérité parce que c'est celui qui reconnait le plus la causation naturelle, mais la vraie science morale la doit re connaitre complètement ; or la vraie science morale s'exprime dans « l'utilitarisme rationnel » qu'expose Spencer. La connexion observable entre les actes et leurs effets est indépendante de toute autorité, politique ou religieuse, qui viendrait changer l'aspect et la valeur naturels de ces actes ; la relation qui existe entre une certaine conduite et certains résultats de cette conduite a sa source non dans une volonté arbitraire, mais dans la nature même des choses. L'utilitarisme empirique ne peut donc être considéré, malgré les éléments de vérité qu'il contient, que comme une préparation au véritable utilitarisme ; celui-ci « déduit les principes des progrès de la vie conformément aux conditions réelles de l'existence [2] ».

La science, en quelque domaine que ce soit, commence par être purement empirique ; puis des données particulières de l'observation et de l'expérience elle tire des propositions exprimant des vérités plus générales ; pour être vraiment science constituée elle doit arriver à une généralisation rationnelle, c'est-à-dire montrer dans

---

[1] *Princ. mor.*, Ire partie, chap. IV, § 18-21.
[2] *Ouv. cit.*, Ire partie, chap. IV, § 22, p. 51.

les faits dont elle s'occupe les conséquences de certaines causes, et entre la cause et l'effet un lien nécessaire ; on peut donc dire que, d'une manière générale, le progrès des sciences diverses peut se ramener à une reconnaissance toujours plus grande de la causation naturelle. Et c'est en ceci que l'utilitarisme de Spencer diffère des autres théories utilitaires qu'il reconnaît cette causation d'une façon complète, qu'il déduit les règles de la conduite de principes généraux rationnellement établis au lieu de les tirer d'un nombre toujours relativement restreint d'observations.

Les actions humaines ne se présentent pas à nous comme de simples faits à une seule face pour ainsi dire ; il y a dans la conduite différents côtés à envisager ; la morale a ainsi un côté physique ; par ce côté les activités humaines sont soumises, comme tout mouvement de matière, à la loi de conservation de la force. Elle a un côté biologique, car elle considère les actions comme changements vitaux dans l'individu ; elle a un côté psychologique, puisque ces actions sont inspirées par des sentiments, guidées par des motifs ou éléments intellectuels ; enfin elle a un côté sociologique, puisque ces actions se produisent dans l'agrégat social et l'affectent d'une façon ou d'une autre. On jugera donc de la conduite à ces quatre points de vue différents, et on la déclarera plus ou moins bonne, c'est-à-dire plus ou moins morale, suivant que l'ensemble des actes ou les actes particuliers seront plus ou moins conformes aux lois qui régissent chacun de ces domaines de l'évolution générale ; et l'on se rappelle que les lois des parties sont les mêmes que les lois du tout. Etant une science, au même titre que les autres sciences, la morale doit en conséquence avoir ses interprétations dernières dans ces vérités établies au début de la *Philosophie synthétique* et qui sont communes à toutes les sciences [1].

Utilitarisme rationnel, telle est la désignation du système que Spencer veut établir, et l'on peut dire que le premier de ces termes le rattache aux écoles du passé, de caractère et de tendances purement empiriques, tandis que le second unit ce système au grand mouvement scientifique qui caractérise notre seconde moitié de xix° siècle surtout ; ce ne sont là évidemment que constatations de caractère très général mais qui nous semblent avoir leur intérêt. Utilitaire, ce système l'est certainement, car le critère de la moralité est l'utilité d'un acte en vue de la fin suprême de toute existence : le maximum de vie ; et rationnel parce que, pour Spencer, les vérités premières sont les principes de la morale comme elles le sont de la biologie et de la sociologie ; or, le principe suprême de tout l'évolutionnisme de Spencer étant la persistance de la force, la conséquence de ce principe étant l'uniformité des relations entre les forces ou uniformité de loi, cette uniformité, autre nom pour exprimer l'immuable rapport de causalité, se rencontrant aussi dans le domaine de la conduite, et exprimant le caractère que Spencer nomme rationnel, le caractère scientifique par excellence, il est naturel d'ajouter au mot utilitarisme ce mot de rationnel. C'est bien de la plus haute généralisation possible à l'esprit humain que découlent les principes de la morale évolutionniste, d'après l'opinion du philosophe anglais [2] ; « la morale ne peut être définitivement comprise qu'au moyen des vérités fondamentales communes à toutes les sciences ».

Comment l'utilitarisme rationnel, et ici nous sommes

---

[1] *Princ. mor.*, Ire partie, chap. IX, § 60, p. 140.
[2] *Ouv. cit.*, Ire partie, chap. IV, § 23, p. 51-53.

au centre de la question capitale, jugera-t-il de la conduite, qu'est-ce qui sera plus particulièrement pour lui le « bon » et le « mauvais »? Il importe d'examiner les divers points de vue desquels le philosophe évolutionniste spencérien jugera cette conduite.

A. Au *point de vue physique*, la conduite d'un homme consiste en changements qui sont perçus par les sens; au début de la vie, vie individuelle ou vie de l'espèce en général, les actions sont incohérentes et sans suite; les mouvements deviennent plus cohérents et la conduite est par là plus morale. Dans une conduite digne du nom de morale, la connexion entre les antécédents et les conséquents est relativement fixe; c'est ce qu'exprime déjà le langage lorsqu'il nomme conduite dissolue celle qui manque d'unité et conduite retenue celle dont les actes divers sont liés entre eux. Par évolution la conduite devient, en second lieu, plus définie; les mouvements, qu'il s'agisse d'un ensemble de mouvements simultanés en vue d'une même fin ou de mouvements successifs, deviennent plus précis, ils sont mieux adaptés au but qu'ils doivent remplir. L'homme moral est celui dont la conduite est nette et pondérée. Enfin, il y a augmentation d'hétérogénéité; l'idée courante que plus la vie est uniforme, plus elle est morale, est une idée fausse; les actions, en devenant plus variées et en s'adaptant à des conditions et des fins nouvelles, font de l'homme un être plus moral. L'évolution de la conduite, comme toute évolution, amène un équilibre mobile; la vie est la balance entre les actions internes et les actions externes, la vie morale est précisément, au point de vue physique, le maintien de cet équilibre entre les différents rythmes auxquels l'homme est soumis; et cet équilibre doit devenir toujours plus grand au cours du temps. Il y a ainsi, en un sens, « une entière correspondance entre l'évolution morale et l'évolution comme nous l'avons, dit Spencer, définie en physique [1] ».

B. *Point de vue biologique :* Si, physiquement parlant, la morale est un équilibre entre divers mouvements, biologiquement parlant, on la peut définir : un équilibre des fonctions ; l'exercice normal des fonctions, c'est-à-dire exercice produisant la vie et la santé, est le second aspect de la morale. L'excès ou l'exercice insuffisant d'une ou de plusieurs fonctions produisent un abaissement dans la quantité de vie, et leur exercice inadéquat ou incomplet diminue la longueur de la vie. On peut donc dire qu'en une certaine mesure l'accomplissement de toutes les fonctions se présente comme une obligation morale ; l'action particulière sera jugée bonne ou mauvaise suivant qu'elle tend ou non à produire ou à maintenir la vie complète. « De là résulte un critérium des actions. Nous pouvons dans chaque cas nous demander : l'action tend-elle pour le présent à maintenir la vie complète ? Tend-elle à la prolongation de la vie jusqu'à sa pleine durée [2] ? » Entre les actions vitales et les changements psychiques l'observation montre des rapports constants dans la généralité des cas ; la science spéciale qui cherche à définir ces rapports n'est point encore de la psychologie ; elle n'est plus de la physiologie proprement dite ; Spencer l'appelle l'aestho-physiologie ; elle étudie les modes de l'esprit considérés comme corrélatifs des changements nerveux de l'organisme. Et l'on comprend sans plus l'importance de cette science parmi

[1] *Princ. mor.*, Ire partie, chap. V, passim et citat. § 29, p. 63.
[2] *Ouv. cit.*, Ire partie, chap. VI, § 31, p. 65.

les sciences qui ont spécialement l'homme pour objet. L'accomplissement des fonctions étant ce qui constitue la vie, les sensations et les émotions sont les guides à la fois et les stimulants des organes dans cet accomplissement ; or la loi générale que l'on peut énoncer dans ce domaine de l'aestho-physiologie se résume de la façon suivante : il y a un rapport général entre les actes qui procurent des sensations ou des émotions agréables dans l'organisme et ceux qui prolongent ou augmentent la vie ; nous avons vu cette vérité générale déjà en parlant du critérium dernier de la morale évolutionniste ; ici Spencer envisage ce critérium d'une façon plus complète et montre mieux le rôle qu'il doit jouer dans la conduite. Chez les êtres inférieurs l'acte utile, c'est-à-dire conservant et augmentant la vie, car c'est cela que désigne toujours ce mot, et l'acte auquel est naturellement porté un organisme ne sont qu'un seul et même acte envisagé à deux points de vue différents. Chez les êtres supérieurs, les individus comme l'espèce se conservent et augmentent leur quantité de vie par la recherche des sensations agréables ; c'est « l'agréable » qui rattache l'individu et l'espèce à la vie. Il est en conséquence impossible, c'est là une conclusion qui s'impose, de former des idées éthiques dans lesquelles n'entre pas comme élément la conscience du plaisir. C'est ce que Spencer a montré par sa critique des différents systèmes de morale examinés plus haut. Il semble pourtant que l'on puisse faire à cette thèse capitale de l'utilitarisme de sérieuses objections ; nombre de faits sont en apparence en contradiction avec ce principe que l'agréable correspond à l'utile ; c'est une observation que chacun a faite que souvent des résultats avantageux sont précédés d'efforts et de peines, tandis que les plaisirs ont des résultats nuisibles. En raison de telles expériences l'homme regarde en général le plaisir comme un mal et la peine souvent comme un bien ; rien n'est en réalité plus faux, plus contraire à la nature. Les cas particuliers qui nous amènent à de semblables généralisations sont des anomalies accidentelles et leur cause en est dans l'adaptation insuffisante des organismes aux conditions ou aux lois de la vie.

Les sensations changent à mesure que changent les conditions du milieu ; nous avons vu la distance qui sépare l'homme primitif de l'homme actuel et plus encore de l'homme tel qu'il sera dans l'avenir ; le genre de vie des hommes primitifs et celui de leurs successeurs dans les siècles futurs nous montrent le conflit entre deux natures morales absolument différentes, parce qu'elles sont adaptées à des conditions diverses. Présentement, les deux types sociaux qui résument l'un le point de départ, l'autre celui d'arrivée relative de l'évolution, coexistent et la nature humaine n'est véritablement adaptée ni à l'un, ni à l'autre ; « c'est de là que viennent, dans la direction donnée par les plaisirs ou les peines, les défauts qui se manifestent tous les jours ». Mais en général, et à tous les degrés de la vie, on peut dire que chaque plaisir augmente la vitalité et que chaque peine la diminue ; normalement les plaisirs servent donc à la conservation de la vie ; c'est un fait d'observation quotidienne que dans le fonctionnement des organes une activité normale est source de plaisir ; un défaut ou un excès de cette même activité est une cause de malaise ou de fatigue [1]. Lorsqu'on juge de la conduite et des actes particuliers, on est trop facilement

---

[1] *Princ. mor.*, Ire partie, chap. VI, § 36, p. 78.

porté, en les déclarant bons ou mauvais, à oublier les effets physiologiques de ces actes ; et pourtant les peines et les plaisirs ont des résultats directs au point de vue biologique ; la souffrance que produit une adaptation imparfaite aux lois de la vie ne peut être considérée comme un élément négligeable, elle doit être comptée. « Les exigences des fonctions vitales sont absolues, et il ne suffit pas, pour y échapper, de dire qu'on a été forcé de négliger ces fonctions ou, qu'en le faisant, on a obéi à un motif élevé. Les souffrances directes et indirectes causées par la désobéissance aux lois de la vie restent les mêmes, quel que soit le motif de cette désobéissance, et l'on ne doit pas les omettre dans une appréciation rationnelle de la conduite[1]. » Nous sommes actuellement dans un état de transition : le type militant est encore fort répandu et le type industriel très peu répandu ; les idées que la plupart des hommes se font de la divinité sont fausses et grossières ; la notion du devoir est également erronée : il est naturel que les théories morales ayant cours soient des théories imparfaites et que la peine ait souvent été considérée, et le soit encore en réalité, comme le bien. Dans la suite, et par l'évolution, les actions bonnes, celles qui conduiront au bonheur social et général, seront immédiatement sources de sensations agréables. Le fait qui s'impose dès maintenant c'est que la morale ou science du « bien-vivre » doit tenir compte, en jugeant des actes, de toutes les conséquences qui affectent le bonheur de l'individu et celui de la société.

Le point de vue biologique est, on le voit, d'une importance toute spéciale dans la morale de l'évolutionnisme ; c'est là notre excuse, si l'on nous reproche de

---

[1] *Princ. mor.*, Ire partie, chap. VI, § 37, p. 81.

nous y être trop longtemps arrêté et de n'avoir pas reculé devant certaines répétitions d'idées. Ce qui n'était qu'équilibre physique au premier point de vue sous lequel nous avons envisagé la morale est, au point de vue biologique, équilibre des fonctions, c'est-à-dire plénitude de vie. C'est bien dans le point de vue biologique qu'est le trait caractéristique de la morale de Spencer, ce qu'on pourrait appeler le centre du principe de l'utilitarisme rationnel, en tout cas le côté le plus important de ce principe, son côté positif.

C. *Point de vue psychologique.* Nous avons examiné le plaisir et la peine comme correspondant à des actes utiles ou nuisibles pour l'organisme, c'est-à-dire que nous les avons vus sous leur aspect plutôt physiologique ; il reste à les considérer sous leur aspect psychologique, en tant que motifs réfléchis engendrant une adaptation consciente des actes aux fins. Simples au début, les motifs et les actes deviennent plus complexes par évolution ; d'où l'on peut déduire à priori que les sentiments d'évolution récente sont plus représentatifs que ceux d'évolution plus éloignée, qu'ils se rattachent à un nombre d'expériences plus grand, à des besoins plus étendus et qu'en conséquence leur autorité comme guides de la conduite doit être plus grande aussi. On sait en effet que plus les sentiments sont éloignés de la simple sensation, plus ils impliquent un nombre considérable d'expériences qui ont eu pour objet le bien-être de l'individu ou celui de la race. Il y a en ce domaine spécial de la morale de nombreuses idées fausses qu'il importe de réfuter : c'est ainsi que l'autorité des sentiments appelés bas, c'est-à-dire de ceux où l'élément présentatif prédomine, est considérée généralement comme inférieure à celle des sentiments dits élevés ; c'est ainsi encore, et ce n'est là qu'un corollaire de la première erreur, que l'inférieur est toujours considéré comme digne de mépris ; et c'est enfin cette idée si commune que les plaisirs présents doivent être sacrifiés toujours à ceux de l'avenir. Quand il y a à faire choix entre sentiments inférieurs et sentiments supérieurs, l'autorité des sentiments simples et présents devrait être acceptée toutes les fois que celle de sentiments plus complexes ne s'y oppose pas.

Il y a ainsi un contrôle de certains sentiments par d'autres, et ce contrôle est le trait essentiel de ce que nous nommons la conscience morale. L'autorité dont les éléments qui la composent nous paraissent revêtus est un résumé de quatre autorités différentes ou plutôt l'autorité de quatre facteurs que nous ne discernons plus séparément aujourd'hui : 1° Le facteur social qui agit comme crainte de la vengeance de ceux que l'on pourrait offenser. 2° Le facteur légal ou crainte de la colère du chef ou de tout autre contrôle politique. 3° Le facteur religieux ou crainte des esprits et des dieux. Ces trois facteurs sont autant d'éléments importants dans la poursuite du succès dans la lutte. Il s'y joint un quatrième facteur (4°) dont l'importance demeure même dans le type social industriel : c'est la crainte de l'opinion publique. Les divers systèmes de morale confondent le contrôle moral au sens absolu avec l'un de ces contrôles tout relatifs. Le vrai « motif moral diffère partout des motifs auxquels il est associé, en ce que, au lieu d'être constitué par des représentations de conséquences accidentelles, collatérales et non nécessaires de nos actes, il est constitué par des représentations de conséquences que ces actes produisent naturellement [1] ».

[1] *Princ. mor.*, Ire partie, chap. VII, § 45, p. 105.

La connaissance du motif moral suppose de longues expériences dont la succession et l'accumulation ont fait naître la conscience du bien et du mal ; ces expériences d'utilité ont produit des modifications nerveuses sensibles dans l'organisme, et ces modifications sont devenues certaines facultés d'intuition morale, certaines émotions correspondant à la conduite bonne ou mauvaise [1].

En parlant de motif moral, il est impossible que ne se présente pas à l'esprit cette question : pourquoi certaines formes de conduite nous apparaissent-elles comme devoir, comme accompagnées d'un sentiment d'obligation? — Le sentiment du devoir en réalité est un sentiment abstrait, par conséquent non primitif, et dont l'indépendance est illusoire ; l'analyse y reconnaît deux éléments : a) l'idée de la valeur que possèdent un sentiment, une idée comme guides de la conduite, et cette idée de valeur vient d'expériences d'utilité; et b) l'idée de coercivité, venant d'expériences des différents freins sociaux mentionnés plus haut, expériences qui toutes se ramènent à des expériences de crainte. Ce second élément n'est pas en fait partie constituante du motif moral ; celui-ci se ramène au premier élément seul qui doit devenir exclusivement dirigeant ; quant au sentiment du devoir même, c'est-à-dire de contrainte, d'obligation, il doit disparaître ; ce n'est qu'indirectement qu'il s'est associé aux sentiments vraiment moraux. Et Spencer conclut sur ce point en exprimant cette opinion, qui ne manque pas de paraître fort paradoxale, que le sentiment du devoir doit diminuer à mesure qu'augmentera la moralisation de la race humaine ;

---

[1] *Princ. mor.*, Ire partie, chap. VII, § 45, p. 107.

grâce à l'évolution, c'est-à-dire à l'adaptation de plus en plus parfaite de l'homme aux conditions de la vie à son maximum, ce qui est maintenant devoir se transformera et deviendra pur plaisir.

En résumé, dans cette humanité à venir vers laquelle Spencer aime à porter ses regards, le sentiment moral ayant atteint son plein développement sera constitué par la représentation des peines ou des plaisirs à venir et cette représentation suffira à pousser l'homme à l'action en certains cas, à le retenir dans d'autres, à le diriger toujours pour qu'il atteigne et fasse atteindre aux autres la vie la plus complète; alors la conduite vraiment morale sera la conduite naturelle, elle sera devenue organique; la lutte, sans doute, aura disparu de ce domaine individuel aussi bien que du domaine social.

D. On pouvait entrevoir déjà par ce que nous avons dit et à propos du passé et quant à l'avenir de la société que le *point de vue sociologique* serait en morale très important aussi. La morale, il faut revenir toujours à sa définition et en mettre en lumière l'un ou l'autre des côtés, est à ce dernier point de vue « l'explication des formes de la conduite telles que la vie de chacun et la vie de tous soit complète ». Vie de l'individu, vie de l'organisme social dont il fait partie, voilà les deux fins, comme les deux pôles de la conduite des êtres en général ; à l'origine ces fins sont opposées, il y a conflit entre elles; dans l'état primitif, la conservation de la société doit être mise au-dessus de celle de ses unités. « Mais à mesure que l'état social se consolide, la conservation de la société devient un moyen de conserver ses unités. » L'opposition des deux fins morales cesse avec l'état de guerre ; elles s'unissent de telle sorte que « le bien-être des unités, n'ayant plus besoin d'être subordonné, devient l'objet immédiat de la poursuite ».

On a vu les deux types sociaux généraux auxquels Spencer ramène toutes les sociétés ou toutes les phases de leur développement; l'adaptation de la conduite à l'un ou à l'autre donne deux types de morale : celle de l'hostilité et celle de l'amitié, et le code qui régit les actions humaines dans une société guerrière comme dans une société industrielle reçoit la sanction ultime parce que ce code est le meilleur, les conditions étant données. La première forme de ce code, d'abord confus et peu défini, devient une forme plus nette et plus claire; la morale purement empirique aux débuts de l'évolution peu à peu devient science véritable. Dans le système pacifique, le code moral se peut résumer en trois points : 1° Tout acte d'agression est exclu parce qu'un tel acte va à l'encontre de la fin morale suprême, et par le terme général d'agression, Spencer entend tout préjudice porté à la possession, matérielle ou morale, des individus. Et ce premier point, capital puisqu'il est la condition de l'établissement et de l'existence du type industriel, n'est qu'une conséquence de la définition d'une vie au maximum; « on voit les lois morales essentielles découler comme corollaires de la définition d'une vie complète se développant dans des conditions sociales [1] »; 2° La non-agression est une condition toute négative et extérieure; la satisfaction des besoins qui ont en vue la prolongation de la vie demande une coopération entre les unités sociales, et tout d'abord un mutuel secours entre membres d'une famille et entre familles; toute coopération volontaire suppose un accord,

---

[1] *Princ. mor.*, Ire partie, chap. VIII, § 51, p. 119.

un contrat expressément établi ou implicite. Or, la première condition de cette coopération est l'observation du contrat ; si le premier point : absence d'agression avait en vue les attaques venant du dehors, le second a en vue celles venant du dedans et se ramène à : absence de ruptures dans l'organisme social. Enfin, 3° l'abstention d'attaques directes ou agressions et indirectes ou ruptures de contrats est insuffisante encore ; cette abstention représente le principe de la justice ; et la limite de l'évolution de la conduite n'est pas atteinte par la mise en pratique de la justice ; elle ne le sera que lorsque, « non content d'éviter toute injustice directe ou indirecte à l'égard des autres, on sera capable d'efforts spontanés pour contribuer au bien-être des autres [1] ». Le terme relatif de l'évolution demande donc non seulement un principe négatif, mais un principe positif : l'effort en vue du bonheur d'autrui. La présence d'autres unités sociales a ainsi un rôle à la fois restrictif, puisqu'elle met des limites à l'activité de chacun, et extensif, car elle ajoute aux sphères d'action déjà existantes d'autres sphères nouvelles : à côté du principe de justice, le principe essentiel, il faut le reconnaître, dans la morale sociale, se place celui de la bienfaisance. La sympathie, que nous avons vue à la racine de tout agrégat social comme facteur de formation de ces agrégats, est aussi la racine des sentiments et des idées qui les conservent, sentiments qui s'expriment dans les principes de justice et de bienfaisance. En résumé, le point de vue sociologique de la morale est celui qui indique sous quelles conditions les activités sociales peuvent se poursuivre, tellement qu'un maximum de vie

---

[1] *Princ. mor.*, 1re partie, chap. VIII, § 54, p. 127.

individuelle s'accorde avec la vie complète de tous et la favorise ; et ces conditions se résument en : fin de l'état de lutte, observation des contrats et aide mutuelle volontaire [1].

Le bonheur est le but dernier de la conduite ; mais entre le bonheur et l'homme se dressent pour ainsi dire le sentiment et l'idée de justice ; y aurait-il contradiction ? et comment une telle opposition serait-elle possible alors que le bonheur est le but naturel de l'homme ? La justice n'est en réalité que la condition du bonheur, elle apparait comme but immédiat et n'est qu'un moyen. Le bonheur des agrégats sociaux suppose partout et en tout temps certaines conditions générales qui demeurent mêmes, et qui ne sont autres que les conditions de l'équilibre social ; et la conscience de ces conditions parait aux hommes comme des idées innées. Ce que nous nommons intuitions innées n'est inné qu'en un sens relatif ; et si, comme guides de la conduite, elles ont une autorité souveraine, c'est parce qu'elles conduisent au bonheur ; elles sont nées par accumulation d'expériences, sous l'influence persistante des conditions sociales qui sont à un certain degré identiques partout.

La vie la plus grande, c'est-à-dire la plus étendue dans le temps et l'espace, vie de l'individu et vie de l'espèce, telle est la fin de la conduite humaine ; entre les actes ayant en vue la conservation et l'extension de la vie individuelle et ceux accomplis en vue de la vie sociale générale, se placent les actes pour la conservation proprement dite de l'espèce, le domaine de la famille. Au fond, ces trois domaines : de l'individu, de la famille, de la société se ramènent à deux : celui où l'individu est centre et celui où il ne l'est pas ; tous les actes qui ont pour fin

---

[1] *Princ. mor.*, Ire partie, chap. VIII, § 55, p. 128.

la vie individuelle peuvent être qualifiés d'égoïstes, tous ceux tendant à la conservation et à l'extension de la vie d'autrui, d'altruistes ; l'égoïsme et l'altruisme sont les deux forces vitales unies chez l'individu, forces qui en dernière analyse ont un même but.

La condition première de toute action étant la vie, la vie étant un fait essentiellement individuel, l'égoïsme est une tendance plus impérieuse que l'altruisme ; on pourrait en effet définir le premier comme « l'acte de continuation de la vie individuelle ». Chaque être devant recueillir les avantages ou les désavantages produits par sa nature, c'est bien le principe d'égoïsme ou d'individuation, car les deux sont même chose, qui est en première ligne. Toute capacité possédée par l'individu est une source de bonheur pour lui et pour les autres ; la poursuite du bonheur individuel, dans les limites des conditions sociales, est en conséquence exigée par le bonheur même de la société ; c'est en effet l'égoïsme, et l'on remarquera que ce terme est pris dans un sens beaucoup plus étendu que celui où il l'est par les moralistes en général, qui donne à l'homme une bonne constitution et lui permet ainsi de la transmettre à ses descendants ; la santé est une cause de bonne humeur, et comme on l'a dit, « le bonheur et le malheur sont contagieux ». Faudrait-il rappeler, pour montrer la place importante de l'égoïsme, les maux divers qu'engendre dans la société l'absence d'égoïsme : cupidité, immoralité, et d'une façon générale démoralisation ? Mais l'égoïsme qui s'impose à l'individu d'une manière évidente est un égoïsme rationnel ; celui-là seul est obligatoire, et, ajoute Spencer, il est compatible avec une nature humaine moins égoïste que l'actuelle[1].

[1] *Princ. mor.*, Ire partie, chap. XI, passim.

Nous appelons altruiste toute action qui profite à autrui ; le principe ou la tendance de l'altruisme est aussi essentiel que le principe de l'égoïsme; la preuve en est dans ce fait que le manque d'altruisme implique la disparition des unités sociales non altruistes. L'altruisme se trouve déjà chez les types inférieurs, mais il est encore chez ceux-ci inconscient et purement physique ; tout sacrifice d'ailleurs se ramène à une perte de substance corporelle, même chez les types supérieurs. L'altruisme, dans son évolution, de purement familial et inconscient qu'il est au début, devient conscient, puis enfin altruisme social.

Ce que nous avons caractérisé comme une « seconde tendance vitale » en l'opposant en quelque sorte à la première, l'égoïsme, n'est en fait que l'achèvement et comme l'épanouissement de celui-ci ; car la plénitude des satisfactions égoïstes implique l'altruisme, que ce soit sous la forme négative d'absence d'agression ou de non-rupture des contrats, ou sous la forme positive d'aide apportée aux autres : « Tout ce qui diminue la force des hommes en général restreint les plaisirs de chacun », et l'on peut dire que le perfectionnement des autres au point de vue physique, intellectuel et moral, importe à chacun, leur imperfection étant cause de dommages[1]. Ainsi l'avantage personnel s'identifie avec celui de tous ; l'altruisme en effet augmente la sympathie et la capacité de plaisir de chacun. Il y a entre égoïsme et altruisme comme un courant continu, l'un dépendant de l'autre et réciproquement ; les deux tendances s'unissent et se complètent pour produire la vie la meilleure. Par évolution, les sentiments altruistes s'accroissent,

---

[1] *Princ, mor.*, Ire partie, chap. XII, § 78, p. 180-181.

mais ils n'arriveront pas à étouffer les sentiments
égoïstes, car un pur altruisme serait aussi illégitime
qu'un pur égoïsme. En s'en tenant à l'un d'eux comme
principe exclusif de conduite, on arrive à des absurdités
et à cette conviction qu'il faut un compromis ; c'est ici
particulièrement que Spencer fait le procès du principe
utilitaire altruiste de Bentham[1] : cette distribution générale de bonheur que demande l'utilitarisme est en fait
impossible, car le bonheur ne saurait être transféré.
Quant à la morale chrétienne et à celle du kantisme, ce
ne sont que des transformations de l'utilitarisme et qui
manquent de logique. Le bien-être de chacun a droit à
l'attention de chacun ; l'oubli des autres par chacun
serait fatal.

Après avoir établi l'égoïsme et l'altruisme comme
également nécessaires, et avoir constaté qu'il faut
entre eux un compromis, il reste à trouver la forme de
ce compromis ; l'expérience montre que la réalisation
du bonheur général n'est pas en proportion de l'effort
qu'on met à poursuivre directement ce but ; le bonheur
de la communauté doit donc être recherché indirectement. Le compromis entre les deux tendances s'est lentement établi et les hommes en ont reconnu la valeur ;
on peut l'exprimer en disant que le bonheur général est
obtenu par la recherche du bonheur individuel, et le

---

[1] Bentham prend, on le sait, le « bonheur général » pour objet
immédiat de poursuite. Spencer ramène ce principe à celui
d'« équité » ou de « justice », qu'il développera dans la suite de ses
Principes de morale. Dans sa critique de la morale de Bentham,
§ 83-85, la discussion nous paraît souvent du reste rouler uniquement sur des questions de définition ou s'en tenir à la pure théorie,
au domaine de l'abstrait ; et c'est là une position qui, en morale
spécialement, nous paraît fort insuffisante.

bonheur individuel par celle du bonheur général, et l'idée s'est incorporée dans les idées de l'humanité.

Mais c'est là une solution purement théorique ; jusqu'où va en fait l'égoïsme et jusqu'où l'altruisme ? A telle question, Spencer ne répond pas réellement, mais il affirme que la conciliation entre les intérêts de chacun et ceux de tous s'établit au cours de l'évolution. Nous avons dans les faits d'adoption des exemples de l'altruisme familial, et ce qui s'est fait déjà et augmentera encore dans ce domaine se fera aussi dans le domaine social ; par le développement de la sympathie, l'altruisme social arrivera au même niveau que le premier. L'augmentation de la sympathie est le facteur principal ; cette augmentation est elle-même dépendante de l'accroissement des manifestations de plaisir, c'est-à-dire en dernier lieu de l'établissement du type social capable de produire le maximum de vie[1]. « Si l'état social est tel que les manifestations du plaisir prédominent, la sympathie augmentera. » Il y a deux éléments à considérer dans cette extension de la sympathie : le langage des émotions deviendra plus fort, plus défini et plus varié d'une part, et de l'autre la perception de ce langage grandira aussi ; la nature humaine, comme modelée à nouveau par la discipline sociale, deviendra « telle que les plaisirs sympathiques finiront par être recherchés spontanément pour le plus grand avantage de tous et de chacun ». Mais grâce à l'élévation générale du type social les occasions d'altruisme iront diminuant tandis que l'altruisme augmentera ; l'homme alors reviendra à ce que Spencer appelle « l'égoïsme normal » ; ce sera l'état de conciliation véritable entre les deux tendances.

---

[1] *Princ. mor.*, 1ʳᵉ partie, chap. XIV, § 93, p. 209.

L'individu mettra lui-même des limites à son altruisme par délicatesse envers les autres hommes, afin de ne point les blesser ; et en même temps il désirera que ses semblables aient aussi le plaisir de faire le bien et leur en laissera l'occasion. Du reste, les occasions d'altruisme, bien que devenant moins nombreuses, ne disparaîtront pas complètement ; la sphère de la famille sera toujours un domaine où il pourra se manifester ; l'homme pourra toujours poursuivre le bien-être social général, et enfin les malheurs accidentels inévitables lui permettront encore de manifester ses sentiments altruistes. De sorte que dans sa quantité totale l'altruisme ne diminuera pas, mais où il y aura changement c'est dans ce fait que ce qui est faible et accidentel aujourd'hui deviendra dans l'avenir fort et général. « Sous sa forme dernière, l'altruisme consistera dans la jouissance d'un plaisir résultant de la sympathie que nous avons pour les plaisirs d'autrui que produit l'exercice heureux de leurs activités de toutes sortes, plaisir sympathique qui ne coûte rien à celui qui l'éprouve, mais qui s'ajoute par surcroît à ses plaisirs égoïstes[1]. »

C'est une idée fort répandue ou du moins une parole que l'on entend souvent répéter que « la morale est absolue » ; dans chaque cas particulier on statue, suivant cette idée, un bien et un mal, mais le plus souvent on ne peut décider quel est le bien et quel est le mal. En réalité le bien et le mal sont relatifs ; on passe par transitions graduelles de l'un à l'autre ; la bonne conduite a été caractérisée comme celle produisant un surplus de plaisir, c'est-à-dire une augmentation de vie ; une conduite ne produisant que du plaisir, qui ne soit pas

---

[1] *Princ. mor.*, Ire partie, chap. XIV, § 97, p. 218.

comme équilibré par une certaine peine, serait absolument bonne; mais dans la plupart des cas particuliers de conduite, la marche suivie est plus ou moins bonne seulement; tel, le cas d'un père de famille se jetant à l'eau pour sauver un de ses semblables; l'action n'est que relativement bonne. Pour avoir une morale vraiment scientifique, il faut éliminer les facteurs contradictoires et trouver de façon abstraite les lois fondamentales de la conduite; puis de ces principes généraux inférer les règles particulières s'appliquant aux cas concrets. La « loi morale » proprement dite est celle qui s'appliquerait à l'homme idéal; pour établir « la morale », il faut donc concevoir un être social placé dans un milieu d'êtres semblables. Le code moral de la primitive humanité, ou celui du moins des premières phases de l'évolution, n'a qu'un rapport très lointain avec cette loi morale idéale; mais grâce à l'évolution, aux lois générales d'organisation des agrégats, l'humanité s'adapte toujours plus dans le sens d'un accord complet avec la morale du type social industriel; l'ensemble des règles morales qui régiraient l'homme parvenu à une parfaite adaptation représenterait la morale absolue, et il faut se rappeler que le mot règle n'implique dans ce dernier cas aucune idée de contrainte, puisque les sentiments moraux seront devenus littéralement organiques. Pour nous, nous n'en sommes encore qu'à la morale relative; et le rapport qui existe entre cette dernière et la morale absolue est le même que celui entre la pathologie et la physiologie; dans le cas éthique comme dans le cas biologique il faut, pour juger de l'état anormal, connaître auparavant l'état normal; grâce à cette connaissance on peut alors agir sur cet état normal; la morale parfaitement scientifique nous donne comme un étalon pour mesurer les anomalies et les adaptations incomplètes à la règle absolue. Le code moral absolu ne peut être admis qu'une fois la société ayant évolué complètement; jusqu'à ce moment le code pratique doit se rapprocher du code idéal, mais ne peut y atteindre.

Résumons en quelques lignes les points principaux examinés jusqu'ici afin de pouvoir mieux poser la question du « principe de la morale évolutionniste ». Nous avons vu ce que Spencer appelle la conduite, et comment cette conduite soumise aux lois générales de l'univers, subit une évolution aussi. L'objet dernier de la conduite est le bonheur; le critère pour la juger est la quantité de vie qu'elle produit; et les quatre aspects sous lesquels on la peut envisager sont : l'aspect physique, l'aspect biologique, l'aspect psychologique et l'aspect sociologique ; et sous chacun de ces aspects nous trouvons comme un côté aussi du principe général de la morale d'après Spencer ; ou plutôt le principe, tout en demeurant identique par le fond, se précise et se définit. Nous avons mentionné ensuite les deux courants de toute vie individuelle, comme deux forces qui se partagent l'homme, et entre lesquels se fait la conciliation ; conciliation complète dans la morale absolue, imparfaite dans la morale relative.

Et maintenant la question se pose à nous : quel est le principe de cette morale dont nous avons indiqué les traits principaux? Question des plus simple ou très complexe, suivant la façon dont on l'envisage ; à laquelle on peut donner, nous semble-t-il, plusieurs réponses, mais qui en réalité reviennent toutes à une réponse très générale, et question à laquelle d'ailleurs sous la forme où nous la posons, Spencer n'a pas répondu ; mais au moins nous a-t-il donné les matériaux, et des matériaux parfois même trop abondants, pour formuler cette réponse.

Le mot principe est un mot fort élastique : origine, source, substance, loi, opinion, etc., en sont, suivant les cas, autant de synonymes. « En philosophie, nous dit Littré, principe signifie : opinion, proposition que l'esprit admet comme point de départ. » Mais c'est là un côté seulement de ce terme ; en réalité il a deux sens, entre lesquels existe un lien que la réflexion n'est pas longue à établir : 1° principe signifie d'abord l'énoncé d'un jugement au début de l'établissement d'une science ; on pourrait alors remplacer ce mot par celui de vérité première ou d'axiome ; c'est dans ce sens que Spencer a appelé sa philosophie générale : les *Premiers principes* ; et 2° principe peut signifier la cause ou la substance auxquelles notre esprit rapporte l'existence des choses et des êtres. Dans l'expression « principe de la morale », ces deux sens du mot principe, que nous pourrions appeler le sens abstrait et le sens concret, sont étroitement unis et il serait inutile de vouloir les considérer séparément.

Envisagée d'un point de vue très général, la morale de Spencer a, comme les différentes sciences dont s'occupe sa philosophie spéciale, pour principe unique : l'*évolution* de la force permanente. L'évolution est la vérité première et suprême, nous l'avons vu, de tout le système ; elle est à la fois le point de départ et le point d'arrivée de la science de la conduite ; elle est la cause ultime de cette moralité dont la morale est l'expression ; elle produit, et explique en même temps pour le philosophe, cette moralité. Mais l'évolution est un fait qui s'accomplit suivant certaines lois ; et nous avons dit que les lois des parties étaient mêmes que les lois du tout ou que les évolutions particulières, que toujours il faut rattacher à l'évolution générale, avaient les mêmes principes que cette dernière. Or la loi de toutes choses est une loi de changement, et le terme de tous les changements, la loi définitive de toute évolution est l'équilibre. Dans l'évolution universelle Spencer distingue, simple classification de l'esprit d'ailleurs, l'évolution inorganique, l'évolution organique et l'évolution super-organique ; en passant de l'une à l'autre nous nous élevons d'un degré, mais toujours par transitions insensibles, et dans chacune nous trouvons comme point culminant l'état d'équilibre ; la même loi ou le même principe régit ainsi toutes les sphères où peut s'étendre le savoir humain. La conduite humaine, suivant qu'on la considère sous l'un des aspects que nous avons énumérés, aspects qui se ramènent pour Spencer, nous n'avons pas besoin de le démontrer, aux trois grands aspects de la nature : inorganique, organique et super-organique, a toujours pour principe l'évolution et son terme naturel l'équilibre, mais ce principe reçoit différentes appellations suivant l'aspect sous lequel on considère plus particulièrement cette conduite. Ce sont ces faces du principe dernier que nous voulons chercher à résumer :

Au point de vue le plus abstrait, point de vue purement mathématique ou physique, le principe de la morale est l'établissement de l'*équilibre* ; ce principe apparaît comme tel quand on ne considère les actions humaines qu'au point de vue de la quantité. « La vie appelée morale est une vie dans laquelle le maintien de l'équilibre mobile devient complet, ou s'approche le plus possible de cet état[1]. » — Au point de vue biologique,

[1] *Princ. mor.*, Ire partie, chap. V, § 28, p. 60.

le principe de la morale peut être caractérisé comme l'*adaptation aux lois de la vie*. La vie n'est qu'un état d'équilibre entre l'interne et l'externe ; l'équilibre complet est la vie sous sa forme supérieure ; les lois de l'existence des organismes vivants sont les mêmes que les lois générales de toute existence ; l'acte moral consiste dans l'adaptation à ces lois en vue de réaliser la fin suprême de l'organisme : le maximum de vie. « L'homme moral est un homme dont les fonctions nombreuses et variées dans leurs genres... sont toutes accomplies à des degrés convenablement proportionnés aux conditions d'existence [1]. » — Au point de vue psychologique, le principe de la morale est l'*idée d'utilité* ou le *sentiment de plaisir* ; l'utile et l'agréable étant motifs positifs d'action, leur représentation devient élément déterminant de la conduite morale ; cette expression du principe est celle qui montre le mieux le rapport entre le système de morale de Spencer et les systèmes utilitaires ou hédonistiques. Ce qui produit le plaisir est, dans l'état normal, ce qui est utile, l'utile étant ce qui conserve ou augmente la vie et la vie le but dernier de l'évolution ; les sensations agréables correspondent au jeu normal c'est-à-dire complet et équilibré de toutes les fonctions de l'organisme. « Les plaisirs et les peines qui ont leur origine dans le sentiment moral deviendront, comme les plaisirs et les peines physiques, des causes d'agir ou de ne pas agir [2]. » — Enfin au point de vue sociologique, le principe de la morale est l'*idée de justice* et celle de *bienfaisance*. Justice n'est qu'un autre mot pour dire état d'équilibre social, et dans cet équilibre

---

[1] *Princ. mor.*, Ire partie, chap. VI, § 30, p. 63.
[2] *Ouv. cit.*, Ire partie, chap. VII, § 47, p. 113.

se trouvent résumées toutes les conditions sociales nécessaires au développement de la vie, c'est-à-dire les conditions pour atteindre à la fin suprême de l'évolution ; la bienfaisance est comme un complément de la justice, « le plus haut développement de la vie étant atteint seulement lorsque, non contents de s'aider mutuellement à rendre leur vie complète par une assistance réciproque spécifiée, les hommes s'aident encore autrement à rendre mutuellement leur vie complète [1]. »

Il faut, à propos de ce que nous venons de voir, présenter quelques remarques : 1° Il est bien établi que par les mots d'équilibre, d'adaptation aux lois de la vie, d'utilité ou de plaisir, de justice ou de bienfaisance, nous n'entendons pas désigner, en restant interprète seulement de Spencer, différents principes de morale, mais un seul et même principe. Chacun d'eux peut se déduire du principe général d'évolution et se ramener à la loi d'équilibre.

Cependant 2° si ces formes diverses ont théoriquement la même signification et la même valeur, il en est une qui apparaît tout particulièrement comme expression adéquate du « principe de la morale » et qu'il convient de mettre en lumière : c'est la forme biologique ou l'adaptation aux lois de la vie. A côté de ce principe qui n'est que le principe de l'équilibre transporté dans le domaine de la nature organique, ceux d'utilité ou de justice ne sont que l'expression du moyen pour atteindre à la vie la plus complète possible, c'est-à-dire au but moral.

Enfin 3° suivant que les actes sont ou ne sont pas conformes à ces principes divers, ils sont ou ne sont pas moraux ; les actions humaines ont donc en dernière

---

[1] *Princ. mor.*, 1ʳᵉ partie, chap. VIII, § 55, p. 128.

analyse un caractère moral en proportion de leur conformité à la loi de l'évolution. Et cette constatation nous montre bien la dépendance de la morale à l'égard des *Premiers principes* et comment cette morale nous y ramène, quoique par un chemin souvent long, qui prétend être celui de la pure déduction.

Nous savons en quoi consiste le caractère vraiment moral; il nous reste à examiner comment ce caractère s'est établi au cours du temps, ce que l'on a appelé bon et mauvais au travers des évolutions de la société; cet examen nous montrera les causes de la confusion qui règne actuellement dans la « pensée éthique » et, comme corollaire, la nécessité d'une règle rationnelle telle que Spencer l'a établie en principe dans la première partie de ses *Principes de morale*. Au début de l'évolution sociale la morale et la religion ne sont pas séparées; les esprits des chefs de famille ou de tribu, la religion primitive étant le culte des morts, sont craints et reçoivent des témoignages de cette crainte; on cherche par divers moyens à se les rendre propices; de là viennent, nous l'avons vu dans un paragraphe précédent, les offrandes matérielles qu'on leur fait, les éloges, les vœux, les prières qu'on leur adresse; la subordination à leur égard s'exprime par différents actes que le cérémonial règle et systématise. Quelquefois cette subordination se traduit par l'obéissance à certains commandements d'un caractère plus moral. Ainsi les actes moraux sont primitivement, aussi bien que les actes du culte proprement dits, des actes de propitiation. Notre code moral actuel, le véritable code et non le code nominal de la plupart des hommes civilisés, est un code d'inimitié; les idées et les sentiments guerriers, appropriés à la lutte, y dominent et y sont sanctionnés; ce fait a été nécessaire, nous l'avons vu, pour la naissance et la conservation extérieure primitive des sociétés. Mais l'état de lutte au dehors diminuant, la conservation intérieure demande un code opposé à celui de l'hostilité; de cette expérience résultent une série de restrictions et de commandements positifs ayant pour fin la coopération volontaire et l'aide mutuelle entre les unités sociales. Nous nous trouvons ainsi en présence de deux codes de morale : celui de la lutte et celui de la paix, et chez l'individu nous constatons un assemblage d'idées et de sentiments contradictoires, produit de l'adaptation à un état social imparfait. A côté de ces conceptions dont la source est religieuse, a évolué lentement une autre morale dont les conceptions sont dérivées d'expériences d'utilité, c'est-à-dire représentant la connaissance des conséquences naturelles des actions. C'est l'éthique utilitaire. Et l'opinion publique, dont les données constituent pour Spencer un autre code encore, contribue à faire aimer ce qui doit être profitable au bien-être social général et à réprouver ce qui lui est contraire. La morale utilitaire s'est exprimée dans le principe de la justice; le code de l'opinion publique dans celui de la bienfaisance ; ces deux principes qui résument toute la morale sociale de Spencer ont été vus comme expression du « principe moral » au point de vue sociologique. Conformer sa conduite à la justice et à la bienfaisance, c'est agir moralement [1].

Mais il faut aller plus profond et voir comment ces idées et ces sentiments réellement moraux sont devenus conscients et se substituent à ceux que nous estimons immoraux : chez les peuples non civilisés ou à

---

[1] *Princ. mor.*, IIe partie, chap. Ier, passim.

demi-civilisés seulement l'obligation de la coutume est péremptoire; on peut rappeler à ce propos que le « gouvernement des cérémonies » est la première forme de gouvernement; Spencer a dans sa sociologie exprimé cette idée, importante pour l'histoire de la morale, que le premier de tous les crimes, l'unique crime en un sens, est aux débuts de la société la désobéissance; elle est répréhensible indépendamment de l'acte par lequel elle s'est manifestée. Le sentiment d'obligation et l'idée de devoir, sur l'origine desquels nous n'avons pas ici à revenir, se groupent pour ainsi dire autour des coutumes et des lois exprimant les conditions d'existence de la société ; et ainsi naît, par abstraction, la conscience que l'obéissance à la loi en général est bonne. Quand, à des règles de conduite particulières se joignent cette idée de devoir, ce sentiment d'obligation, ces règles revêtent un caractère d'autorité que Spencer appelle « proéthique »; les idées et les sentiments proéthiques occupent en fait chez la majorité des hommes la place des idées et des sentiments réellement moraux.

On pourrait comparer le code proéthique à une charpente destinée à disparaître à mesure que l'édifice ou le code éthique s'établira, et ce dernier code sera caractérisé en particulier par l'absence de tout sentiment de contrainte. L'action morale sera une action spontanée, naturelle [1].

Dans la seconde partie de ses *Principes de morale* « les Inductions », Spencer passe en revue les divers sentiments ou idées proéthiques et nous donne par là comme la « morale des origines », pour montrer ensuite

---

[1] *Princ. mor.*, IIe partie, chap. II, passim.

comment cette morale évolue à la suite du type social et en conséquence de son évolution. Les vérités générales qui nous paraissent résumer cette partie, selon les vues du philosophe, sont : la relativité de la morale, différente selon les lieux et les temps, et sa dépendance du type social.

Quelques exemples suffiront à indiquer comment Spencer traite ce sujet, capital pour tous les adversaires de la morale du devoir : au début de l'évolution l'agression reçoit la sanction sociale, l'homicide sous quelque forme que ce soit est approuvé ; peu à peu il diminue, parce que l'expérience a manifesté la supériorité des agrégats sociaux où l'esprit agressif a été tenu en bride. Si aujourd'hui l'agression individuelle est généralement réprouvée chez les peuples civilisés, la croyance au caractère moral des agressions nationales demeure très répandue ; de telles idées sont un reste de l'éthique primitive adaptée à l'état de lutte général, mais elles doivent disparaître aussi dans un avenir plus ou moins éloigné. La vengeance est considérée à l'origine comme un devoir ; cette idée inférieure se manifeste aujourd'hui dans la sanction qui est donnée au duel, dans les désirs de revanche ; de même et pour les mêmes raisons que l'agression, elle doit être bannie du code moral. L'idée proéthique de justice peut s'exprimer sous la forme : agression pour agression ; à cette agression pure et simple se substitue la compensation avec laquelle apparaît l'idée d'équivalence. Le groupe social d'abord responsable des actes de toutes ses unités l'est de moins en moins, jusqu'à ce que la responsabilité soit parfaitement individuelle. Mais le sentiment et l'idée de justice proprement dite ne s'établissent que par le développement de la coopération interne et libre. La générosité a sa racine dans l'instinct philo-progénitif, c'est-à-dire dans l'affection naturelle des parents pour leurs enfants, et dans la sympathie. D'abord sentiment proéthique, elle naît du désir d'approbation, c'est-à-dire d'une impulsion égoïste ; puis elle devient morale par l'extension de la sympathie, c'est-à-dire par le progrès social et l'état de paix.

Spencer montre ainsi l'origine des sentiments d'humanité, de véracité, d'obéissance, d'estime pour le travail, et de ceux qui favorisent la tempérance et la chasteté. Souvent d'ailleurs le lien qui unit le sentiment ou l'idée proéthiques au sentiment ou à l'idée éthiques est difficile à apercevoir ; si les données sont nombreuses, Spencer le reconnaît lui-même, elles manquent souvent d'exactitude. La conclusion qu'on peut en tous cas en tirer, c'est qu'il y a un rapport évident entre l'agression, le vol, le mensonge, le mépris du travail, etc., et le type social militant ; qu'en conséquence, celui-ci disparaissant, ses caractères moraux ou plutôt immoraux disparaîtront aussi. Et surtout les résultats les plus importants de cette enquête sont les deux vérités générales énoncées plus haut : caractère relatif de la morale et correspondance avec le type social prédominant.

La morale est l'exposition des lois du « bien-vivre » ; elle s'étend ainsi à toutes les actions qui favorisent ou qui contrarient directement ou indirectement notre bien-être et celui d'autrui. Après avoir posé dans la morale générale, que représente la première partie des *Principes de morale*, le principe de cette morale, il reste à en faire l'application dans les cas concrets. L'application à la vie de l'individu, considéré comme individu seulement, donne la morale personnelle. L'application à l'individu comme unité sociale, c'est-à-dire comme ayant par ses actions des effets bons et mauvais sur les autres, donne la morale sociale. Morale individuelle et morale sociale se présentent donc comme les conséquences pratiques et concrètes du principe général établi comme point de départ; nous n'en donnerons qu'un rapide résumé.

CHAPITRE III

Les corollaires du principe.

§ 6. La morale individuelle.

Disons tout d'abord que Spencer considère comme impossible l'établissement d'un ordre complet et parfait de la conduite individuelle ; trop nombreux sont les facteurs, trop différentes les occasions particulières d'action ! Mais il y a cependant chez tous les individus, unités composantes de toutes les sociétés, certains besoins à satisfaire, et besoins qui sont partout les mêmes en gros ; « la perfection de la vie individuelle implique certains modes d'action qui sont approximativement semblables dans tous les cas [1].... » Tout organisme subit des pertes qui doivent être compensées par de nouvelles forces acquises ; le maintien de l'équilibre entre la dépense et la nutrition est l'expression la plus générale qu'on puisse donner de ces besoins. Dans la première partie de ses *Principes de morale*, Spencer envisageant les diverses subdivisions de ceux-ci, indique comme fonctions de la « morale absolue individuelle » la reconnaissance de ces besoins généraux, la démons-

[1] *Princ. mor.*, Ire partie, chap. XVI, § 108, p. 243.

tration de leur caractère obligatoire et enfin l'examen de la conduite, examen en vue de savoir si cette conduite y satisfait[1]. Ces points sont repris spécialement dans la conclusion de la troisième partie des *Principes de morale*. La définition plus précise de cette morale nous est donnée comme sous-titre : « Les principes de la conduite privée, — physique, intellectuelle, morale et religieuse, — qui découlent des conditions d'une complète vie individuelle, ou ce qui revient au même, ces modes d'action particuliers qui doivent résulter de l'équilibration éventuelle des désirs internes et des besoins externes. » Nous avons donc à y considérer l'homme comme unité physique, intellectuelle et morale, l'homme comme accomplissant des actes qui influent sur sa vie personnelle et tout ce qui la compose, et aussi des actes dont la fin est la continuation de l'espèce, ce second aspect de la conduite individuelle formant comme la transition à la morale sociale ; en un mot, pour parler comme les traités de morale courante, la morale individuelle examine et justifie les devoirs envers soi-même et envers la famille. Il y a donc bien, Spencer croit devoir insister sur ce point, une partie de l'éthique qui sanctionne les actions normales de la vie personnelle et condamne celles qui sont anormales. Cette partie est envisagée d'un point de vue évolutionniste et hédonistique : évolutionniste parce que les principes particuliers qui y sont établis se rattachent directement au principe par excellence de la morale, et par là au système de Spencer tout entier ; hédonistique, parce que ces principes ont en vue l'établissement du bonheur individuel.

Nous avons à traiter, sous ce chef de morale indivi-

---

[1] *Princ. mor.*, 1re partie, chap. XVI, § 108, p. 243.

duelle, trois points : 1° Montrer que le but de l'évolution générale implique bien une morale individuelle. 2° Examiner rapidement les principales règles et surtout les principaux domaines de cette morale ; et 3° voir enfin le rôle spécial qu'elle joue dans le système évolutionniste. Le premier de ces points vient d'être brièvement indiqué ; il a d'ailleurs avec le troisième un rapport étroit que nous montrera l'analyse de la troisième partie des *Principes de morale.*

Bonheur général, voilà le but de la conduite générale ; le bonheur individuel est donc le but convenable, puisque le bonheur général est fait du bonheur des unités, et, pour chaque individu, son propre bonheur est tout d'abord un but normal. C'est un fait capital que l'emploi du corps et de l'esprit a non seulement de l'influence sur l'individu, mais encore sur ses descendants ; un mauvais usage est une cause de préjudice pour l'espèce ; l'homme doit considérer son tempérament comme un usufruit et il est tenu de le transmettre à d'autres en aussi bon état au moins, sinon en meilleur, qu'il ne l'a reçu. C'est là un altruisme spécial qui fait de l'égoïsme normal une obligation. Et l'altruisme général, celui qui a pour objet la société dans son ensemble, implique que nous ne devenions point des fardeaux pour nos semblables. De ces deux faits se tire cette conclusion que les soins personnels sont moralement bons et exigés. Notre auteur revient ainsi à cette proposition que le bonheur général et le bonheur individuel ne doivent pas être mis en opposition, mais au contraire unis. L'important demeure toujours que l'égoïsme et l'altruisme soient rationnels, c'est-à-dire adaptés aux lois générales de la vie sans que l'un devienne exclusivement la force directrice dans la conduite. Ainsi se trouve complètement justifiée cette partie de l'éthique purement individuelle qui paraît tenir une grande place dans les préoccupations de Spencer, si l'on en juge par l'insistance qu'il met à en démontrer la légitimité.

On pourrait diviser les règles proprement dites de morale individuelle en deux sections : la première ayant en vue les devoirs de l'individu envers lui-même ; la seconde celle des devoirs envers et dans la famille ; ces deux espèces de devoirs sont comme les deux faces d'un même devoir plus général : celui de la conservation directe de l'espèce humaine. La vie se manifeste par l'activité ; on peut dire qu'elle est l'activité ; le manque total d'activité, c'est la mort. Aussi l'activité en général se présente comme la première règle d'un code de conduite individuelle ; elle reçoit la sanction morale du code évolutionniste, comme l'oisiveté encourt sa condamnation. Mais de quelle activité est-il ici question, car chacun sait par expérience que l'activité conduit aussi bien à la diminution qu'à l'augmentation ou à la conservation de la vie ? Les chapitres qui suivent, ayant pour objet : la nutrition, la culture, les amusements, la famille, etc., donneront des traits plus précis à ce devoir exprimé ici sous une forme toute générale ; on peut dire en résumé que l'activité morale est celle qui a pour fin l'entretien de l'individu et celui de sa famille. Mais encore ici l'expérience paraît être en contradiction avec les principes hédonistiques de Spencer. Le travail nécessaire, cause de fatigues et de soucis, est souvent désagréable. Il importe de ne jamais perdre de vue que nous ne sommes pas dans l'état social définitif, par conséquent que notre nature est comme dans un compromis d'adaptation aux véritables lois de la vie. Dans la suite, et grâce au développement dont la race humaine est encore susceptible et par lequel elle doit passer, l'énergie naturelle de l'homme augmentera, et les conditions extérieures devenant plus favorables, le travail aujourd'hui pénible deviendra source de plaisir. S'il importe de mettre l'accent sur cette nécessité naturelle de l'activité, il n'importe pas moins de le mettre sur les limites que cette activité ne doit point dépasser ; l'activité est le facteur de première importance pour atteindre au maximum de vie ; la détérioration physique n'en doit point résulter, car dans ce cas il y aurait excès et la règle rationnelle ou naturelle serait transgressée ; la fatigue ou la peine sont, on l'a vu, les guides physiologique et psychologique qui doivent donner à chacun cette limite entre le normal et l'anormal. A ces motifs égoïstes qu'on peut alléguer en faveur du devoir de l'activité, il en faut joindre d'autres de nature altruiste ; la société en effet ne peut subsister et grandir que par les activités de toutes sortes de ses différentes unités.

En parlant de la limite au travail nous avons mentionné comme le côté négatif de la règle morale du repos ; celui-ci, contre-partie de l'activité, est aussi moralement commandé. Des efforts soutenus du corps ou de l'esprit produisent des sensations pénibles, et c'est là une protestation de la nature même que l'homme doit écouter ; bien que qualifiées d'inférieures ces sensations ne le sont nullement, et c'est en vertu d'un ascétisme faux et des plus regrettable qu'on a pu les envisager comme telles. Spencer, dans la tractation de ce sujet, comme dans plusieurs autres chapitres, entre dans le détail presque minutieux des exigences du corps et de l'esprit ; il parle de la quantité de sommeil qui doit varier suivant les âges et les tempéraments ; il aborde la question du repos hebdomadaire dont il se déclare partisan convaincu, voyant là un moyen de santé physique et mentale. Ainsi, conclut-il, le repos est non seulement justifié mais encore obligatoire au point de vue scientifique ; et les preuves qu'il donne de cette affirmation sont de nature physiologique, c'est-à-dire tirées de la nature même des êtres auxquels s'applique la règle du repos. Dans la question de la nutrition, Spencer proteste contre l'idée générale que ce n'est point là une question de morale ; dans ce domaine, plus encore que dans d'autres, l'opinion s'est égarée. La satisfaction donnée au désir normal de nourriture est certainement un plaisir normal dans notre vie, puisque cette satisfaction est un moyen pour atteindre à une vie la plus complète possible. L'activité n'est que l'emploi de l'énergie emmagasinée dans l'organisme ; or cette énergie dépend d'une bonne nutrition, celle-ci d'une bonne digestion ; il suffit de reconnaitre ces faits pour indiquer par là-même que ni la qualité des aliments, ni la variété dans leur choix ne sont des éléments négligeables. Spencer a, dans ses *Principes de biologie*, longuement parlé du rapport entre l'individuation et la genèse, et a montré que la condition essentielle de la seconde, c'est que la nutrition soit suffisante ; c'est cette question qu'il reprend et développe ici au point de vue de l'éthique. Au point de vue altruiste aussi, et le fait ne demande aucune démonstration, c'est un sujet important ; la conservation de l'espèce implique une alimentation non excessive mais pleinement suffisante.

Comme en appendice à la question précédente, mais en en faisant toutefois l'objet d'un chapitre entier, notre auteur traite des stimulants ; l'usage doit en être, selon lui, prohibé en général, encore qu'il y ait des cas, de maladie ou de réjouissance, où on le puisse admettre.

La partie de la morale individuelle qui a trait à la culture est une des plus intéressantes et des plus « travaillées ». Dire que l'on entend par culture toute « la préparation à une vie complète », c'est dire son importance. Cette préparation se peut définir elle-même : l'acquisition des connaissances qui peuvent être utiles à l'entretien personnel et à celui de la famille, et en même temps le développement des facultés qui permettent d'*utiliser* le plaisir offert par la nature et l'humanité.

Spencer attire l'attention de ses lecteurs sur un genre de culture trop généralement négligé : l'acquisition de l'adresse manuelle ; et pourtant ce savoir, bien que, fort à tort, considéré comme inférieur par beaucoup, est utile et à ceux dont il est le principal moyen de vie et à ceux qui, à ce point de vue, pourraient s'en dispenser. La culture intellectuelle mérite une place importante aussi, mais la principale tâche de la morale en ce domaine doit être de montrer combien généralement on y a fait fausse route : le champ réservé aux études littéraires devrait être fortement restreint, et celui des sciences naturelles étendu, car elles ont une importance pratique et directe beaucoup plus grande que les premières ; la culture proprement littéraire doit surtout augmenter la puissance mentale et par là l'action sociale de l'individu. Un point trop souvent omis, ou bien auquel on ne prête qu'une attention insuffisante, même dans nos démocraties modernes, c'est celui de la culture sociale ; chaque citoyen devrait en avoir comme minimum ce qui lui permettrait de « diriger sa politique », c'est-à-dire de participer en la mesure où il le doit à l'administration de la société dont il est un membre. La culture ne doit pas être considérée comme fin en elle-même, mais être subordonnée à d'autres besoins ; elle n'est qu'un moyen pour conduire au bien-être, au jeu complet et équilibré de toutes les fonctions et de toutes les facultés, en un mot au bonheur. Et Spencer termine la série de ses remarques et observations en montrant qu'une certaine culture reçoit la sanction morale, l'altruisme aussi bien que l'égoïsme la réclamant [1].

Les satisfactions que procurent les amusements, en une proportion convenable, contribuent certainement à augmenter la quantité de vie ; de là leur caractère moral ; ces satisfactions d'ailleurs progressent avec le développement de la vie. Spencer combat vivement l'hostilité qu'on manifeste à l'égard des plaisirs ou la dissimulation avec laquelle on en use, les deux provenant des idées d'ascétisme que la religion a répandues ; l'ascétisme a été du reste, comme le remarque M. S. Alexander [2] dans un compte rendu des *Principes de morale* de Spencer, « l'épouvantail des moralistes anglais depuis Bentham » ; et certes, sur ce point particulier, le philosophe évolutionniste n'est point en reste avec ses devanciers utilitaires. L'ascétisme est une tendance qui va à l'encontre de l'adaptation aux lois de la vie, réprou-

---

[1] Ce chapitre traitant de la culture a un développement et un commentaire détaillé et des plus intéressants dans l'ouvrage de Spencer, traduit en français : *De l'éducation intellectuelle, morale et physique*, Paris, Alcan et Cie. Cet ouvrage est, pensons-nous, un de ceux qui ont le plus contribué à faire connaître le nom de son auteur au delà des cercles restreints des hommes de science et des philosophes.

[2] Voir : Mind, *A quaterly Review of Psychology and Philosophy*. Londres et Edimbourg. Nouv. séries, vol. II, an 1893. Les quelques mots que nous citons ici sont empruntés aux *Critical Notices* de M. S. Alexander, p. 102 sq.

vable en conséquence. Mais ici encore, comme pour l'activité, comme pour la nutrition, l'usage est loin d'être l'abus ; le principe d'équilibre ou de modération a son application à la quantité comme au choix de ces amusements. Les plaisirs que procurent la sculpture et la peinture reçoivent une sanction à peu près absolue ; mais le théâtre par contre est condamné parce qu'il use les sentiments de l'individu pour des objets imaginaires, c'est-à-dire en pure perte. Or la quantité de force spéciale que nous désignons par sentiment doit être employée « rationnellement ». Fait digne de remarque chez un auteur anglais, Spencer condamne tous les sports violents comme étant en contradiction avec la fin morale de la vie. « Ceux qui impliquent l'infliction directe de la douleur ne sont que des moyens de satisfaire des sentiments hérités de sauvages de l'espèce la plus basse. » On ne saurait être plus catégorique ! Les activités superflues que représentent les amusements, jeux ou plaisirs esthétiques en général, sont favorables et à l'individu et à la société en ce qu'elles augmentent la sympathie.

Ayant ainsi examiné les principaux points de la morale strictement individuelle, Spencer passe à cette partie de l'éthique qui fait la transition entre cette morale individuelle et la morale sociale, et qui traite de la conduite comme ayant pour fin la continuation de l'espèce; si la conservation de la race est désirable, et nous savons que pour Spencer elle l'est certainement, il est rationnel que l'individu se soumette aux obligations de toutes sortes qu'impose cette conservation. Le principe de justice, dont la mention, remarquons-le en passant, apparaît au moment où nous traitons du premier germe d'organisme social, demande que l'homme, redevable à ceux qui l'ont mis en état de poursuivre le maximum de vie, redevable d'une façon générale au passé, se dépense à son tour en vue de l'avenir. De là, la sanction morale que reçoit le mariage; il est même, au point de vue de la morale évolutionniste, obligatoire. Mais le mariage, moyen d'accroître la vie individuelle en même temps que de fonder en une mesure la vie sociale, implique, pour être ce qu'il doit être, un mariage d'amour. Spencer envisage les maux que produit, tant pour la société que pour l'individu, l'état de célibat; il discute longuement la question des mariages imprévoyants, et sa conclusion, après qu'il a envisagé les deux cas : mariage imprévoyant ou célibat, est la suivante : « Tout en blâmant fortement les mariages d'une imprévoyance flagrante, il semble pourtant qu'en beaucoup de cas il soit légitime de courir quelques risques, de peur qu'un trop long délai n'entraîne une suite de maux. »

Spencer traite du choix mutuel des époux, et tout en laissant au sentiment une large part, en la réclamant même, il insiste sur ce fait que le jugement doit demeurer contrôle dernier. Quant au mariage lui-même, il indique les restrictions diverses qui peuvent y être apportées, restrictions religieuses, sociales ou physiologiques. Plusieurs parties du chapitre ayant trait à la fondation de la famille rappellent par leur caractère essentiellement pratique, par leur détail minutieux, les directions données par les fondateurs du communisme, soit dans l'antiquité, soit dans les temps modernes[1].

---

[1] Par communisme dans l'antiquité et dans les temps modernes, nous entendons surtout parler de la *République* de Platon et des doctrines du fouriérisme. Voir d'ailleurs Mind, article déjà cité dans ce paragraphe.

Le mariage doit être envisagé, avant tout, en vue de la famille à venir; toutes les considérations doivent y être subordonnées à la naissance et à l'éducation des enfants. Le code de morale naturelle, dont Spencer ne fait qu'exprimer les points principaux, impose aux parents certaines obligations. Sous son aspect hédonistique, il sanctionne les plaisirs qui ont pour source l'affection réciproque des parents et des enfants; sous son aspect évolutionniste, il exige que les parents préparent leurs enfants à la lutte pour la vie, c'est-à-dire qu'il réclame des soins et des dépenses de la part des premiers; il y a d'ailleurs dans ces sacrifices une cause importante du développement de la sympathie, sympathie des parents à l'égard des enfants, comme de ceux-ci à l'égard de ceux-là. Dans ce sujet encore, notre auteur aborde maintes questions de détail trop souvent laissées de côté, ou considérées comme sans valeur morale; ces questions peuvent se résumer en un mot : la prévoyance générale, dont l'absence est une cause de souffrances, si ce n'est de ruine pour les parents et pour leur progéniture.

On le voit par ce rapide exposé de la morale individuelle, il y a bien une sanction éthique pour les actions intéressant le bien-être individuel seul, indépendamment de tout élément social; en fait, il est impossible, en raison des mille liens qui rattachent le bonheur de l'individu à celui de l'organisme dont il fait partie, de les considérer séparément d'une façon absolue; mais on a vu ce que Spencer entendait par une loi morale personnelle. Nous pouvons maintenant répondre d'une manière plus complète à la question du rôle que cette morale joue dans son système; elle a pour but principal de « dissiper les croyances erronées, par l'observation systématique et l'analyse de la conduite privée et de ses résultats ». Le côté négatif de sa tâche est ainsi plus important, dans l'état social actuel, que son côté positif; et cela se comprend puisque les actes dont traite la morale individuelle, activité, nutrition, amusements, reproduction, etc., s'accomplissent on peut dire en tout état de cause; l'important est que l'accomplissement en soit conforme aux lois générales de la vie qui tendent au maximum de cette vie. C'est donc une œuvre de redressement et de polémique tout autant que de réglementation, ce terme étant d'ailleurs improprement employé ici, que Spencer accomplit dans cette partie des *Principes de morale;* car, à vrai dire, le code de morale personnelle est encore fort indéfini aujourd'hui, et notre auteur va jusqu'à se demander si l'on peut maintenant résoudre cette question capitale de la conciliation entre l'intérêt individuel et l'intérêt de la race. La morale individuelle, comme toute morale, comme toute existence en un sens, se ramène à l'établissement d'un équilibre, à la proportion dans le jeu des fonctions diverses de l'organisme; mais c'est là une donnée toute générale; il faut qu'un code moral nous donne quelque chose de plus défini; le but en est le bonheur et la santé de l'individu, c'est-à-dire toujours le maximum de vie possible; les règles pour y atteindre doivent établir la balance entre les activités corporelles, entre les activités mentales et entre celles-ci et celles-là. Mais ce qui se présente pour nous comme commandement extérieur doit par la suite devenir impulsion naturelle, et alors seulement les actions individuelles auront un caractère vraiment moral, parce qu'elles correspondront à l'adaptation générale de l'homme à son milieu. Toujours nous sommes ramenés à cette importance du milieu en général, et du milieu social en particulier. La tâche spéciale de la morale individuelle est, au point de vue positif, d'accentuer les besoins auxquels la nature humaine doit répondre, et de montrer l'importance et le sens de ces besoins.

Mais dans son œuvre le moraliste doit procéder lentement; la nature telle qu'elle se présente à lui est le résultat d'un passé séculaire; on ne peut sans lui causer préjudice la faire sortir brusquement des formes héréditaires; dans ce domaine, comme dans tout l'univers, tout s'accomplit par évolution, passages insensibles d'un degré à un autre. Ce qui constitue la « tâche morale » de l'individu est comme un modelage à nouveau de sa nature, d'après le type idéal ou type complètement adapté obtenu par déduction des principes généraux de l'évolutionnisme ; et s'inspirant de la nature elle-même, l'homme travaille à cette tâche comme cette nature, c'est-à-dire lentement. C'est encore là l'expression d'un rôle particulier que la morale individuelle joue dans le système de Spencer et que nous pourrions appeler la détermination de la méthode dans l'activité moralisante [1].

Avant de terminer ce sujet et comme pour le résumer, qu'on nous permette une ou deux remarques générales :
1º On aura observé que, à l'exception des chapitres sur la culture et sur les amusements, les règles de morale que Spencer établit, corollaires de ses principes généraux, concernent toutes des fonctions physiques de

---

[1] Tout le § 6 ayant pour sujet la morale de la vie individuelle est un bref résumé de la troisième partie des *Principes de morale*. Les §§ 6 et 7 n'étant que des illustrations du « principe de la morale » nous ne croyons pas devoir renvoyer au texte de Spencer aussi souvent que dans les parties précédentes de notre travail.

l'homme ; et que ces règles sont données de la manière qu'on peut nommer « manière biologique », par quoi nous entendons celle qui « considère la vie humaine comme partie d'une vie plus générale ». L'insistance à montrer le caractère moral du point de vue biologique dans la conduite est en harmonie avec les tendances générales du système de Spencer, et par cette constatation nous croyons donner une preuve de plus que le principe de la morale évolutionniste est bien « l'adaptation aux lois de la vie », tout au moins que cette face du principe surpasse les autres en importance. Et comme ce côté précisément est le plus souvent traité de façon insuffisante par les moralistes, les allures polémiques du moraliste évolutionniste s'expliquent d'elles-mêmes. La « morale individuelle » apparaît dans l'œuvre de Spencer comme un traité d'éducation, surtout physique et intellectuelle, où il aborde les sujets les plus divers, avec sérieux, et parfois avec humour, telle certaine page du chapitre sur les stimulants, et où l'on sent toute l'importance qu'il attache à ses *Principes de morale*.
— 2° Si dans cette morale de la vie individuelle on peut noter des traits nombreux de la tendance individualiste de Spencer, et le sujet s'y prête plus que tout autre, il ne faudrait cependant pas y voir une morale purement égoïste, au sens péjoratif du terme. Jamais l'auteur n'y perd de vue la société ; à la fin de chacun des sujets spéciaux traités, il a soin de montrer l'accord entre ce qu'il a établi comme bien-être de l'individu et bien-être de la société en général ; il va même jusqu'à dire, dans son chapitre sur la « paternité », que dans des cas spéciaux de conflit entre l'intérêt de la race et l'intérêt de l'individu, le premier a le pas sur le second. Et il n'y a point là contradiction avec ses opinions individua-

listes, car ce sacrifice de l'individu est fait toujours, en dernière analyse, au profit d'individus déterminés, et non seulement au profit de la race considérée dans son ensemble. Mais la *Morale individuelle* tout importante qu'elle soit n'est qu'une partie relativement restreinte de la morale générale; c'est à la morale sociale que Spencer a spécialement donné son attention.

§ 7. La morale sociale.

Il est inutile de nous arrêter longuement à démontrer que c'est ici la partie capitale dans la morale, et par là dans l'œuvre entière de Spencer. Nous avons vu quelle est dans cette œuvre l'importance de l'élément social en général ; comment en définitive tout revient, dans les sciences qui ont spécialement l'homme pour objet, à l'opposition de ces deux types sociaux : le type militant et le type industriel; comment l'imperfection de la morale, qu'on entende par là une simple constatation des faits actuels ou l'exposition de ce que beaucoup de philosophes considèrent comme morale, vient de l'imperfection de l'organisme social; comment enfin tout l'effort de persuasion de Spencer est porté sur ce point surtout : faire voir la haute valeur du non-militarisme dans le développement général actuel. Nous pourrions, outre ces points spéciaux, mentionner la place que tient dans la *Philosophie synthétique* la sociologie; parler même, si pour un instant nous envisagions tous les écrits de Spencer, de ses nombreux « essais » ayant trait à des questions de sociologie, de politique ou d'économie politique; et nous sentirions certainement alors, plus que nous ne le pouvons faire après avoir envisagé un point particulier seulement de sa philosophie, que nous sommes dans le domaine de prédilection du philosophe anglais. La morale, l'établissement d'une morale strictement et uniquement scientifique, est le but dernier auquel il tend ; et dans cette morale, la partie s'occupant des rapports des hommes entre eux, de l'Etat et de ses fonctions, des domaines de l'Etat et de l'individu est la plus importante. La morale sociale, nous l'avons indiqué déjà, se résume en deux principes : justice et bienfaisance ; la *justice* formule l'ordre dans la conduite sociale et lui impose des limites ; c'est la division « la plus importante de la morale et celle qui comporte la plus grande précision. » « Ce principe d'équivalence, que nous trouvons quand nous en cherchons la racine dans les lois de la vie individuelle, comprend l'idée de *mesure*; et, en passant à la vie sociale, le même principe nous amène à concevoir l'équité ou l'*égalité* dans les relations des citoyens entre eux ; les éléments des questions qui se présentent sont *quantitatifs*, et, par suite, les solutions revêtent une forme plus scientifique [1]. »

Les hommes, malgré les différences nombreuses et de toutes sortes qui les distinguent les uns des autres, sont considérés comme égaux, cela « en vertu de leur commune nature d'hommes ». Envisageant ainsi les unités sociales d'un point de vue absolument général, la justice absolue a pour domaine les relations d'homme à homme et celle des hommes avec l'Etat ; et cette morale absolue est comme l'étalon, la règle idéale pour la justice relative, règle de conduite dans la société présente; la justice relative, elle, est adaptée à l'état social, compromis entre le type militant et le type pacifique, et a pour tâche de s'approcher en chaque cas particulier et

---

[1] *Princ. mor.*, 1re partie, chap. XVI, § 108, p. 244.

autant que le permettent les circonstances de la justice absolue, règle de la société future. La justice est le domaine du contrat. Mais l'observation des contrats n'est point encore suffisante pour atteindre au maximum de vie : la *bienfaisance* apparaît comme second facteur de la morale sociale. La bienfaisance se présente comme négative, et elle consiste alors en l'abstention d'un plaisir au profit d'autrui, ou comme positive, et elle implique dans ce cas un sacrifice réel. Ce n'est que dans un état social tel que le nôtre que la bienfaisance négative a sa place ; elle rentre entièrement dans la morale relative, mais son emploi est très fréquent. Son rôle est de « faire bien comprendre qu'on ne saurait être autorisé à infliger plus de peine qu'il n'est nécessaire de le faire, ou dans son propre intérêt, ou dans l'intérêt d'autrui, ou dans l'intérêt d'un principe général [1]. » Quant à la bienfaisance positive son domaine est aussi vaste qu'indéterminé ; sous sa forme absolue il n'y a rien de spécifique à en dire ; il faudrait pour cela connaître l'état social définitif, mieux encore que les déductions de Spencer ne nous le font connaître. Spencer se borne à constater qu'elle doit devenir coextensive à la sphère, quelle qu'elle soit, qui lui reste. Sous sa forme relative, elle comprend de nombreux problèmes dont la solution est empirique ; elle implique dans chaque cas un calcul des probabilités, et encore la solution n'est-elle jamais en somme qu'approximative. Les règles que pose la morale absolue ne sont cependant pas sans utilité ; elles présentent « à la conscience une conciliation idéale des différentes prétentions en jeu » et suggèrent « la recherche des compromis tels qu'aucune

---

[1] *Princ. mor.*, Ire partie, chap. XVI, § 109, p. 2'-247.

d'elles ne soit méconnue et que toutes soient satisfaites autant que possible[1] ».

A. *Justice*. La « justice » n'est qu'un autre nom pour désigner l'état d'équilibre social ; elle est à la fois la condition essentielle du développement social et son résultat ; les actions humaines tendent au maximum de la vie, mais pour que la société soit possible, pour que ce maximum soit atteint chez tous, elles doivent se limiter mutuellement. La justice établira ces limites. En parlant de la conduite en général et de son évolution, nous avons vu que l'on ne peut, d'un point de vue scientifique, considérer cette conduite comme un tout indépendant, mais qu'il faut y voir une partie de la conduite des êtres[2]. La morale étant la science de la conduite, avant l'éthique humaine ou éthique proprement dite, il faut considérer l'éthique animale ; avant la justice humaine, ce que Spencer nomme la justice sub-humaine. Les principes généraux de l'éthique animale représentent les modes d'action de l'Inconnaissable dans tout l'univers ; la conservation d'une espèce et son développement dépendent de ces lois éthiques universelles qu'il importe de connaître ; elles sont au nombre de trois, ou mieux dans la loi de justice sub-humaine l'analyse et l'observation découvrent trois éléments. L'espèce est supposée composée d'adultes ; la première loi est ainsi résumée par Spencer : « Chaque individu recevra les profits et subira les dommages de sa propre nature et de la conduite qui en découle[3]. » C'est là une expres-

---

[1] *Princ. mor.*, Ire partie, chap. XVI, § 109, p. 246-247.
[2] Voir p. 85 de ce travail.
[3] *Princ. mor.*, IVe partie, chap. II, § 250. Ou d'après la traduction française : *Justice*, trad. de M. E. Castelot, Guillaumin et Cie, Paris,

sion bien vague encore et bien générale d'un principe de justice; du reste « en gros comme en détail, remarque Spencer, la justice sub-humaine est extrêmement imparfaite ». Cette première formule se borne à constater que la justice consiste dans les conséquences naturelles des actions, et en fait elle s'applique dans fort peu de cas; cette justice inférieure doit devenir plus nette grâce aux progrès de l'organisation.

La seconde loi présente l'élément de restriction : tout individu, les sciences biologiques en font foi, cherche le maximum de vie, c'est-à-dire cherche le bonheur et évite le malheur; dans cette recherche, loi primordiale de son être, il a pour loi secondaire l'obligation de ne pas entraver les autres : « Pour les créatures vivant en commun... entre en jeu la loi, la seconde dans l'ordre du temps et de l'autorité, qui veut que les actes par lesquels, conformément à sa nature, chaque individu recherche des avantages et évite des dommages, soient restreints par la nécessité de ne pas mettre obstacle aux actes analogues de ses associés [1]. » De l'observation de cette loi dépend la survie d'une espèce; elle a donc un caractère impératif.

Enfin la troisième loi exprime l'élément de sacrifice; en réalité elle se ramène à une restriction de la loi morale générale ou recherche du maximum de vie. L'espèce demeure et prospère grâce aux restrictions des activités individuelles; ces restrictions peuvent aller jusqu'à la suppression de tel ou tel membre d'une société animale; et si par cette suppression les autres

---

1893, 2ᵉ édit., § 5, p. 8. — Nous citons tout ce qui concerne la *justice* d'après ce dernier volume, en le désignant par *Princ. mor.*, IVᵉ partie.

[1] *Princ. mor.*, IVᵉ partie, chap. II, § 11, p. 15.

individus acquièrent des avantages, la loi de justice est satisfaite. « Puisque le sacrifice accidentel de quelques-uns des membres d'une espèce peut être favorable à l'ensemble de l'espèce, il est des circonstances qui sanctionnent ce sacrifice [1]. » Il est bien évident que cette loi ne prend en considération que des ennemis tels que l'espèce gagne réellement en leur sacrifiant quelques unités ; un sacrifice inutile ne recevrait que la réprobation morale. Et si nous insistons autant sur l'éthique animale, c'est que l'éthique humaine va nous présenter son développement seulement ; dans la justice humaine nous retrouvons les mêmes éléments qu'en la justice sub-humaine dont nous avons résumé les trois lois capitales. Chaque unité sociale, c'est la loi la plus générale, reçoit suivant sa nature et suivant sa conduite. On se rappelle avec quelle insistance Spencer a parlé de la « causation » et de son importance dans un système de morale vraiment scientifique, et comment la critique qu'il fait des autres systèmes de morale revient à établir leur méconnaissance de ce rapport naturel de la cause à l'effet. Dans l'espèce humaine, l'élément de restriction dans la conduite, restriction imposée par la poursuite générale du bonheur, devient tout particulièrement net et saillant ; les divers « droits » que Spencer établit dans la suite en sont autant d'exemples. Enfin, le sacrifice de certains individus est aussi parfois moralement sanctionné quand le bien-être général est en jeu ; la guerre défensive justifie ces sacrifices. Est-il besoin de dire que ce sacrifice fait partie du code de morale relative ? L'état de paix n'aura plus de telles exigences. Après cet examen de la « justice » en général et de ce qu'il faut

---

[1] *Princ. mor.*, IVe partie, chap. II, § 11, p. 16.

entendre par ce mot, Spencer passe au côté psychologique de la question en cherchant successivement comment sont nés dans la race humaine le sentiment, puis l'idée de justice et enfin quelle formule on peut en donner. Comme tout autre sentiment, celui de justice est un produit de l'évolution, c'est-à-dire, puisque nous avons affaire à des êtres vivants, de l'adaptation et de l'hérédité. Son importance est primordiale. C'est d'abord un sentiment purement égoïste, n'ayant en vue que la conservation de l'individu. Il y a dans la nature une loi objective de justice : tout être subit les conséquences de sa nature et des actes qui constituent sa conduite. A cette relation extérieure générale s'adaptent les relations internes de l'organisme; le sentiment de justice « débute par le contentement qu'éprouve l'homme à faire usage de sa force physique et à recueillir les avantages qu'elle lui procure; s'associant à l'irritation qu'excitent des empiètements directs, il arrive graduellement à correspondre à des rapports plus étendus et à s'exciter au contact des charges, tantôt de la servitude personnelle et tantôt de la servitude politique[1] ».

Puis, le sentiment égoïste de justice devient pro-altruiste; la crainte de représailles, celle de la punition légale, celle de l'opinion publique ou de l'antipathie sociale et enfin celle de la colère divine s'unissent pour former un « corps d'émotions », qui met aux actions de l'homme comme un frein intérieur; en cherchant sa satisfaction personnelle, l'individu cherche aussi celle d'autrui; ce sentiment pro-altruiste de justice est la condition d'apparition du sentiment altruiste; ce dernier ne pouvant « commencer à exister qu'avec l'aide d'un

---

[1] *Princ. mor.*, IV⁰ partie, chap. II, § 18, p. 30.

sentiment qui l'a temporairement suppléé et qui a réprimé les actes instigués par l'égoïsme pur, sentiment que nous appellerons le sentiment pro-altruiste de la justice[1] ». La sympathie est la cause de la naissance et du développement du sentiment purement altruiste de justice ; les émotions d'un être social vont éveiller chez un autre des émotions semblables, et ce qui était au début seulement égoïste devient désintéressé ou altruiste. Il y a un rapport évident entre un état social paisible et le sentiment de justice altruiste chez les membres du groupe. Aujourd'hui ce sentiment est inné à l'homme ; en fait il est le résultat d'expériences nombreuses de la race ; mais le sentiment est un état de conscience relativement vague encore ; par l'expérience l'idée de justice se dégage du sentiment et cette idée est celle qui sert, en tant que motif, de règle directrice de la conduite. L'idée de justice est formée par deux éléments : un élément positif et un élément négatif. Le premier consiste dans la conscience du droit que tout homme possède à l'activité et aux bénéfices qu'il en peut tirer ; le second dans la conscience des limites de ces droits en raison de la présence d'autres êtres semblables. Ce second élément n'est qu'un corollaire du premier ; il y est implicitement contenu dans le mot « tout homme ». Mais ces deux faces d'un même principe ont chacune leur importance ; suivant que l'un ou l'autre des éléments de l'idée de justice est mis en valeur, les théories morales et sociales qui en découlent sont différentes. Dans le système guerrier l'idée d'inégalité, un des deux éléments du principe de justice, domine d'une façon anormale ; mais le rythme auquel est soumis l'agrégat

[1] *Princ. mor.*, IVe partie, chap. II, § 19, p. 31.

social, comme tout agrégat, nous est garant d'une période encore fort éloignée peut-être où le second élément, celui d'égalité, sans faire disparaître le premier, sera au premier plan dans l'idée commune de justice. Une conception vraie de la justice demande du reste la coordination rationnelle de ces deux éléments : l'égalité doit exister dans la liberté d'action des unités sociales ; par une coopération harmonieuse les sphères d'action recevront des limites naturelles ; l'inégalité se retrouvera dans les résultats obtenus. Cette idée est celle d'une justice absolue, ne pouvant exister que dans une société absolument développée, c'est-à-dire tout d'abord non-militante ; « nos états sociaux transitoires ne peuvent l'accepter qu'en partie, puisque, en somme, les idées dominantes doivent demeurer compatibles avec les institutions et les activités existantes [1] ». La justice absolue nous donne la règle idéale ; elle s'exprime dans la formule : « Tout homme est libre d'agir à son gré, pourvu qu'il n'enfreigne pas la liberté égale de n'importe quel autre homme », ou formule de « la liberté égale » (equal freedom) dont on comprend sans plus l'importance. Elle ne justifie nullement la conception d'une justice qui répondrait à l'agression par l'agression, car dans le milieu où elle pourrait s'appliquer complètement, toute idée d'agression aurait disparu de l'esprit.

Il ne suffit pas d'établir une formule cependant ; encore faut-il qu'elle ait autorité. Quelle est son autorité dans le cas particulier ? Derrière toute formule de conduite ou loi à laquelle l'homme se soumet il reconnait en effet une autorité, soit divine, soit naturelle. Cette idée de la justice, dira-t-on sans doute dans certains milieux

---

[1] *Princ. mor.*, IVe partie, chap. V, § 26, p. 48.

opposés à toute métaphysique, est une idée à priori. Certainement, répond Spencer, mais cette idée à priori est le produit des expériences de la race ; c'est dire assez qu'elle n'est point le produit arbitraire de l'imagination. Et en fait, c'est toujours Spencer qui parle, toute théorie n'a-t-elle pas pour base des croyances à priori ? s'il n'en était pas ainsi, la théorie serait sans base. Notre principe de justice se présente comme un à priori ; en réalité il est aussi un à postériori, puisqu'il se rattache aux expériences non de notre humanité seulement mais des êtres en général et « n'est qu'une réponse consciente à certaines relations nécessaires dans l'ordre de la nature [1] ».

« Acceptant donc la loi d'égale liberté comme principe moral ultime, possédant une autorité supérieure à tout autre,... » de cette loi nous avons à tirer un certain nombre de corollaires : ce sont les droits de l'homme en tant qu'unité sociale. « Quiconque admet que tout homme doit jouir d'une certaine somme de liberté ainsi limitée, affirme pour tout homme le *droit* de jouir de cette somme de liberté. » Un homme étant donc libre d'agir dans un certain domaine, il est *juste* qu'il possède la liberté particulière ainsi définie, et il est rationnel d'appliquer aux libertés particulières le nom de droits que leur donne le langage ordinaire. Ces corollaires s'accordent avec la loi morale telle qu'elle est conçue en général, avec les législations particulières aussi et c'est de ces droits découlant de la nature même des choses que la loi tire sa garantie et son autorité.

Spencer traite fort au long de ces différents droits ; il donne comme un aperçu du « droit naturel » qu'implique l'existence même de la société. Nous ne ferons que passer

---

[1] *Princ. mor.*, IV⁰ partie, chap. VII, § 35, p. 70.

en revue, pour être complet, cette partie de sa morale sociale, de même que plus loin nous indiquerons quelques applications de son principe de bienfaisance.

Le droit qui se présente le premier, par son importance, parce que son objet est la condition suprême de tout, c'est le droit à la vie et à l'intégrité physique. Le meurtre ou l'attentat à la santé d'un homme est non seulement un tort causé à l'individu atteint, mais encore à sa famille et à la société entière. Ce droit ne peut être établi d'ailleurs que par la morale relative. Le droit au mouvement et à la locomotion libres, bien que paraissant aussi évident que le premier, n'a pourtant été reconnu que par degrés et il ne l'est point encore par tous les hommes. Cette reconnaissance constitue le passage de l'esclavage partiel à la liberté universelle, et le sentiment de liberté en est le résultat. Le droit à la vie implique celui aux moyens d'existence, c'est-à-dire le droit à l'usage des milieux naturels : air, lumière, eau, terre. Si le droit à la terre n'est point reconnu aujourd'hui, c'est qu'il est combattu, inconsciemment pour la plupart des hommes, par les idées et les arrangements sociaux qui nous viennent du passé ; en fait il existe bien réellement. « Son existence comme droit équitable ne peut être niée, sans affirmer que l'expropriation par décret d'état n'est pas équitable. » L'examen des faits sociaux primitifs montre que le droit de propriété se déduit comme les précédents de la loi de liberté égale ; ce droit est tout particulièrement important parce qu'il va devenir à son tour principe d'un certain nombre de droits nouveaux ; la propriété en général peut être propriété matérielle ou non matérielle ; le droit à la propriété s'étend aussi naturellement à la seconde ; plus encore peut-être on peut voir dans celle-ci un produit du travail personnel : c'est ainsi que du droit de propriété découlent les droits d'auteur et d'inventeur; Spencer pour qui ce sujet est essentiel, et il n'est pas besoin d'en indiquer les raisons en notre fin de siècle où les inventions se succèdent avec une telle rapidité, s'arrête dans son exposition pour montrer les maux nombreux que la méconnaissance de ces droits cause à l'industrie et par elle à la société. Dans la propriété non matérielle, et non simplement dans le domaine intellectuel, il est juste de ranger la célébrité, le renom et la bonne réputation, et de signaler tout attentat en vue de les détruire comme un délit. Du droit de propriété se déduit celui de disposer des objets possédés, c'est-à-dire le droit de legs ou de don ajourné ; de même, celui d'échanger ces objets contre d'autres appartenant à un autre homme : c'est le droit du libre-échange sur lequel encore Spencer insiste en plus d'un de ses écrits; ce droit d'ailleurs s'étend avec le progrès social. Le libre-contrat n'est qu'un libre-échange ajourné ; le droit au libre-contrat marche de pair avec celui au libre-échange. Ces droits divers présentés ici sous une forme absolue ne peuvent en réalité être que relatifs dans la société ; ils sont restreints par les nécessités qu'impose la conservation même de cette société.

De la liberté égale se déduisent encore les droits au travail libre, à la profession de la foi personnelle, c'est-à-dire au culte, à l'usage de la parole comme à celui de la plume; il va sans dire qu'à chacun de ces droits correspondent certaines limitations, telles que chaque individu puisse en jouir dans la même mesure que tous ; on peut même dire que les restrictions sont reconnues et observées dans la mesure du progrès social. Chaque principe de liberté particulière ou droit se limite ainsi lui-même ; c'est là une preuve que l'élément de restriction est un élément nécessaire dans la conception de la justice sociale.

Et d'ailleurs les inductions s'unissent aux déductions pour confirmer la validité de ces droits et par là démontrer l'autorité réelle du principe de justice établi comme point de départ. Liberté égale pour tous, tel est ce principe fondamental ; par conséquent hommes et femmes étant unités sociales jouissent des mêmes droits ; il doit en être ainsi en effet : avant le mariage et après, pour autant que la nouvelle situation de la femme ne trouble pas ces droits, ils sont les mêmes que les droits des hommes ; il est bon de rappeler que Spencer appelle droits ce qu'il a précédemment établi sous ce nom : intégrité physique, possession, travail libre, etc. La femme tenue, aux débuts de l'évolution sociale, dans un état de sujétion absolue a vu au cours de cette évolution sa position améliorée ; ses droits sont d'autant plus reconnus que le progrès social grandit. Quelle position prendre en face des droits politiques ? il faut reconnaitre qu'en tout cas ils ne peuvent être égaux qu'en temps de paix. Les enfants possèdent des droits en ce sens que leurs prétentions aux nécessités de la vie et de la croissance sont légitimes ; mais en retour ils doivent l'obéissance à leurs parents et ces mille services dont la vie donne l'occasion. Ce qu'on nomme « droits politiques » n'est appelé de ce nom que par une illusion : les seuls droits réels ou naturels sont ceux que Spencer a mentionnés ; le gouvernement ne doit être qu'un instrument pour maintenir les droits naturels : l'autorité qu'il possède ou son droit lui vient de cette fonction, et il ne possède vraiment des droits qu'autant qu'il veille sur les droits généraux. Le facteur primaire d'un droit est la liberté ;

le facteur secondaire, l'égalité ; lorsqu'on parle de droits politiques on pense au second facteur seulement et on laisse de côté le plus important[1]. Spencer examine ensuite longuement, dans cette quatrième partie des *Principes de morale*, la nature et la constitution de l'Etat ; cette nature n'est point immuable, mais comme toute chose elle a évolué ; puis les devoirs de l'Etat qui peuvent se résumer brièvement en : maintenir les conditions requises pour que la vie de chacun soit aussi complète que possible ; et enfin les limites à ces devoirs[2].

B. *Bienfaisance :* Il faut, dit Spencer en abordant cette seconde face de la morale sociale, de la pénétration pour bien distinguer la justice et la bienfaisance ; « la justice implique qu'on reconnaît avec sympathie les droits d'autrui à l'activité libre et à ses produits ; la bienfaisance, une reconnaissance sympathique des droits des autres à recevoir de l'aide dans l'obtention de ces produits, et dans la façon d'organiser leur vie. » Malgré la difficulté qu'il y a en maintes occasions à séparer ce qui appartient au domaine de la justice et ce qui est bienfaisance, la séparation ne s'en impose pas moins ;

---

[1] Ces corollaires du principe de justice ou cette esquisse d'un droit naturel font le sujet des chapitres IX-XXII, des *Princ. mor.*, IV⁰ partie.

[2] Spencer traite très au long ces limites aux devoirs de l'État (*Princ. mor.*, IV⁰ partie, chap. XXV-XXIX). On sent que c'est là un sujet qui lui tient tout particulièrement à cœur, et s'il était besoin d'un autre fait pour corroborer cette impression, nous n'aurions qu'à en appeler à son *Essay :* « The Man versus the State. » 1884. Jugeant inutile la répétition de ce que nous avons dit ailleurs, nous renvoyons pour ce qui concerne les traits principaux de l'État d'après Spencer, page 74 de ce travail.

il suffit pour le montrer de dire que la première est absolument nécessaire à l'existence de la société, elle est d'intérêt public, au lieu que la seconde, n'étant pas indispensable, reste du domaine privé. Cette remarque est capitale surtout en face de certains problèmes sociaux et des tendances du communisme; la bienfaisance n'a point à empiéter sur la justice, un tel empiètement conduit certainement aux théories que Spencer combat et qui sont désignées par le mot très général de socialisme, conduit même à l'anarchie, c'est-à-dire à l'absence de justice. La bienfaisance négative consiste dans la passivité de l'individu au moment où il pourrait se procurer une jouissance égoïste ; la bienfaisance positive consiste dans des actes de sacrifice [1]. La justice, système du contrat, impose, on l'a vu, certaines limites aux activités particulières ; la bienfaisance négative n'est, elle aussi, qu'une limitation aux actes individuels, mais limitation qui a sa source dans la seule sympathie et non plus dans les nécessités de l'ordre social. La libre concurrence est un droit que reconnaît la justice évolutionniste, c'est même un des moyens de progrès social les plus efficaces dans une société industrieuse; la bienfaisance négative pose des restrictions à cette libre concurrence; elle commande, et cela dans l'intérêt social toujours, qu'un homme possédant de gros capitaux ou des capacités particulièrement remarquables et avantageuses ne ruine pas les autres. Dans son chapitre sur les restrictions au contrat libre, Spencer s'occupe

---

[1] « La bienfaisance négative » forme la cinquième partie et « la bienfaisance positive » la sixième partie des *Principes de morale* (1re édition anglaise parue en 1893). Elles ont été traduites en français sous le titre : *Le rôle moral de la bienfaisance*. Collection d'auteurs étrangers contemporains, Guillaumin et Cie, Paris.

surtout des relations entre patrons et employés et montre que chez les uns comme chez les autres les occasions de bienfaisance ne manquent pas; les contrats trop avantageux sont interdits par la bienfaisance négative. De même il importe d'apporter des restrictions aux paiements non légalement dus, tels que pourboires, gratifications, etc., comme aux actes de générosité immodérée qui vont à fin contraire du bien moral réel. Il est des occasions où la sympathie commande à l'individu la restriction au déploiement de ses capacités naturelles, dans la conversation, par exemple. Le blâme ou le châtiment, blâme en action, sont des sujets dont s'occupe la bienfaisance négative: dans les rapports de parents à enfants, de patrons à ouvriers, le blâme peut être moralement sanctionné, nécessaire, mais Spencer insiste sur la prudence avec laquelle il faut en user. Enfin nombreux sont les cas où dans notre société actuelle on devrait mettre des restrictions à la louange, aux paroles flatteuses et simplement à celles dites de politesse.

Quant à la bienveillance positive, elle est comme le couronnement de toute la morale; elle comprend « tous les modes de conduite dictés par la sympathie active, qui impliquent le plaisir en procurant le plaisir, modes de conduite que l'adaptation sociale a déterminés, et qu'elle doit rendre de plus en plus généraux, et qui, en devenant universels, doivent remplir complètement la mesure possible du bonheur de l'homme », c'est en un mot le véritable et complet altruisme. Elle se manifeste tout d'abord dans la sphère de la famille, entre maris et femmes. Dans la sphère du mariage tout particulièrement l'homme est appelé à diminuer autant que possible les désavantages que la femme éprouve du fait de sa constitution ; ce qui ne signifie point que les sacrifices doivent être sans limites. « La bienfaisance entière dans cette relation n'est atteinte que lorsque chacun est préoccupé des droits de l'autre. La forme la plus élevée est celle où chacun est plus désireux de faire un sacrifice que d'en recevoir. » La bienfaisance des parents envers les enfants est si naturelle qu'il semble inutile de la mentionner; dans les premières phases de la vie surtout nul ne remplace les parents ; mais il n'est peut-être pas sans importance de rappeler que le bonheur que ceux-ci doivent avoir en vue pour leurs enfants est plus leur bonheur à venir que le plaisir immédiat. La contre-partie de cette bienfaisance est la bienfaisance filiale, très généralement reconnue en théorie, mais qui n'en est pas moins à notre époque fort souvent méconnue en fait; aussi Spencer insiste-t-il sur cette nécessité de parler des obligations des enfants, nécessité qu'il appelle « un besoin criant ». Il examine ensuite les secours qui doivent être donnés aux malades soit dans la famille, soit au dehors, et ceux que réclament les blessés et les gens maltraités ou dans un danger quelconque. La morale ne donne pas à propos de ces derniers cas des règles nettement définies ; elle constate seulement que des traditions d'héroïsme sont avantageuses pour le développement général ; elles entretiennent l'espoir d'une humanité supérieure. Parlant de l'aide pécuniaire entre membres d'une même famille et entre amis, il met surtout en relief l'obligation d'user de prudence et de prévoyance. La question des secours aux pauvres est une de celles où l'on sent le mieux l'opposition de notre auteur à toute intervention de l'Etat dans le domaine de la bienfaisance ; il donne les raisons de cette opposition et montre que la forme normale de la bienfaisance envers les déshérités est la bienfaisance individuelle ; la responsabilité en incombe aux particuliers qui doivent, pour que leurs dons contribuent au bonheur social, accomplir des enquêtes, des critiques, une surveillance en un mot dont l'État ne saurait se charger. Agir de telle façon que la bienfaisance particulière, moralement sanctionnée par l'évolutionnisme, n'ait pas pour conséquence accidentelle la multiplication des incapables et des dégradés, est un problème insoluble. Dans le chapitre traitant de la bienfaisance sociale en général, Spencer aborde des questions telles que les relations entre inférieurs et supérieurs ; celle de la toilette: si la toilette est source de satisfactions esthétiques, l'éthique ne peut que réprouver l'importance exagérée que dans certains milieux l'on donne à cette question ; celle des présents et jusqu'à celle enfin de l'envoi des cartes de félicitations. Le point important à mettre en lumière, et qui résume une quantité considérable d'observations intéressantes et pleines de bon sens, c'est que ces observances sociales, dont la plupart disparaîtront un jour par l'évolution de la société, doivent devenir dès maintenant plus rationnelles, c'est-à-dire plus conformes aux véritables lois de la vie et non à des lois conventionnelles. La bienfaisance politique met l'accent sur l'obligation de la véracité chez les candidats d'un parti ; elle exige que, pour le bien de tous, chacun ait sa part de surveillance dans le mécanisme politique.

Ce rapide coup d'œil sur les domaines divers où doit s'exercer la bienfaisance positive nous ramène souvent, on l'a vu, à notre esquisse de la société de l'avenir ; l'état actuel demande des transformations nombreuses, mais ces transformations ne doivent, pas plus que celles nécessaires dans le domaine de la morale individuelle, s'accomplir soudainement ; la morale absolue est le type sur lequel se modèlera peu à peu la morale relative ; mais il faudra de longues périodes encore sans doute avant que la première ait remplacé la seconde ; l'esprit humain ne change pas si rapidement! Dans cette transition le rôle de la bienfaisance est avant tout de supprimer les souffrances inutiles; il y a des souffrances qu'on peut appeler nécessaires, celles qui proviennent du réajustement des individus à des conditions nouvelles, c'est-à-dire dont la cause est dans la nature même des choses, mais il y en a d'autres qui ne le sont point et c'est ces dernières que la bienfaisance doit faire disparaître. Du reste par l'évolution de la société les occasions de sacrifice diminueront ; la bienfaisance, sans disparaître puisque la sympathie augmentera, deviendra telle que son ambition suprême sera de « faire l'homme », c'est-à-dire l'être capable du maximum de vie.

Deux remarques nous semblent s'imposer en terminant ce sujet de la morale sociale : 1° Les problèmes traités dans les cinquième et sixième parties des *Principes de morale* sous le nom de bienfaisance demeurent purement empiriques et, en un sens, individuels ; Spencer le reconnaît lui-même, chacun se présente comme un calcul de probabilités, surtout dans la bienfaisance positive. Si la bienfaisance trouve place dans l'éthique sociale, c'est que ses effets sont sociaux avant tout, mais les règles qui y sont établies n'ont pas ce caractère général et impératif, ce caractère rationnel, pour parler avec Spencer, qu'ont celles de la justice.

2° La justice est donc bien au centre de toute la morale évolutionniste de Spencer, elle est son principe moral par excellence si nous considérons la conduite sous son côté sociologique ; elle a un caractère défini et pour ainsi dire mathématique qui la rend vraiment rationnelle ; et cette justice, des exemples divers nous l'ont montré, est un équilibre entre diverses activités ou forces, dont un minimum est nécessaire pour que la vie soit possible et dont le maximum produirait une vie complète. Nous ne pouvons ainsi que constater au terme de cet exposé l'identité entre les lois générales qui gouvernent notre univers et celles qui règlent la conduite de l'homme, atome dans cet univers.

Seconde Partie : Critique

CHAPITRE IV

Le point de vue philosophique

§ 8. Questions préliminaires

Une analyse quelque peu attentive de la « philosophie synthétique » amène à reconnaître en elle une résultante de diverses tendances qui nous paraissent pouvoir se ramener à quatre. Examiner successivement la tendance évolutionniste du système de Spencer, sa tendance moniste, sa tendance utilitaire et enfin sa tendance agnostique, serait envisager cette vaste construction dans son ensemble, nous conduirait à une analyse de toutes ses diverses parties, mais cet examen nous amènerait souvent à reprendre un même sujet sous divers angles ; présenter une telle étude est, on le comprend, bien loin de notre intention. Qu'ici nous disions simplement que dans le point de vue philosophique nous aurons spécialement à parler du monisme de Spencer ; dans le point de vue moral de son utilitarisme ; dans le point de vue religieux de son agnosticisme ; et dans les pages consacrées à chacun de ces points de vue, d'une manière ou d'une autre, par un côté ou par un autre, nous aborderons son évolutionnisme. Mais toute étude, de quelque nature qu'elle soit, demande comme entrée en matière la solution de certaines questions de principe, l'indication du point de vue général auquel se place l'auteur de l'étude ; ces questions principielles sont souvent implicitement résolues ; une étude de caractère aussi encyclopédique que l'œuvre de Spencer ne les aurait pu laisser de côté, et nous-même, bien que ne traitant qu'un point de cette œuvre, ne saurions sans inconvénient les passer sous silence. Nous avons ainsi réuni sous ce titre de « questions préliminaires » l'examen rapide de trois questions capitales dans tout système philosophique, et plus spécialement au point de vue de l'établissement futur d'une morale. La première de ces questions est celle de la théorie de la connaissance ; il est bon de voir le caractère et les traits principaux de cette théorie chez Spencer ; quelle est sa notion du sujet, quelle est celle de l'objet, quel est pour lui le rapport de l'un à l'autre? Tel serait l'énoncé du problème complet ; problème auquel Spencer n'a pas répondu, sous la forme du moins que supposerait notre donnée. Y répondre d'une façon quelque peu approfondie serait une œuvre de longue haleine ; aussi bien ne désirons-nous qu'en indiquer ici les lignes principales. Cette question toute générale nous amènera à parler des deux autres sujets importants que nous avons en vue : la psychologie de Spencer ou sa notion du sujet, et sa notion de loi naturelle ou celle du rapport entre les êtres et les choses.

Comme l'a fait remarquer M. L. Dauriac, la théorie de Spencer est un véritable Protée ; en raison de son principe même de continuité, les lignes qui définissent les concepts sont comme effacées et la logique est d'une application souvent difficile; l'idée directrice se dégage mal de l'abondance des matériaux réunis en vue de son édifice; en outre, Spencer traite de sa théorie de la connaissance en deux places de sa *Philosophie synthétique*. Dans les *Premiers principes* il admet, quitte à les justifier dans la suite, les intuitions fondamentales de la conscience. Et ces intuitions, nous l'avons vu déjà, se peuvent ramener à l'existence d'un Inconnaissable et à la séparation du connaissable en sujet et objet. Dans les *Principes de psychologie*[1], Spencer en opposition à l'idéalisme établit le réalisme et prétend en donner la confirmation philosophique; la possibilité de la connaissance étant admise, cette connaissance implique d'une part le connaissant, d'autre part le connu; la théorie du connaissant fournit matière à la science subjective; celle du connu à la science objective; ce qu'on appelle proprement la théorie de la connaissance est la coordination des deux sciences. Voici d'ailleurs comment Spencer établit son sujet : « ... Nous avons à examiner la question controversée du sujet et de l'objet. Nous avions pris pour datum le rapport qui existe entre eux, en tant que divisions antithétiques de la totalité des manifestations de l'inconnaissable... Si l'idéaliste avait raison, la doctrine de l'évolution serait un songe... Nous devons être réduits à cette position dont quelques-uns se satisfont apparemment, où l'on accepte deux croyances qui se détruisent mutuellement; ou bien nous devons montrer que les raisonnements des idéalistes et des sceptiques sont erronés. Il est à peine besoin de

[1] VIIe partie des *Principes de Psychologie* : Analyse générale.

dire que la dernière hypothèse est le résultat auquel nous nous attendons [1]. » L'établissement du réalisme [2] prend au début la forme d'une polémique contre les doctrines opposées : Spencer examine les suppositions, les termes et les raisonnements des métaphysiciens, Berkeley représentant l'idéalisme et Hume le scepticisme. Puis Spencer passe à la justification négative et positive de sa propre théorie. Le langage tout d'abord se refuse à l'expression de l'idéalisme comme du scepticisme; produit de l'esprit humain, il a été façonné pour exprimer partout ce rapport du sujet à l'objet, « tout comme la main a été façonnée pour manier les objets selon ce même rapport fondamental : et si on le soustrait à ce rapport fondamental, le langage devient aussi impuissant qu'un membre coupé dans l'espace vide ». En outre le réalisme se trouve justifié d'une manière indirecte par divers arguments tirés de sa nature même : chez l'individu comme dans la race la priorité lui appartient certainement; hommes et sociétés aux premières phases de leur développement n'ont pas d'autre métaphysique; puis le processus de pensée qui conduit au réalisme est plus simple que celui exigé par l'idéalisme ou le scepticisme; enfin ses données sont plus claires; priorité, simplicité, clarté, tels sont les caractères qui parlent déjà en faveur de l'adoption du réalisme; il semblerait donc qu'il dût s'imposer à tous. « Ce qui fait habituellement succomber la thèse réaliste,

---

[1] *Princ. psychol.*, VII° partie, chap. I, § 387, p. 323.
[2] Rappelons qu'on entend par « réalisme » la théorie métaphysique qui affirme que les êtres sont connus par nous positivement, soit par l'expérience, soit par la raison, et que Spencer appelle « métaphysique » la théorie de la connaissance, et métaphysiciens les philosophes qui ont spéculé sur la connaissance.

dit Spencer, c'est qu'il lui manque, comme point d'appui, quelque vérité universellement admise que serait forcé d'admettre aussi l'idéaliste. Il faut trouver quelque *mode particulier* de conscience qui soit digne de foi, en comparaison avec tous les autres modes. » Il faut donc chercher un critérium, proposition universellement admise, pour déterminer la validité des actes de la pensée ; Spencer trouve ce critérium dans l' « inconcevabilité de la négation », appliqué aux propositions simples : « L'inconcevabilité de sa négation, dit-il, est ce qui montre qu'une connaissance possède le plus haut rang, et est le critérium par lequel on peut reconnaître son extrême certitude [1]. » La justification dernière du réalisme, c'est qu'il est une affirmation de la « conscience agissant d'après ses lois », en d'autres termes qu'il est le produit naturel et nécessaire de la pensée. A ce propos, Spencer examine ce qu'il nomme « la dynamique de la pensée »; penser une proposition signifie réunir un sujet et un attribut; le lien entre ces deux éléments est plus ou moins serré ; il est des cas où la connexion est absolue, où quelque effort qu'elle fasse la pensée ne peut briser ce lien; ces connexions s'imposent naturellement. Et c'est cette liaison nécessaire qui est pour Spencer la garantie de l'existence objective : « S'il y a des connexions indissolubles, on est forcé de les accepter. Si des états de conscience sont absolument unis d'une certaine manière, on est obligé de les penser de cette manière... Dire que ce sont des nécessités de la pensée, c'est tout simplement une autre manière de dire que leurs éléments ne peuvent être séparés. Aucun raisonnement ne peut donner à ces cohésions absolues

---

[1] *Princ. psychol.*, VIIe partie, chap. XI, § 426, p. 425.

une meilleure garantie ; puisque tout raisonnement, étant un moyen continu de vérifier les cohésions, se poursuit lui-même en acceptant les cohésions absolues, il ne peut en dernier ressort rien faire que de présenter des cohésions absolues pour en justifier d'autres... Ici donc on en arrive à une uniformité mentale dernière, à une loi universelle de la pensée... Il y a donc là une garantie tout à fait suffisante de l'affirmation de l'existence objective. Si mystérieux qu'il semble d'avoir conscience de quelque chose qui est cependant en dehors de la conscience, on trouve qu'on affirme la réalité de ce quelque chose en vertu d'une loi dernière, et qu'on est obligé de le penser[1]. »

Étant ainsi assuré d'une réalité extérieure, « je puis diviser la totalité de ma conscience en un agrégat faible, mon esprit ; une partie spéciale de l'agrégat vif qui lui adhère en diverses manières, mon corps; et le reste de l'agrégat vif qui n'a aucune cohérence semblable avec l'agrégat faible. Or dans cette conscience l'élément « primordial, universel et toujours présent » est l'impression de résistance; la conscience de la résistance devient ainsi symbole général de cette existence indépendante impliquée par l'agrégat vif »; tel est le premier élément dans la conception de l'objet. Le second élément est le lien ou « nexus » invariable des groupes variables d'états vifs. « Ce qui persiste et ce qui par conséquent doit être dit exister, c'est le *nexus* des apparences toujours changeantes. »

Ainsi les processus mêmes de la pensée font naitre la conscience d'une existence en dehors de la conscience, existence symbolisée par quelque chose dans les limites

---

[1] *Princ. psychol.*, VII° partie, chap. XV, § 447, 448, p. 469 sq.

de cette conscience. Le réalisme que réclame Spencer n'est point comme le disait Hume « une propension naturelle », non plus que selon l'idée de W. Hamilton « une croyance miraculeusement inspirée »; il est le fruit du processus mental; mais que l'on ne confonde pas ce réalisme avec celui que Spencer appelle « grossier »; le réalisme dont part la « philosophie synthétique » se contente d'affirmer l'existence d'une réalité objective séparée de l'existence subjective, c'est-à-dire l'indépendance de ce qui est objet de connaissance à l'égard de ce qui connait; le « réalisme grossier » affirme, lui, que l'apparence est identique à la réalité. « Le réalisme auquel nous donnons les mains... n'affirme ni qu'aucun mode de l'existence objective soit tel en réalité qu'il apparaît, ni que les connexions qui unissent ces modes soient objectivement telles qu'elles apparaissent[1]. » Et derrière toutes ces manifestations se cache une puissance, réalité dernière, dont la nature nous demeure inconnue, mais dont nous pouvons affirmer la présence universelle.

Pas plus que nous n'avons prétendu exposer d'une façon complète « la théorie de la connaissance » de Spencer, nous ne prétendons ici faire une critique de cette théorie, mais seulement présenter quelques remarques à son propos. On peut dire qu'en un sens toute la philosophie de Spencer se résume en ces deux principes fondamentaux : réalité et importance primordiale de l'existence extérieure au sujet et caractère inconnaissable de sa nature; l'existence se partage pour l'homme en sujet et objet, et par le fait de la relativité de la connaissance en être proprement dit et phénomène ou manifes-

[1] *Princ. psychol.*, VII⁵ partie, chap. XIX, § 472, p. 525.

tation de l'être; du sujet comme de l'objet nous connaissons des phénomènes, jamais notre connaissance n'atteint l'être lui-même. En fait le point de départ de toute la philosophie de Spencer est l'objet extérieur, l'objet donné dans la représentation originale, il existe, en dépit des prétentions du scepticisme; mais la preuve que Spencer cherche à en donner est inutile; c'est par la comparaison des données des états de conscience vifs que nous nommons présentations ou impressions avec d'autres données des états faibles que nous nommons intuitions fondamentales que Spencer prétend démontrer la réalité de l'objet; il n'y a nullement démonstration, c'est-à-dire preuve évidente et convaincante pour quiconque ne serait pas convaincu déjà. Supposons cependant que nous partions du doute; pour nous amener à la certitude de l'existence objective, Spencer nous présente victorieusement un critérium; ce critérium nous fournira-t-il cette certitude ? Ce que Spencer appelle le postulat universel est certainement un postulat, mais n'est point universel; l'irréprésentabilité de la négation est ce critère qui doit nous fournir la plus haute certitude de connaissance; mais dans la philosophie anglaise elle-même, ni Hamilton, dont Spencer dépend à beaucoup d'égards en métaphysique, ni Stuart Mill, le représentant-type pour ainsi dire de l'école empirique en psychologie, n'admettent le caractère absolu du postulat; ce postulat, estime fort justement M. E. Pace, « n'est au fond qu'une forme particulière de la doctrine de la relativité[1] », et pour nous assurer de la réalité de l'objet, nous n'avons nul besoin de prendre une

---

[1] Voir *Das Relativitætsprinzip in H. Spencer's psychologischer Entwickelungslehre,* par Edward Pace. Leipzig, 1891, p. 19.

seule fois le critérium en considération. Il faudrait pour qu'il eût la valeur à lui attribuée par Spencer qu'on eût déterminé auparavant les notions de concevable et d'inconcevable et que cette détermination fût assez générale pour être acceptée de tous ; « le principe de Spencer n'est qu'à son usage particulier », dit M. Renouvier ; nous le croyons aussi ; ce n'est point un principe de persuasion pour quiconque serait dans le doute. « Certes pour quiconque fonde ses idées philosophiques exclusivement sur les sciences naturelles et pour qui, par conséquent, cette confiance simple et immédiate en ce qui est donné empiriquement, comme c'est d'après Spencer le cas pour chaque enfant sain, est la couleur fondamentale de la pensée, pour celui-là le système de Spencer fera norme[1]. » Il y a dans la théorie de la connaissance et spécialement dans la manière d'envisager le critère ultime, d'après M. Renouvier, un vice de logique : Spencer confond l'usage pratique fait par chacun du critère de l'inconcevable avec un établissement régulier de ce critère en tant que propre à la philosophie. Ce que Spencer nomme postulat universel est le résultat des expériences des hommes et il rend raison des affirmations pratiques, mais non des principes philosophiques. En fait, la critique principale qu'on puisse formuler et qui nous parait atteindre à la racine même de ce vice dont parle M. Renouvier, c'est que Spencer méconnait la part de la volonté dans la certitude philosophique. Cette méconnaissance provient de son point de

---

[1] Voir aussi dans les *Philosophische Monatshefte* Bd. XXIII. Jahr 1887, p. 345 sq. l'article *Die Principien der Psychologie von H. Spencer* du Dr Max Steinitzer.

vue psychologique dont nous dirons plus loin quelques mots[1].

Mais encore, que représente en définitive ce « réalisme transfiguré »? La transformation ou transfiguration consiste, nous n'y revenons pas longuement, en ceci que l'être et le phénomène se laissent séparer et que, prétendant à la connaissance de celui-ci, le philosophe évolutionniste sait que le premier lui est interdit ; au lieu qu'un « réaliste grossier » s'imagine que le phénomène est adéquat à l'être ; toute idée dernière est un signe seulement, un symbole et non une reproduction de l'inconnu. C'est là, pense M. Renouvier, un « abus exagéré » : « Comment (Spencer) peut-il tout à la fois placer les objets et leurs relations dans l'inconnu, regarder les perceptions comme de simples signes, et réfuter comme « idéalistes » des philosophes qui croient pouvoir déterminer ces objets et ces relations ? » Cette sorte de concession faite au scepticisme ne nous semble pas donner à la théorie de Spencer un caractère de certitude plus prononcé; peu importe, au fond, que je connaisse la chose ou le signe, si ma nature est telle qu'elle ne puisse connaître que l'un ou l'autre et si cette connaissance lui suffit pour l'action. La théorie du postulat universel de Spencer exige que la conscience subordonne sa propre existence, qu'elle se témoigne à elle-même en des phénomènes immédiats à l'existence extérieure du monde des corps ; or, c'est là le renversement de toute analyse ; le réalisme se réduit réellement, après examen, à ces deux affirmations : un sujet réel qui perçoit, un

---

[1] Voir à propos du « principe de l'inconnaissable » chez Spencer *La critique philosophique*, 7ᵉ année, 1878 : *Examen critique des Principes de Psychologie de H. Spencer*, par M. Renouvier, article Nº 9.

objet réel répondant à ce qui est perçu ; or, l'idéalisme lui-même, dit M. Renouvier, admet cela.

Nous croyons à la réalité du monde sensible, et en ce sens le réalisme nous parait devoir s'imposer pratiquement ; mais il ne repose point, selon nous, sur certaines données intellectuelles ; s'il n'était qu'un moyen de résoudre la question du comment des phénomènes de conscience, il demeurerait hypothétique ; or, la vie demande plus que des hypothèses ; c'est en vertu d'une nécessité morale, si l'on peut unir deux mots qui s'excluent en général, que l'homme en vient par la réflexion à affirmer philosophiquement cette réalité à laquelle il a cru d'abord pratiquement. Au scepticisme conséquent il n'aurait rien à objecter sinon que ce scepticisme est la négation même de l'existence, le suicide de l'être.

Le réalisme de Spencer est en relation étroite d'ailleurs avec ses vues psychologiques, avec sa foi en l'empirisme, avec toutes ses notions métaphysiques ; il importe en conséquence d'en dire quelque chose. Et tout d'abord de sa psychologie !

Le moi est un produit ; l'esprit, au sens large du terme, un résultat ; cette idée qui appartient à l'école associationniste ou empirisme psychologique se rattache à la théorie de Locke ; on sait que ce philosophe nie qu'il y ait des notions rationnelles à priori ou idées innées. Spencer se rattache directement à cette école psychologique de caractère éminemment anglais ; pour l'associationnisme les notions complexes de l'esprit sont formées par la fusion de notions plus simples, et la loi qui régit la formation de ces notions est la loi d'association : si deux idées *a* et *b* répondant à certaines conditions externes se sont présentées un certain nombre de fois à la conscience dans l'ordre *a*, *b*, selon la loi dite d'association, lorsque *a* sera évoqué à nouveau, *b* devra suivre invariablement ; si *a* représente le moyen pour atteindre *b*, représentation du but, *a* pourra sembler devenir but lui-même, alors qu'en définitive il s'est fondu pour ainsi dire avec *b*, et demeure en réalité moyen ; on comprend l'importance d'un tel point de vue en ce qui concerne les notions morales dites élémentaires ou innées.

La substance de l'esprit demeure d'ailleurs pour Spencer une inconnue; « si nous y voyons autre chose qu'un *x* nous sommes dans l'erreur parce que nous ne pouvons penser une substance qu'en termes matériels ». De l'esprit ce que nous pouvons savoir c'est que son unité dernière est l'état de conscience ; et il est probable que « quelque chose du même ordre que ce que nous appelons un choc nerveux est la dernière unité de conscience, et que toutes les différences entre nos états de conscience résultent des modes différents d'intégration de cette dernière unité...; ces chocs nerveux, dont la répétition rapide *constitue* les différentes formes d'états de conscience, sont d'une intensité comparativement modérée » ... Ce sont de « faibles pulsations de changement subjectif. » ... « Chaque onde de mouvement moléculaire transmise par une fibre nerveuse à un centre nerveux a pour corrélatif un choc ou une pulsation consciente[1]. » Sous le nom d'états de conscience Spencer désigne les sensations venant de la périphérie ou sensations proprement dites, et celles venant du centre ou émotions, ainsi que les relations entre ces états de conscience : ce sont là tous les éléments de l'esprit. Ces

---

[1] *Princ. psychol.*, IIe partie, chap. I, § 60, p. 152, 154. C'est nous qui soulignons.

éléments sont réels ou idéaux, ou, d'après une autre terminologie de Spencer, présentatifs ou représentatifs ; entre ceux-ci et les premiers il n'y a qu'une différence d'intensité. La base ou la substance de l'esprit ou de ce que les psychologues nomment l'âme est donc bien la sensation, subjectif dont l'objectif est un choc nerveux. « L'esprit, dit encore Spencer, consiste grandement en sensations, et même, en un sens, entièrement... » ... « Partout la sensation est la substance dont l'intelligence, quand elle existe, est la forme. L'intelligence ne comprend que les éléments relationnels de l'esprit [1]. »

Dans le domaine organique, l'évolution fait passer insensiblement, par transitions imperceptibles, des actes purement physiologiques aux actes psychologiques ; « une interprétation large des faits sert à confirmer la déduction tirée de la loi universelle du progrès organique — cette déduction que, de même que le tissu originel, d'où les organes de la vie végétative sortent par une différenciation et intégration continuelles, possède en une certaine mesure les pouvoirs fonctionnels de tous ces organes, de même, il doit en une certaine mesure posséder les pouvoirs fonctionnels de vie animale, et parmi ceux-ci, des sens, lesquels en sortent semblablement par une différenciation et intégration continues. Et c'est là une raison, non seulement pour penser avec Démocrite que les autres sens ne sont que des modifications du toucher, mais aussi pour regarder tous les ordres de sensibilité comme des développements du processus purement physique par lequel la vie commence [2]. » Ces actes purement physiologiques qui con-

---

[1] *Princ. psychol.*, IIe partie, chap. II, § 76, p. 195.
[2] Ouv. cit., IIIe partie, chap. IV, § 140, p. 319.

stituent la vie se composent de changements à la fois simultanés et successifs ; les actes psychologiques se composent de changements successifs seulement : « La vie psychique devient distincte de la vie physique par la tendance croissante de ses changements à prendre un arrangement sériel. » L'intelligence est constituée par les relations entre états de conscience, et ces relations internes ne sont que le correspondant des relations externes ; le développement de l'intelligence se fait naturellement aussi par degrés insensibles : « Toute forme de l'intelligence étant, dans son essence, un ajustement des rapports internes aux rapports externes, il en résulte que comme les rapports externes croissent en complexité, en nombre, en hétérogénéité, par degrés insensibles, on ne peut tracer des lignes de démarcation rigoureuses entre les phases successives de l'intelligence [1]. »

L'action psychique la plus simple, celle qui fait comme une transition entre le monde physique et le monde psychique, est l'action réflexe ; « sous sa forme la plus simple et la plus générale, l'action réflexe est la séquence d'une simple contraction par une simple irritation ». L'instinct, manifestation inférieure dans le domaine psychique, n'est qu'une action réflexe composée ; mais comment naît cette forme inférieure ? Les états psychiques qui se répètent fréquemment ont une tendance à la cohésion ; entre les actions nerveuses internes et les relations externes la connexion devient automatique : « Si, par suite de quelque changement du milieu d'une espèce quelconque, ses individus sont souvent en contact avec un rapport dont les termes sont un peu plus com-

---

[1] *Princ. psychol.*, IIIe partie, chap. XI, § 174, p. 409.

pliqués, si l'organisation de l'espèce est assez développée pour être impressionnée par ces termes en succession rapprochée, alors un rapport interne correspondant à ce nouveau rapport externe se formera graduellement, et, à la longue, deviendra organique. Et il en ira de même à toutes les étapes suivantes du progrès [1]. » De même que de la pure action réflexe on passe à l'instinct, de même de l'instinct on passe à la mémoire, de celle-ci à la raison ou aux formes rationnelles de l'esprit ; et aussi bien que la genèse de l'instinct, le développement de la mémoire et de la raison, d'un état psychique inférieur qui n'est encore ni mémoire ni instinct, est explicable par la loi de cohésion des actes psychiques ; cette loi qui domine le processus de formation de ce que l'on appelle communément et à tort « facultés » peut s'énoncer en la formule suivante : « la cohésion des états psychiques est déterminée par la fréquence dans l'expérience » ; elle est pour Spencer la clé qui ouvre les mystères de tous les phénomènes psychologiques. Ce que l'on nomme « formes d'intuition » ou « formes à priori de l'entendement » est explicable de même façon et par la même loi.

C'est là un sujet qui peut paraître bien spécial dans un aperçu aussi général que celui-ci sur la psychologie de Spencer ; mais, outre l'intérêt qu'en présente l'examen en ce qu'il donne un exemple typique de la méthode du philosophe anglais, il a une importance particulière, centrale pour ainsi dire dans son œuvre, en ce que l'explication des formes à priori de la pensée doit concilier l'apriorisme et l'empirisme, unir Kant et l'école associationniste. Voyons, par exemple, l'intuition de

---

[1] *Princ. psychol.*, IVᵉ partie, chap. V, § 196.

l'espace : « Elle se compose, nous dit Spencer, de fonctions fixées de structures fixées façonnées en correspondance avec des relations externes fixées [1]. » Or, cette intuition dite forme à priori est bien en effet à priori pour l'individu actuel, mais elle est (et c'est dans cette donnée que consiste l'originalité de Spencer) à posteriori pour la race; par là on échappe aux difficultés des deux hypothèses exclusives: apriorisme ou transcendantalisme de Kant, empirisme de Stuart Mill. Mais comment naît au juste cette conscience de l'espace? L'élément dernier en est le rapport de coexistence, ou rapport de séquence renversé; ce rapport de coexistence s'établit grâce à des impressions de résistance: or ces impressions sont bien un fait d'expérience externe, elles se composent de sensations épipériphériques; l'espace objectif qui existe donc antérieurement à toute conscience d'espace produit la forme subjective qui est l'intuition de l'espace; la conscience de l'espace est l'abstrait des impressions de coexistence. De même, nous l'avons indiqué au début de ce travail, l'abstrait des rapports de séquence est la conscience ou intuition du temps; ainsi le temps et l'espace sont conçus par l'établissement d'un rapport entre deux éléments de conscience ; « le temps en général, tel que nous le connaissons, est le résumé de tous les rapports de position entre des états successifs de conscience. Ou, en d'autres mots, la forme en blanc dans laquelle ces états successifs sont présentés et

---

[1] Faisons remarquer que dans sa tractation des formes d'intuition (dites à priori) de l'esprit, Spencer ne traite que de la conscience du temps et de l'espace, et laisse la catégorie de causalité de côté ; en fait elle se ramène pour lui à la séquence invariable des phénomènes.

représentés, et qui, servant également à tous, ne dépend d'aucun [1] ».

Comme on passe de l'instinct à la raison, on passe aussi de l'instinct aux sentiments; il est impossible, en effet, de tracer une limite séparant la connaissance ou l'intelligence de l'émotion; ces deux éléments s'unissent étroitement l'un à l'autre; comme pour les autres formes d'actes psychiques, le moment où l'automatisme cesse est celui où peut apparaître le sentiment : « Quand les changements psychiques deviennent trop compliqués pour être parfaitement automatiques, ils commencent à devenir sensitifs. Mémoire, raison et sentiment naissent en même temps... Leur naissance et la cessation de l'acte automatique, c'est une seule et même chose, — ce sont divers aspects du même progrès. »

Enfin, l'apparition et le développement de ce que nous nommons « volonté » est une face nouvelle du processus psychique général; « en passant d'un groupe de changements psychiques qui sont liés organiquement et se produisent avec une extrême rapidité à ce groupe de changements psychiques qui ne sont pas liés organiquement, et se produisent avec quelque délibération et par conséquent avec conscience, nous passons à un ordre d'action mentale qui est celle de la Mémoire, Raison, Sentiment ou Volonté selon le rapport sous lequel nous le considérons [1] ». Quant à l'acte volontaire lui-même il est « ce passage d'un phénomène de mouvement idéal à la réalité ». « Dans l'acte volontaire... nous ne pouvons rien trouver de plus qu'une représen-

---

[1] Voir à propos de la « perception de l'espace et du temps » *Prem. princ.*, IIe partie, chap. III, § 47, et *Princ. psychol.*, IVe partie, chap. XIV et XV.

tation mentale de l'acte, suivie de son accomplissement[1]. »

C'est une erreur de s'imaginer que l'état de conscience l'emporte parce qu'il est volition; nous le nommons volition parce qu'il l'a emporté sur les autres; c'est dire suffisamment déjà que la liberté dont l'homme se croit doué est une illusion. L'hypothèse de l'évolution, pour réunir sous un seul terme toutes les présuppositions métaphysiques et les données scientifiques dont part Spencer, lui impose naturellement le déterminisme psychologique comme elle lui impose le fatalisme dans la nature; et ce déterminisme est bien en rapport avec l'esprit naturaliste et pseudo-scientifique du système. « Que chacun ait la liberté de désirer ou de ne pas désirer, ce qui est la proposition réelle impliquée dans le dogme du libre arbitre, c'est ce qui est en désaccord avec la perception interne de chacun. » En réalité, la liberté se peut ramener à la conscience que l'individu possède d'être l'auteur de son action; et si nous avons l'illusion d'être libres, c'est que nous ignorons les facteurs qui produisent réellement nos actions. D'ailleurs, « le libre arbitre, s'il existait, serait tout à fait en désaccord avec cette bienfaisante nécessité manifestée dans l'évolution progressive de la correspondance entre l'organisme et son milieu environnant[2] ».

En résumé, tous les phénomènes psychiques, du plus simple au plus complexe, se ramènent en dernière analyse à l'action réflexe, et le principe de l'évolution psychique est la correspondance de l'organisme avec son milieu; l'adaptation est commune à la vie physique

---

[1] *Princ. psychol.*, IVᵉ partie, chap. IX, § 217, 218, p. 537, 539.
[2] *Ouv. cit.*, IVᵉ partie, chap. IX, § 220, p. 546.

et à la vie mentale; les lois de ce qu'on appelle l'âme diffèrent des lois du corps en cela qu'elles sont plus complexes; l'âme elle-même est en fait la propriété de percevoir les différences; la perception consiste en l'établissement d'un rapport entre les états de conscience; la sensation représente l'état de conscience ultime, indécomposable, et ce que nous nommons état de conscience est le côté subjectif d'une inconnue, dont l'objectif se présente à nous comme un mouvement moléculaire nerveux.

Cette analyse, si courte soit-elle, appelle quelques remarques ; nous n'en voudrions ici présenter que trois qui nous semblent toucher à des points spécialement importants pour l'établissement futur d'une morale :

1º Le fait de conscience ultime se ramène donc pour Spencer à un choc nerveux ; mais ce choc nerveux est l'objectif, et le fait de conscience est la pulsation subjective. Nous avouons n'entendre point cette dernière expression ! Au reste nous ne considérons nullement cette réduction d'un fait de conscience à un choc nerveux moléculaire comme une explication scientifique; le comment ni le pourquoi de cette transformation de l'objectif en subjectif ne nous sont dévoilés. A la suite de nombreux psychologues qui n'ont point au matérialisme la robuste foi d'un Carl Vogt, nous avouons nous trouver devant une de ces énigmes du monde dont du Bois-Reymond a dressé une liste, énigme qui nous semble se poser non pas tellement sur le terrain purement scientifique que sur le terrain moral; devant les deux termes de l'antithèse dont les seuls mots de subjectif et objectif chez Spencer sont un aveu déjà, si la question métaphysique peut demeurer non résolue, la question de valeur ou question morale ne le peut pas ; ou plutôt la question métaphysique se transforme pour nous en la question morale ; au lieu de : qu'est-ce que l'esprit et qu'est-ce que la matière, nous nous demandons : lequel a la primauté sur l'autre ? Faire de la conscience un changement physique transformé n'est nullement en donner une explication ; la sensation n'explique pas la conscience, puisque, si faible qu'en soit le degré, elle implique une certaine conscience déjà ; on suppose donc au point de départ ce que l'on prétend démontrer. L'acte de la conscience consiste pour Spencer dans la perception des différences ; mais la perception même suppose un sujet pensant, une puissance capable de percevoir. La conscience enfin serait formée par l'ordre successif des changements, au lieu que la vie est constituée par des changements à la fois simultanés et successifs. Le mystère change peut-être d'aspect, mais il n'en demeure pas moins mystère ; pourquoi la pure succession des correspondances entre l'interne et l'externe donne-t-elle naissance aux faits psychiques ? « La conscience elle-même, dit M. Boutroux, est une donnée irréductible, que l'on obscurcit en l'expliquant, que l'on détruit en l'analysant. Chercher le détail des éléments de la conscience afin de les opposer ou de les rattacher aux éléments des fonctions inférieures, c'est perdre de vue la conscience elle-même, pour considérer ses matériaux ou son œuvre. La conscience n'est pas un phénomène, une propriété, une fonction même : c'est un acte, une transformation de données externes en données internes, une sorte de moule vivant où viennent successivement se métamorphoser les phénomènes, où le monde entier peut trouver place, en perdant sa substance et sa forme propres pour revêtir une forme idéale, à la fois dissemblable et analogue à sa nature réelle[1]. »

2° Mais ne nous achoppons pas définitivement à ce point de départ ; au lieu de considérer l'esprit dans son premier commencement, considérons-le dans sa totalité, dans la diversité de ce que nous nommons les facultés ; entre instinct, mémoire, raison, etc., nous dit Spencer, la différence n'est que différence de degré ; toutes les « facultés » sont des actions psychiques plus ou moins complexes ; l'action réflexe simple est le germe duquel sortiront, sous certaines conditions, ces facultés. Cette action réflexe, transition entre le physique et le psychique, et de laquelle vient ce dernier, par un simple développement, est évidemment la sauvegarde du principe de continuité, spécialement dans le domaine mental ; et si la réalité semble être en désaccord avec cette continuité affirmée théoriquement, le principe de transformation la vient à son tour sauvegarder. A ce qui n'est, pour nous du moins, chez Spencer qu'une affirmation, il nous parait que s'oppose le témoignage même de la conscience psychologique ; celle-ci affirme le caractère spécifique de chacun des genres d'activité de l'esprit, c'est-à-dire qu'elle juge non de la quantité seulement dans les actes psychologiques, mais de leur nature.

Les catégories ou ce que nous appelons de ce nom, les formes au moyen desquelles l'esprit perçoit les choses, sont un produit purement empirique ; les relations externes des choses font naître les moules internes par lesquels elles sont saisies ; c'est là un point où la théorie de la composition de l'esprit d'après Spencer nous parait particulièrement en défaut ; considérer les formes d'intui-

---

[1] *De la contingence des lois de la nature*, par Em. Boutroux. Paris, 1895, p. 102.

tion de l'esprit comme à priori pour l'individu et à postériori pour la race ne nous semble logiquement que reculer la question et non point la résoudre ; vouloir résoudre le problème des formes à priori de l'entendement qui est un problème métaphysique et logique comme l'a fait Spencer, c'est lui donner une solution biologique, en d'autres termes changer de terrain. Et au point de vue psychologique, la solution de Spencer serait-elle satisfaisante ? Pas davantage. Dire que la conscience de l'espace et du temps sont l'abstrait des impressions, c'est-à-dire des sensations conscientes de coexistence et de séquence, c'est nous donner presque un jeu de mots pour une explication ; si l'homme ou l'être vivant antérieur a en effet conscience de points coexistants ou de points se suivant, c'est qu'il a déjà conscience de l'espace et du temps ; coexistence et séquence ne sont en définitive chez le philosophe anglais que des termes synonymes d'espace et de temps. Un être purement sensitif ne saurait avoir conscience d'aucune coexistence non plus que d'aucune séquence ; « je nie, dit à ce propos M. Watson, que le sujet purement sensitif soit informé de ses sensations comme ayant des degrés, comme arrivant en séries, comme se rapportant à son moi seulement identique[1]. » Une série de sensations isolées ne constitue pas l'esprit ou une forme de l'esprit ; « l'unité de conscience, dit M. Janet, le « je pense » est au fond de tout. Une simple succession ou simultanéité n'est qu'un rapport externe entre deux sensations : il faut un lien, un principe de synthèse[2] ».

[1] Voir à propos de la conscience de l'espace une critique très complète de M. Watson dans la revue *Mind* vol. XV, année 1890. *M. Spencer's derivation of space*, p. 537 sq.
[2] *Traité de philosophie* de Paul Janet, IX, p. 214.

La faute capitale de Spencer, en ce qui regarde sa théorie de la composition de l'esprit, c'est d'envisager celui-ci du dehors seulement, de ne voir dans les actes psychiques que le dernier écho pour ainsi dire du pouvoir unique et universel : la Force inconnue, cause et substance de tout, comme une dernière vague qui vient mourir dans l'individu ; cette conception mécaniste de l'esprit, conception qui ne voit en lui qu'un composé de sensations et de relations entre sensations, en méconnaît, selon nous, le caractère essentiel : ce caractère, c'est la spontanéité, c'est le « pouvoir devenir quelque chose », c'est en un mot d'être une puissance. De ce pouvoir nous voyons une manifestation déjà dans la cohésion des états de conscience, car le moi représente plus qu'un agrégat d'états psychiques ; la force d'inertie dont seraient douées les unités psychologiques (et y a-t-il des unités psychologiques, ou ne sont-elles pas une création de l'esprit pour expliquer certains faits ?) ne suffit pas à rendre compte de cette conscience que le moi possède de son identité, pas plus que de certaines notions dites simples et innées. L'idée de la force qui joue un rôle si important dans le système évolutionniste de Spencer vient à l'homme, comme toute autre notion, de l'extérieur ; l'impression de résistance est l'impression primordiale. En réalité cette notion de force ou de puissance active nous est donnée immédiatement dans l'expérience interne et en même temps que nous percevons la force, nous en constatons les effets ; nous transportons cette notion toute subjective au monde extérieur et par elle nous nous expliquons nos états de conscience.

Enfin, 3°, une dernière remarque dans le domaine de la psychologie de Spencer, sur ce qui concerne le rôle qu'y joue la volonté, remarque à laquelle nous ont amené les deux premières : La volonté n'est point un état de conscience particulier qui se distingue des autres états de conscience en ce qu'il doit amener un certain résultat, mais le simple passage d'un changement moteur; ce qui passe, c'est le changement idéal assez fort pour l'emporter; ainsi tout dans ce que l'on nomme acte de volition se réduit à des mouvements qu'accompagnent des actes psychiques, mouvements dont l'origine est tout entière dans les stimulus nerveux des impressions. On le voit, c'est là une théorie uniquement physiologique de la volonté. Aussi l'idée propre de volonté est-elle en réalité retranchée du système de Spencer; il n'y a plus qu'un développement continu dans lequel les phénomènes, auxquels nous attribuons des qualifications différentes, sortent les uns des autres en vertu des lois d'évolution qui régissent l'univers. Spencer tranche à priori la question de la liberté, en vertu de son point de départ, les mêmes lois régissant partout et toujours les divers ordres de phénomènes ; or, comme le fait remarquer M. Renouvier, il n'a pas démontré que toutes les modifications possibles de l'esprit soient sujettes à une loi absolue ; l'esprit ne pourrait-il donc avoir des lois qui lui soient propres sans être soumis au déterminisme universel ? « Personne que je sache n'a démontré que la loi de séquences invariables en son application universelle soit une condition de l'existence des lois, c'est une pure prétention dogmatique [1]. » Spencer se refuse à admettre la liberté parce que le progrès ne serait pas assuré à tous, ou plutôt au

---

[1] *Examen des principes de psychologie de H. Spencer,* par M. Renouvier, *Critique philosophique,* 7ᵉ année, 1878. Article 12, spécialement p. 394, 396.

tout si cette liberté existait ! et cette idée du progrès nécessaire, c'est le résumé de tout le système évolutionniste. « C'est, dit encore M. Renouvier, le système de la grâce nécessitante, étrangement transformé par la substitution du tout aux personnes et de la loi d'évolution à l'action divine[1]. »

C'est dans cette conviction de sa liberté, selon nous, que l'homme prend le plus complètement conscience de lui; Spencer, partant d'un à priori scientifique, ne s'est point demandé s'il était fondé à en tirer les conclusions qu'il en a tirées, alors qu'elles vont à l'encontre de l'affirmation de ce que Kant appelait la « raison pratique ». Il est inutile de dire que nous estimons qu'il ne l'était point. Pour les raisons que nous venons d'indiquer sous ces trois chefs généraux : la conscience, la composition de l'esprit et la volonté, nous ne saurions accepter les vues psychologiques de Spencer.

Il nous reste sous le titre de « questions préliminaires » à examiner une troisième question générale se rattachant plus étroitement à la méthode du philosophe anglais, encore que nous n'ayons nulle prétention à traiter de cette méthode d'une façon complète : s'il la fallait dans sa généralité nommer d'un mot, nous n'aurions guère que celui d'empirisme à notre disposition, mot qui désigne par malheur spécialement une méthode en psychologie, et ici nous avons en vue la méthode qui caractérise toutes les parties du système de Spencer aussi bien que les principes généraux sur lesquels il repose ; il nous parait que le mot d'*extério-*

[1] *Examen des principes de psychologie de H. Spencer,* par M. Renouvier, *Critique philosophique,* 7ᵉ année, 1878, Article 12, spécialement p. 394, 396.

risme, pour la barbarie duquel nous demandons excuse, désignerait le plus complètement possible cette méthode, indiquant que le point de départ réel de Spencer est extérieur au moi, et en même temps que notre philosophe juge des phénomènes et les explique toujours par leur côté extérieur ; on a pu voir, par l'exposé qui forme la première partie du présent travail, comment pour Spencer l'objet est bien le « réel » et comment tout vient de cette réalité extérieure[1]. Toutes les explications mécanistes et physiques nous ramènent à la nébuleuse primitive, de laquelle tout ce que nous pouvons observer est sorti par degrés. Nous n'avons point ici à parler de la métaphysique de Spencer proprement dite ; nous ne voudrions que montrer une conséquence de l'extériorisme, au seul point de vue de ce qu'on peut appeler « la loi naturelle », c'est-à-dire l'ensemble des lois qui régissent le monde dans sa totalité comme dans ses parties, lois immuables, et grâce auxquelles Spencer reconstitue le passé et prévoit l'avenir de notre humanité. La vérité ultime du système de Spencer, c'est la persistance de la force ; il faut y revenir constamment ; tout ce qui *est* dans l'univers manifeste cette force et sa persistance ; et les relations entre les êtres et entre les choses peuvent donc être considérées comme autant de manifestations de rapports entre les modes divers de la Force. « Ce que nous appelons uniformité de loi, qui peut se ramener… à la persistance des relations entre les forces, est un corollaire immédiat de la persistance de la force. La conclusion générale qu'il y a des connexions constantes entre les phénomènes, conclusion

---

[1] Au point de vue métaphysique cette méthode conduit au matérialisme comme nous verrons, et comme nous le pouvons prévoir maintenant déjà.

qu'on regarde d'ordinaire comme inductive seulement, peut réellement se déduire de la donnée dernière de la conscience. On peut croire que nous tirons la conclusion illégitime que ce qui est vrai du *moi* est aussi vrai du *non-moi*; mais ici cette conclusion est légitime... Ce que nous affirmons à la fois du *moi* et du *non-moi*, c'est ce que le moi et le non-moi, considérés l'un et l'autre comme des êtres, ont en commun[1]. » Ainsi l'on peut d'un point de vue philosophique considérer la loi naturelle comme uniforme, ou mieux toutes les lois particulières comme des transformations et des corollaires d'une même loi primitive; c'est là ce qui garantit le progrès continu en lequel Spencer a une foi si profonde, et ce qu'il appelle « une bienfaisante nécessité ».

Mais il est permis de se demander si une telle notion de la loi naturelle, c'est-à-dire de la loi de causalité physique, est légitime. Les phénomènes se présentent à nous comme hétérogènes; peuvent-ils, en conséquence, être régis par une loi identique en tous domaines? La loi-type ou loi naturelle est pour Spencer une loi physique, puisque c'est la persistance de la force qui est son principe dernier; or cette loi du domaine physique est ramenée à une loi purement mécanique : la permanence quantitative de la force; en identifiant ainsi le physique et le mécanique on fait abstraction de la qualité; en mécanique la force est envisagée sous l'unique rapport de la quantité; sa nature et sa qualité demeurent ou sont supposées demeurer identiques en tous les phénomènes; en physique il n'en est plus ainsi, la qualité diffère; ce n'est plus une force que l'on envisage, ce sont des forces. Comme le dit M. Cornu « en physique il n'y a pas seulement à se préoccuper de la

[1] *Prem. princ.*, IIe partie, chap. VII, § 65, p. 177.

quantité de l'énergie, mais encore de sa qualité[1] ». En passant des phénomènes physiques aux phénomènes chimiques, « cette catégorie » de la qualité ne fait que s'accentuer encore ; le chimiste a affaire à soixante-dix ou quatre-vingts éléments différents, et alors même que la réduction à une ou deux unités matérielles s'en pourrait opérer sous certaines conditions, l'hétérogénéité actuelle n'en serait point pour cela scientifiquement expliquée. Grâce à la théorie de l'action réflexe, les lois biologiques sont ramenées aux lois physico-chimiques ; l'action réflexe se résout à l'analyse en mouvements moléculaires et visibles et en combinaisons chimiques ; mais on fait abstraction de ce fait que cette action réflexe n'est point composée de mouvements quelconques, mais bien de mouvements qui favorisent la conservation et le développement de l'organisme en lequel ils se produisent ; sans doute l'action réflexe a une face physico-chimique, mais elle en a une autre non analogue à la première ; les phénomènes physiologiques présentent quelque chose comme une finalité ; « ce dernier élément est renvoyé, dit M. Boutroux, à la psychologie ou à la métaphysique ou même à l'inconnaissable ; et la physiologie se constitue en ne considérant que les phénomènes physico-chimiques. Mais cette séparation, qui était possible en chimie, l'est-elle encore en physiologie ? Il semble bien que cette adaptation victorieuse aux conditions d'existence, ce choix de moyens propres à assurer la persistance de l'individu, cette tendance à s'agrandir et à s'élever... fassent ici corps avec l'objet de la science ». Les lois psychologiques présentent aussi

---

Cité par M. Boutroux dans son cours sur *L'idée de loi naturelle dans la science et la philosophie contemporaines*. Paris, 1895, p. 54.

un élément nouveau : l'élément psychique ou conscient ; la psycho-physique traite bien des phénomènes psychiques comme de simples unités physiques, et cela grâce au fait que chaque phénomène psychique a un concomitant physique ou du moins que l'on part de cet axiome. Mais alors même que ce fait serait reconnu vrai on peut toujours se demander du point de vue métaphysique lequel du psychique ou du physique dépend de l'autre, et il n'en demeure pas moins que l'élément de conscience est irréductible à un simple changement physique. Enfin les lois sociologiques présentent ce facteur nouveau : l'activité humaine qu'on ne saurait éliminer sans partir d'un à priori évident.

En résumé, pour considérer toutes les lois observables en des domaines divers comme une seule et même loi transformée ou comme se ramenant toutes à une « loi naturelle » unique, il faut faire abstraction de l'élément spécifique qui caractérise précisément chaque domaine ; parler de transformation n'est point donner une explication, car une transformation d'éléments donnés ne suffit pas à rendre compte de l'apparition d'un nouvel élément ; et si l'analyse se trompe en affirmant un élément nouveau, comment le prouver, puisqu'une commune mesure n'existe plus entre les deux phénomènes, le phénomène avant la transformation et le phénomène après cette transformation ?

Notre conclusion est encore que Spencer envisage les sciences d'un point de vue extérieur uniquement, la quantité seule étant prise en considération dans le côté mécanique et physique des phénomènes ; c'est là pour nous partir d'un à priori que rien ne réclame et que la méthode strictement scientifique nous semble condamner ; bien plus, c'est, logiquement parlant, le premier pas qui conduit à la négation même de l'élément moral dans le monde des êtres conscients ; « la confusion systématique, dit M. Renouvier, de toutes les sortes de phénomènes, d'actions et d'agents, sous le nom de forces et relations entre les forces, ne saurait avoir la vertu de supprimer les idées les plus naturelles des hommes : il n'est donc pas sérieux de prétendre que la persistance entre ces relations, le déterminisme absolu... soit une idée dont le contraire ne peut pas réellement se penser[1] ».

Et la première conséquence qui nous paraît devoir se tirer de ces prémisses, c'est que, si nous n'admettons pas une même loi, identique pour tous les domaines de la nature, nous ne pouvons identifier les lois qui régissent la conduite humaine avec celles régissant les phénomènes physiques ; c'est dire que nous n'estimons pas ce que Spencer nomme les divers aspects de la conduite de valeur égale.

§ 9. La tendance moniste chez Spencer.

C'est à dessein que nous ne parlons pas « du monisme » de Spencer, mais bien de ses tendances monistes ; car si sa métaphysique prétend être moniste, ce n'est point dans ce domaine spécial que se manifeste surtout

---

[1] Nous ne pouvons ici, malgré toute l'importance de ce sujet, présenter que quelques remarques ; voir à propos de l'idée de loi naturelle ou du déterminisme dans la nature les deux ouvrages capitaux de M. E. Boutroux, *De l'idée de loi naturelle dans la science et la philosophie contemporaines*, Paris, 1895, et *De la contingence des lois de la nature*, 2ᵉ édition, Paris, 1895. La citation que nous donnons d'un passage de M. Renouvier est tirée de la *Critique philosophique*, année 1886, p. 330. Examen des *Premiers principes* de H. Spencer, article 8.

le besoin d'unité qui forme l'essence du monisme [1]. Il nous paraît qu'il y a dans la « philosophie synthétique » comme un double monisme : le monisme logique et le monisme métaphysique ; par le premier nous entendons la tentative d'unification de la connaissance qui est pour Spencer l'objet même de la philosophie, et à laquelle il arrive dans sa formule de l'évolution, proposition qui doit embrasser toutes les propositions scientifiques particulières ; par le second nous entendons sa réduction des existences réelles, spirituelles ou matérielles, à une seule existence, à nous inconnue, mais manifestée sous deux faces ; de ce second problème nous avons dit quelques mots déjà à propos de la question psychologique. En un sens toute philosophie est plus ou moins moniste, puisque le besoin d'unité, unité de l'être ou unité de la pensée, est au fond de toute philosophie ; mais dans la recherche du principe ou de la formule suprêmes les méthodes sont différentes et le principe lui-même diffère ; de là les diverses philosophies monistes qu'on rencontre dans l'histoire de cette philosophie.

Le but que poursuit le philosophe anglais dans l'œuvre à laquelle il a consacré la plus grande partie de sa vie, c'est la synthèse du savoir humain ; et pour atteindre à cette synthèse, il nous donne une sorte d'encyclopédie de sciences spéciales qui servent d'illustrations à la science générale ou philosophie ; « les vérités de la philosophie soutiennent... avec les plus hautes vérités scientifiques la même relation que celles-

[1] Le terme de « monisme » fut employé en premier lieu par Hamilton, par opposition à pluralisme ou dualisme. Nous entendons sous ce nom très général une doctrine qui ramène à l'unité d'un principe unique, quel que soit d'ailleurs ce principe, l'ensemble et la diversité des êtres, des phénomènes ou des notions.

ci avec les vérités scientifiques inférieures. De même que chacune des généralisations supérieures enveloppe et consolide les généralisations plus restreintes de sa section, de même les généralisations de la philosophie enveloppent et consolident les généralisations de la science[1] ».

En posant la question d'unification de la connaissance nous posons par là-même la question centrale de tout le système de Spencer; en nous demandant: Spencer a-t-il unifié vraiment cette connaissance? nous nous demandons quelle place il convient d'assigner à son système et quelle en est la valeur; ou plutôt nous nous poserions une telle question si nous avions à juger de l'ensemble de sa philosophie. L'examen des *Premiers principes* seuls nous amène à constater que la méthode employée par Spencer n'est pas une, mais qu'en plusieurs sens on peut parler chez lui d'unification; c'est là une faute selon nous, car si dans un même champ les méthodes diffèrent, comment encore parler d'unité dans les résultats? En passant en revue non pas tant les différentes méthodes elles-mêmes que leurs résultats, nous serons amenés à examiner les quelques points principaux de la philosophie de Spencer qui nous paraissent présenter des difficultés particulières, et parmi ces points son monisme métaphysique [2].

[1] *Prem. princ.*, IIe partie, chap. I, § 37, p. 117.
[2] Dans ce § 9 sur la tendance moniste chez Spencer, nous suivrons l'ordre général adopté par M. Guthrie dans les chapitres de son ouvrage traitant spécialement de cette question; nous renvoyons d'ailleurs pour une étude complète de ce qui fait le sujet de notre § 9 à l'ouvrage lui-même en son entier: *On Spencer's unification of Knowledge*, by Malcolm Guthrie, London, 1882, fort intéressant, très détaillé, bien que parfois un peu touffu. Nous ne nous en tiendrons pas d'ailleurs au seul travail de M. Guthrie dans les quelques remarques critiques que nous présenterons ici.

Nous rappelons ici que nous ne prétendons nullement présenter une critique complète de la philosophie moniste telle que Spencer l'a formulée, mais seulement en mettre en lumière quelques traits.

La première méthode que Spencer emploie pour unifier la connaissance est la *méthode mystique*. L'observation et l'analyse des phénomènes nous amènent toujours à un certain nombre d'idées générales, soit dans le domaine de la science, soit dans celui des croyances religieuses, qui pourraient se résumer en un seul mot : mystère ! Ces idées sont pour Spencer des symboles de ce que nous pouvons atteindre, de l'x dernier qu'il nomme Inconnaissable. Inconnaissable certainement quant à sa nature dernière ou métaphysique, mais que nous connaissons fort bien, toute la philosophie de Spencer en fait foi, par ses manifestations. Mais « si le pouvoir inconnaissable se manifeste et se conditionne complètement, alors le pouvoir inconnaissable est complètement connu dans ses manifestations, et celles-ci connues, il doit être ignoré »; faire intervenir un pouvoir mystérieux et dont on ne saurait rien affirmer scientifiquement ne nous apporte nullement une unification de la connaissance; c'est simplement du mysticisme ; M. Guthrie estime que « la reconnaissance d'un pouvoir inscrutable au-dessus de la science n'est... qu'une confession de défaite; si l'induction finit en la vague recognition d'un Pouvoir inscrutable, tout est bien et bon; cela doit avoir une valeur, mais cette valeur n'est certainement pas l'unification de la connaissance ». Avec M. E. Pace nous dirions volontiers que « l'inconnaissable peut limiter notre connaissance, mais qu'il ne peut la compléter ».

Mais l'Inconnaissable connu déjà, symboliquement il est vrai (et de cette restriction nous ne voyons guère la nécessité), par ses manifestations, l'est encore d'autre façon, puisque Spencer l'identifie avec l'absolu. Hamilton et Mansel, les deux métaphysiciens auxquels Spencer se rattache le plus étroitement, pensent tous deux que l'Absolu n'est concevable que par une négation même de la compréhensibilité, c'est-à-dire qu'en réalité il est inconcevable; mais inconcevable n'est pas pour eux synonyme de non-existant; leur croyance à l'absolu se fonde sur des besoins moraux auxquels ils estiment devoir donner satisfaction. Spencer, en vertu de ses à priori scientifiques, ne peut suivre ses maîtres en ce chemin, et d'autre part il doit reconnaître la validité de leur raisonnement au point de vue de la logique; mais il trouve une issue sur le terrain psychologique qui lui permet d'affirmer la réalité, le caractère positif de l'absolu [1].

Faut-il, se demande Spencer, croire à quelque chose au delà du relatif? Il y a des pensées qui sont par elles-mêmes complètes; il en est d'autres qui ne le sont pas, mais qui le peuvent devenir; d'autres enfin ne peuvent l'être, mais n'en sont pas moins réelles, parce que, dit Spencer, elles sont des états rationnels normaux; l'abstrait de toutes nos pensées, notions, représentations est une conscience vague d'un quelque chose inconditionné. « Nous pouvons, par des actes successifs de notre esprit, nous débarrasser de toutes conditions particulières et les remplacer par d'autres, mais nous ne pouvons nous débarrasser de cette substance indiffé-

---

[1] Voir la critique que fait Spencer de Hamilton et de Mansel, à propos de l'inconcevabilité de l'absolu, dans ses *Premiers principes*, Ire partie, chap. IV, § 26, p. 76 sq.

renciée de conscience qui est conditionnée à nouveau dans chacune de nos pensées. » Ce quelque chose, cette substance, c'est l'existence, le Non-Relatif, l'Absolu; mais non pas un absolu abstrait seulement; Spencer en fait comme une hypostase suprême qui n'est en réalité que la cause première de maint philosophe; elle apparait ici, grâce à ces termes d'inconnaissable, d'absolu, comme revêtue de voiles mystiques, ailleurs plus simplement comme cause physique; c'est en un mot le noumène ou le Dieu immanent du panthéisme. « Le noumène, nommé partout comme antithèse du phénomène, est pensé partout et nécessairement comme une réalité. »

Ainsi non-relatif, inconnaissable, absolu sont des termes que Spencer emploie indifféremment pour désigner la même chose; sans doute non-relatif et absolu sont verbalement synonymes, mais sommes-nous logiquement en droit d'affirmer que, parce que notre connaissance est relative, parce qu'elle arrive à un inconnaissable, il existe un absolu positif ? Nommer les êtres, c'est simplement les différencier, soit par groupes, soit par individus; lorsqu'un mot désigne une chose dans la totalité, il implique le reste de cette totalité; mais si le mot désigne cette totalité même, il ne peut impliquer comme corrélatif que ses constituants; si l'on parle de cette totalité en l'appelant relative, on entend cette relativité par rapport au penseur; les termes : monde, univers, existence, total, etc. ne peuvent avoir pour la pensée de corrélatif en dehors d'eux. Le corrélatif, par exemple, d'existence n'est point « non-existence », car la « non-existence » ne peut être un terme de conscience; ce corrélatif est une autre existence. « Corrélation est, dit M. Guthrie, un terme de différenciation plutôt que de ressemblance ; si les groupes sont si étendus qu'il n'y a pas de différenciation, il n'y a pas de termes corrélatifs. »

Ce que Spencer entend par relatif comprend toutes les choses connues et connaissables, toutes les expériences dont nous avons une conscience quelconque ; les mots univers et cosmos que souvent aussi il emploie désignent l'ensemble des existences ; dans les deux cas le contenu des mots est le même ; or le corrélatif des uns comme de l'autre est toute chose existante ; Spencer y voit comme corrélatif le non-relatif ou absolu, et comme les éléments de la pensée sont l'interne répondant à la réalité externe, il en déduit l'existence positive de l'absolu, absolu dit inconnaissable ; le corrélatif de relatif n'est point le non-relatif ou absolu, mais le corrélatif *(cum, relativus)*.

Que notre connaissance soit limitée de toutes parts, c'est ce que nul philosophe sans doute ne contestera, encore que nous croyions à la possibilité d'une connaissance d'un être non-relatif ; mais tirer de ce que Spencer nomme connaissance, c'est-à-dire d'un fait purement intellectuel, la croyance à l'existence d'un Inconnaissable réel, positif, nous paraît impossible ; il se glisse dans le raisonnement des idées métaphysiques qui viennent d'autres sources et qui, au point de vue strictement logique de notre philosophe, nous paraissent inutiles, sinon contradictoires. « Lorsque nous parlons du limité et de l'inconnaissance de limitation, nous parlons d'objectivités définies et non d'un inconnaissable, et la conversion d'une telle inconnaissance en un absolu est une faute de raisonnement [1]. »

Proclamer ainsi l'inconnaissable identique à l'absolu, c'est certainement du mysticisme ; or cette tendance mystique, inconsciente sans doute pour Spencer et qu'on

[1] *On Spencer's Formula of Evolution*, by M. Guthrie, p. 168.

ne trouve guère en d'autres parties de son œuvre, paraît peu en accord avec sa prétention d'être uniquement scientifique ; comment la concilier avec ce fait qu'en définitive la connaissance scientifique a pour type et pour base la connaissance des données mathématiques et physiques, ce qui nous paraît ressortir de tous les exposés du philosophe anglais? Relatif s'oppose à absolu lorsqu'on s'en tient aux mots ; si le non-relatif est proclamé positif, c'est parce que nous en avons conscience ; or nous n'avons et ne pouvons avoir conscience que du relatif ; philosophiquement nous ne voyons à ce problème aucune issue ; l'existence de l'absolu n'est plus une affirmation purement intellectuelle, mais une conviction religieuse.

Nous faisons ici mention de la méthode d'unification de la connaissance que M. Guthrie nomme *psychologique* et sur laquelle nous nous arrêterons peu, ayant eu occasion d'en parler déjà à propos de la théorie de la connaissance de Spencer. Cette méthode consiste en la réduction de tous les états de conscience aux deux agrégats du moi et du non-moi. « Si l'on part, dit Spencer, des... intuitions fondamentales acceptées provisoirement pour vraies, c'est-à-dire acceptées provisoirement comme étant d'accord avec toutes les autres données de la conscience, la démonstration ou la réfutation de cet accord deviennent l'objet de la philosophie, et la preuve complète de l'accord est la même chose que l'unification complète, qui est le but de la philosophie [1]. »

---

[1] *Princ. psychol.*, VIIe partie, chap. I, § 386. M. Guthrie se demande si partager l'humanité en hommes et en femmes pourrait s'appeler unifier la connaissance de cette humanité. Il ne lui paraît pas ; nous sommes de son avis.

Mais cette division des états de conscience en deux groupes, dont l'un s'appelle sujet et l'autre objet, la comparaison de ces états, résultant de l'externe, avec des données dites fondamentales, mais aussi résultant de l'externe, ne nous semblent pas être une unification de la connaissance. La sensation de résistance forme comme le substratum de la conscience pour Spencer ; l'Inconnaissable se manifeste donc à des degrés différents comme résistance ; mais l'on peut encore se demander, avec M. Guthrie, si « la formule : « toutes « les existences et leurs interrelations sont la ségréga- « tion de manifestations faibles et fortes de l'Inconnais- « sable, manifesté par les différents degrés d'impression « que nous appelons résistance », peut unifier toutes les vérités scientifiques inférieures »?

La *méthode métaphysique* qui a une étroite parenté avec la méthode mystique consiste à objectiver des abstractions ; on a pu voir d'ailleurs que l'abstraction est un procédé favori de Spencer, on pourrait presque dire le résumé d'un côté de sa méthode ; c'est par abstractions successives qu'on arrive aux vérités les plus générales qui embrassent toutes les vérités particulières. La matière, le temps, la force, etc., sont autant de notions abstraites dont Spencer fait comme des entités métaphysiques ; mais en raison précisément de leur caractère abstrait, il semble qu'on ne puisse argumenter des choses actuelles et réelles en les prenant comme points de départ ; « si les termes de la formule de Spencer sont de quelque usage dans l'unification de la connaissance, ce doit être en tant que termes généraux ou termes de totalité représentant des faits concrets universels. S'il faut faire des déductions de cette connaissance généralisée et abstraitement établie, ce doit être seulement une manière convenable et médiate de tirer des conclusions d'un grand nombre de faits concrets originaux ». C'est dire qu'une unification réelle de la connaissance demanderait comme condition préliminaire la connaissance de tous les faits, ce qui rend cette unification illusoire.

Plus encore que dans l'établissement de sa formule, la méthode métaphysique nous paraît dévoiler son insuffisance dans l'hypothèse de l'unité dernière à deux faces. Le matérialisme admet comme réalité unique et première la matière, l'idéalisme voit dans l'esprit le principe même des choses; Spencer se défend d'appartenir à l'une ou l'autre de ces tendances; pour lui subjectif et objectif, esprit et matière, âme et corps ne diffèrent pas essentiellement; au fond ils sont une même chose, de nous inconnue, que nous apercevons sous deux faces. Spencer traite d'ailleurs fort rapidement cette question; son point de vue positiviste ne le porte pas à de longues spéculations sur la nature métaphysique des choses. Cette explication ou mieux cette affirmation ne nous paraît avoir qu'une conséquence : reculer la question, car il n'en demeure pas moins, si le monde nous apparaît sous un double aspect, que la raison de ce double aspect n'est point donnée, et nous doutons qu'un esprit avide d'unité soit satisfait par l'affirmation de l'existence hypothétique d'une inconnue unique comme base du connu. —. Mais nous trouvons encore dans ce monisme d'autres difficultés : Spencer, nous l'avons vu en parlant de son réalisme èt de ce que nous avons nommé son « extériorisme », établit comme point de départ du processus d'évolution l'objectif; où est alors le subjectif? Il n'existe en fait pas encore, c'est à l'apparition seulement des êtres organisés et conscients qu'on peut parler d'un double aspect. Dans la cristallisation, par exemple, indépendamment d'un être sentant qui perçoit le phénomène physique, il n'existe aucun côté subjectif. Il suffit d'ailleurs de passer en revue les principaux faits qui illustrent les *Premiers principes* pour voir que Spencer nous présente le processus du monde sous un seul aspect. « L'explication cosmique, telle qu'elle est donnée par M. Spencer en termes physiques, est pleine et complète en elle-même ; elle a un double aspect parce que sa connaissance par le subjectif lui ajoute les sensations du subjectif... Mais la série de séquences qui constitue l'histoire cosmique, telle qu'elle est donnée par M. Spencer, est indépendante du subjectif[1]. » Si la théorie de l'unité dernière a un résultat, ce n'est point de conduire à l'unification de la connaissance, mais de fournir une preuve de plus de la relativité de cette connaissance. Et de plus devant cette inconnue à deux faces, solution du problème métaphysique, pouvons-nous demeurer satisfaits ? si nous laissons de côté la question du pourquoi de ces deux faces, une autre question se pose ou plutôt s'impose à la pensée, celle-ci résolue dans la pratique toujours, mais que le philosophe veut résoudre de façon théorique aussi : c'est celle de la valeur des deux aspects de l'unité dernière, c'est la question morale. Au fond « cette identité métaphysique, cachée, que le monisme affirme au sein de l'absolu entre esprit et corps est un pis aller auquel il recourt pour n'en pas rester à l'irréductibilité expérimentale, apparente au sein des phénomènes [2] ». La question métaphysique tranchée chez Spencer par le

---

[1] *On Spencer's unification of Knowledge*, M. Guthrie, p. 139.

[2] *Métaphysique et psychologie*, par Th. Flournoy, Genève, 1890, p. 50.

monisme nous paraît ainsi se ramener à la fois à une question morale, nous venons de le dire, et à une question psychologique : en un sens, en effet, nous ne connaissons que le subjectif, et l'objectif se présente comme la résultante du processus de la pensée ; au nom de quoi affirmer une seule et même réalité dernière ?

La *méthode physique* d'unification de la connaissance cherche le terme de la philosophie, ou la réponse aux questions posées par celle-ci, dans ce que Spencer appelle *la* Science. La donnée dernière, la suprême réalité dans tout le système de Spencer, c'est la force persistante ; il arrive à cette réalité par l'examen d'expériences en tous les domaines de la connaissance ; on sait d'ailleurs le rôle capital que joue la Force dans ce système. « Toutes les conclusions obtenues par le raisonnement, quelles qu'elles soient, doivent reposer sur quelque postulat... Si nous ramenons les principes dérivés à ceux de plus en plus larges d'où ils se déduisent, nous ne pouvons manquer d'arriver à la fin à un principe plus large que tous les autres, qui ne peut se ramener à aucun autre ni se déduire d'aucun autre... Ce principe, que nulle démonstration ne peut donner, c'est la persistance de la force[1]. » On peut reprocher à Spencer de n'avoir point donné, dans ses *Premiers principes*, une critique générale des idées de cause, de pouvoir, d'action, de force, etc., ce qui laisse à ces mots une

[1] *Prem. princ.*, IIe partie, chap. VI, § 61, p. 173. A côté de cette hypothèse physique de la force comme facteur unique, hypothèse destinée à unifier la connaissance, M. Guthrie mentionne ce qu'il nomme l' « hypothèse des 70-80 facteurs » ou hypothèse de la nébuleuse primitive. Et supposant même le point de départ admis, il se demande si le monde physique et organique se peut expliquer comme résultat du processus seulement de ces facteurs primaires.

signification plus ou moins indécise et peu scientifique. M. Renouvier estime que la « force » chez Spencer n'est qu'une synthèse confuse, alors qu'il aurait dû établir des distinctions entre : 1° la sensation musculaire et le sentiment de résistance éprouvé ; 2° l'idée de ce pouvoir mental que nous mettons en rapport avec les changements du monde extérieur ; 3° enfin, l'idée purement empirique d'une communication de mouvement lorsque des corps se rencontrent.

C'est en outre une erreur scientifique que de ramener les idées scientifiques dernières à cette idée de force, car la science positive ne connaît de la force que les effets et ne la mesure que par ces effets. La notion même de force vient, suivant Spencer, à l'homme de l'extérieur ; et là encore sa psychologie nous paraît être en défaut. Ce que la méthode mystique désignait comme inconnaissable, la méthode métaphysique comme unité à deux faces, la méthode physique le nomme force pure ; la force pure est le noumène de Spencer ; or c'est là une définition déjà ; Spencer fait d'une proposition physique une vérité métaphysique ; l'expression : noumène $= x$ se transforme et devient : noumène $=$ force infinie, évolutive et représente le *summum* de la connaissance.

Mais de cette vérité dernière comment avons-nous connaissance ? Appeler le sentiment de l'effort un symbole subjectif de la force objective est, selon M. Renouvier, une pétition de principe ; c'est, en effet, expliquer un mystère par un autre mystère ; la force musculaire, base et comme substance de toutes nos impressions et notions de force ou de pouvoir chez Spencer, loin d'être le principe philosophique de l'idée de force qu'elle n'expliquerait nullement, n'en est qu'une application ; la question demeure ainsi ouverte.

Force infinie, force absolue, dit Spencer, dont nous avons conscience comme éternellement présente ; d'elle nous ne pouvons affirmer que son existence réelle et l'impossibilité d'en connaître le caractère. A cela, M. Dauriac objecte fort justement, nous paraît-il, que si ce qui se conserve demeure inconnaissable, il est difficile de comprendre comment nous savons que cela persiste. La force pure et absolue est bien dans le système de Spencer un principe transcendant, mais s'il n'a rien de commun avec ces forces que nous connaissons en science, encore qu'on l'appelle aussi une force, comment sa persistance pourrait-elle expliquer quelque chose? En fait, si l'on y regarde de plus près, la force pure n'est nullement inconnue à Spencer ; les diverses forces que statuent les sciences se ramènent, selon lui, à la seule force mécanique, indifférenciée, et cette force mécanique, c'est réellement la réalité suprême. « Le principe de la conservation de l'énergie, dit M. Boutroux, est plutôt un moule de loi qu'une loi unique et déterminée. Toutes les fois que l'on considère un système fermé, il y a quelque chose qui s'y conserve. Ce quelque chose variera, selon que ce système sera conçu comme formé de forces mécaniques, ou physiques, ou chimiques ». Ou bien encore : « La formule à laquelle on s'efforce de ramener toutes les lois particulières du mouvement implique simplement la conservation de la force dans un système fini d'éléments mécaniques. Or, de telles notions ne dépassent pas la portée de l'expérience[1]. »

Pour Stuart Mill, la persistance de la force n'est qu'une simple induction empirique et nullement le principe

---

[1] Em. Boutroux, *De l'idée de loi naturelle dans la science et la philosophie contemporaines.* Paris, 1895, p. 56. *De la contingence des lois de la nature*, 2ᵉ édition, Paris, 1895, p. 53.

dernier duquel tous les autres se peuvent déduire ; l'importance à attribuer à ce principe est un point capital, on pourrait presque dire le nœud du système de Spencer; or, les sciences n'usent de ce principe de persistance de la force que dans des systèmes finis; Spencer, lui, en fait une formule absolue. La force pure est elle-même inconnue et inconnaissable, mais ses résultats sont connaissables ; la philosophie étant la synthèse de la connaissance, la force inconnaissable en doit être exclue, et lorsque Spencer parle de la force, il entend la « matière en mouvement », car selon sa formule de l'évolution matière et mouvement sont les seules fonctions de la force absolue [1]. La critique centrale à adresser à Spencer sur ce point, c'est qu'il y a chez lui confusion entre le point de vue physique et le point de vue métaphysique.

Grâce au fait que la persistance de la force représente l'idée directrice de la « philosophie synthétique », celle-ci se rattache à toute la série des systèmes panthéistes qui dominent dans l'histoire de la philosophie ; M. Renouvier voit dans l'évolutionnisme de Spencer un progrès sur les systèmes de l'antiquité dans son caractère plus abstrait et dans son faux air scientifique seulement. Et avec le même philosophe nous pouvons résumer en disant que l'établissement prétendu scientifique de l'unité et de la persistance de la force a son point de départ dans un théorème purement scientifique, celui de l'équivalence des forces physiques, comme dans « l'imagination transformiste ». Spencer prétend donner une démonstration de la validité de son principe à priori; en réalité, l'équivalence qui est affir-

[1] *On Spencer's Formula of Evolution*, by M. Guthrie. London, 1879, p. 90 sq.

mée en tous domaines repose sur le simple calcul des forces mécaniques.

Les observations présentées au sujet du principe de persistance de la force nous amènent à cette constatation, faite déjà, que Spencer ne tient aucun compte de la catégorie de qualité ; et c'est là partir d'un à priori que rien ne justifie. La persistance de la force est le principe qui aujourd'hui domine les sciences physico-chimiques ; mais il serait d'une philosophie impartiale d'examiner si ce même principe domine la science dans son ensemble, et pour cela d'examiner tout d'abord si l'on peut parler de la science à la place des sciences. Nous ne sachions pas que Spencer ait tenté de résoudre un tel problème, qu'il se soit même posé la question, et de cela d'ailleurs son système tout entier donne la raison. Spencer considère le monde que sa philosophie doit expliquer comme un système fermé, où la quantité demeure immuable ; la connaissance ne nous en paraît pas pour cela unifiée.

Mais, selon M. Guthrie, c'est la méthode dite par lui *supraphysique* dont Spencer use le plus souvent pour arriver à cette unification ; d'ailleurs entre la méthode et les hypothèses physiques et la méthode et les hypothèses supraphysiques, la différence nous semble minime, pour ne pas dire inappréciable ; la philosophie de Spencer est essentiellement une philosophie des sciences, on la pourrait définir : « un essai d'unification de données scientifiques diverses », et les sciences-types sont pour lui les sciences physiques [1]. La méthode supraphysique

---

[1] M. Guthrie compte dans ce qu'il nomme la « méthode supraphysique d'unification de la connaissance » jusqu'à six hypothèses ; parmi celles-ci les hypothèses des trois facteurs, celle d'un facteur

arrive à l'unification de la connaissance par l'établissement de la formule d'évolution ; plus encore qu'un monisme métaphysique, le système de Spencer nous paraît être un monisme de loi, la réduction des lois qui régissent toute existence à une loi unique : celle qu'exprime la formule de l'évolution ; nous ne pouvons ici considérer chacun des éléments de cette formule en détail ; nous nous contenterons d'en examiner un point ou deux spécialement importants [1]. Elle doit exprimer le processus général par lequel passe toute existence, l'histoire de tout agrégat ; or le premier point qui mérite de retenir l'attention est le point initial de ce processus : l'homogène, duquel tout doit sortir. Chercher à se représenter un homogène parfait, l'un non différencié absolument, est une tentative impossible ; l'homogène est inconcevable ; mais une philosophie complète doit partir de cet homogène ; Spencer en prétend en conséquence partir et, grâce à l'application de sa formule, fournir l'explication de tout ce qui constitue l'univers.

Ce sont là des mots ; l'homogène lui-même est un mot de sens relatif seulement ; en fait il désigne une sphère indéfinie d'unités semblables, animées de mêmes mouvements de rotation ou d'attraction et répulsion mutuelles ; car l'homogène, bien qu'homogène, c'est-à-dire simplement en un sens manifestation de la force, est déjà d'autre part matière et mouvement. Mais acceptons cette

et celle des deux facteurs [force, matière, mouvement] sont successivement examinées ; M. Guthrie montre les difficultés qu'elles soulèvent soit comme hypothèses uniques, soit comme devant s'accorder entre elles, et indique les questions qui se posent pour lui à leur propos. Nous ne pouvons entrer ici dans le détail de cette discussion.

[1] Voir sur la formule de l'évolution de Spencer l'ouvrage déjà mentionné de M. Guthrie, *On Spencer's Formula of Evolution*. London, 1879.

donnée première, l'homogène matière en mouvement, comme point de départ; dans un agrégat vraiment homogène les mouvements aussi doivent être homogènes, et chaque unité, après avoir été déplacée dans un sens, doit revenir à son point de départ après un temps plus ou moins long et l'homogène en fait le demeurera; il faut, selon l'opinion de M. Guthrie, au parfaitement homogène ajouter au moins la force de gravitation qui attire les corps les uns vers les autres ou une force par laquelle l'attraction de la matière surpasse la répulsion, pour expliquer la formation d'agrégats au sein de l'homogène et la différenciation de cet homogène; pour Spencer son instabilité, qui résulte de sa nature même, est le point de départ et la cause de tout processus; mais c'est là précisément que le philosophe anglais nous paraît être dans le faux : les termes d'homogénéité et d'instabilité sont contradictoires et ne peuvent être unis de la manière que fait Spencer; homogénéité suppose équilibre; parler d'un homogène instable n'est qu'une manière de dire: un hétérogène. « Notre conclusion est que, comme matière de pensée et argument, l'instabilité de l'homogène ne se peut déduire comme corollaire de la persistance de la force, c'est-à-dire de la constance de la quantité de matière en mouvement. Et puisque tous les changements subséquents de l'évolution sont dépendants de celui-là, aucun autre changement ou aucune caractéristique de l'évolution n'est un corollaire logique de la persistance de la force [1]. »

Si nous partons d'un homogène réellement tel, il nous faut, pour passer à l'hétérogène, une action ou un principe extérieur à l'homogène; et si nous nous plaçons à

---

[1] *On Spencer's Formula of Evolution*, p. 120.

un point de vue purement abstrait, nous pouvons dire que l'hétérogène est principe du processus d'évolution au même titre que l'homogène ; le point de départ est en réalité « une masse avec un commencement en elle » ; c'est un « système fermé » et non pas absolu, infini ; de cet homogène qui se refuserait à toute définition, car définir c'est différencier, la pensée de Spencer, on le sent, passe à l'idée de la nébuleuse ; les deux notions se confondent et finissent par s'identifier ; or une nébuleuse est déjà l'hétérogène, car elle se compose de soixante-dix à quatre-vingts éléments, à l'état gazeux il est vrai, ce qui donne à la masse l'apparence d'homogénéité ; mais le principe de différenciation entre les éléments doit se manifester plus tard ; il existe en puissance. Des mots ne suffisent pas à rendre compte de la différenciation des éléments divers ; nous ne voyons chez Spencer qu'une explication purement verbale ; l'évolution ne nous paraît pas rendre compte du premier stage de progrès ! Or ce premier pas est le plus important puisque de lui dépendent tous les autres ; et M. Guthrie estime qu' « elle ne rend pas compte de la loi de gravitation vers un centre... non plus que de l'existence et de la distribution des nébuleuses formées d'éléments mêlés ».

Ayant l'homogène pour point de départ, le processus d'évolution ou l'intégration de la matière et la dissipation du mouvement doit expliquer l'apparition et l'existence de tout ce qui compose l'univers ; intégration de matière, dissipation de mouvement résument toute la formule de Spencer ; mais cette formule a un caractère si général, si abstrait que, si elle convient à tout agrégat, elle ne laisse subsister aucun caractère spécifique. Elle suppose l'hypothèse du transformisme, qui appartient au domaine spécial des sciences biologiques, étendue à toutes les sciences, ce qui n'est nullement justifié ; le système de Spencer représente une forme scientifique des idées de continuité et d'identité ; or la réalisation concrète de ces idées dans la nature, nous l'avons vu en partie déjà, présente une série de difficultés insurmontables dans l'état actuel des connaissances et qui paraissent même le devoir rester toujours. Faire sortir la vie de l'évolution purement inorganique, expliquer le psychique comme résultat du purement physiologique, la sensation comme venant d'un simple choc nerveux moléculaire, rendre compte de la conviction de la liberté par une décharge nerveuse peuvent être autant de manières de sauvegarder un à priori philosophique, mais qui n'en laissent pas moins subsister des solutions de continuité pour un analyste impartial [1].

M. Guthrie, parlant de la formule de l'évolution développée, s'exprime ainsi : « L'évolution... apparaît comme une évolution de mots seulement. Elle est une sorte d'échelle de demi-synonymes. L'escalier par lequel nous montons de l'inorganique aux plus hautes formes de la vie est fait de mots qui accolent des processus biologiques et chimiques. C'est un schéma fondé sur la fragilité du langage ; complexe est enveloppé par organique, organique par sensitif, sensitif par vital, et ainsi nous arrivons à la vie ; classe ou degré est enveloppé par type ; combinaison complexe est appelée génération, plus grande complexité ou sensitivité, et génération désigne l'apparition des types supérieurs. Alors il y a adaptation à l'environnement et changement corres-

---

[1] Voir à ce sujet le travail du professeur E. du Bois-Reymond, *Die sieben Weltrœthsel*. Leipzig, 1891.

pondant de structure; et par génération de nouveau nous arrivons à l'hérédité et à l'établissement d'êtres vivants hautement organisés, et à l'expérience organisée [1]. »

Nous l'avons dit déjà à propos d'un domaine spécial : Spencer établit cette réalité du transformisme grâce à des hypothèses dont il fait des dogmes et qu'il présente comme vérités scientifiques indiscutables ; c'est ici surtout que nous le pourrions répéter alors qu'il s'agit de l'ensemble de son système. C'est avec raison que Ch. Secrétan a pu dire que ce système, qui plus que tout autre peut-être prétend à la rigueur scientifique, est « le triomphe de l'à priori ».

Il nous reste à examiner une dernière méthode, celle classée par M. Guthrie sous le titre de *méthode symbolique*. La matière, le mouvement, la force, éléments derniers dont est constituée la formule de l'évolution, ne désignent que des symboles de ce pouvoir que Spencer appelle l'Inconnaissable ; la formule elle-même exprime des relations entre ces éléments ; nous ne savons ce qu'ils sont quant à leur nature, et nous pourrions avec autant de raison les nommer x, y ou z. Voici comment Spencer envisage les termes antithétiques de matière et esprit : « Nous ne pouvons penser la matière que dans les termes de l'esprit. Nous ne pouvons penser l'esprit que dans les termes de la matière. Quand nous avons poussé nos analyses de la première jusqu'à la dernière limite, nous sommes ramenés au second pour obtenir

---

[1] *On Spencer's Formula of Evolution*, p. 58. M. M. Guthrie donne le tableau de cette « échelle de demi-synonymes » par laquelle Spencer prétend unifier la connaissance, tableau intéressant comme illustration de l'idée de continuité chez ce philosophe. Voir p. 59.

une réponse finale ; et quand nous avons obtenu la réponse finale du second, nous sommes ramenés de nouveau à la première pour l'interprétation de cette réponse. Nous trouvons la valeur de x dans les termes d'y ; alors nous trouvons la valeur d'y dans les termes de x, et ainsi de suite nous pouvons continuer à jamais sans nous rapprocher de la solution [1]. » Stuart Mill considère ce semblant de méthode algébrique, cette référence aux termes de x, y, z comme le non plus ultra de l'absurdité !

Et, de fait, la méthode symbolique nous paraît plus propre à faire naître des difficultés qu'à en faire disparaître ; mouvement et matière sont donc des conceptions symboliques ; en parlant d'intégration de matière, de dissipation de mouvement, nous avons donc en vue une intégration, une dissipation de symboles ; et les mots intégration et dissipation de la formule d'évolution ne sont-ils pas en un certain sens des conceptions symboliques ? Cette formule, qui doit représenter la plus haute vérité connaissable, devient quelque chose d'abstrus et d'incompréhensible. Si Spencer entend véritablement par intégration de matière l'intégration de quelque chose simplement symbolisé et qui nous doit demeurer à jamais inconnu, alors avec M. Guthrie nous pouvons dire que le dernier mot de la formule de l'évolution est non pas unification de la connaissance, mais : igno-

---

[1] *Princ. psychol.*, Ve partie, chap. X, § 272, p. 682. « Nous avons montré à satiété, dit encore Spencer, et en tous sens que les vérités les plus hautes que nous puissions atteindre ne sont que des formules des lois les plus compréhensives de l'expérience que nous avons des relations de Matière, de Mouvement et de Force ; et que la Matière, le Mouvement, la Force ne sont que des symboles de la réalité inconnue. » *Prem. princ.*, IIe partie, chap. XXIV, § 194, p. 497.

rance ; « si par matière nous entendons nous ne savons quoi et par mouvement nous ne savons quoi, mais certainement pas la matière et le mouvement... alors nous avons une théorie qui peut être suffisante, mais qui est absolument inintelligible ».

Mais quel rôle doit au juste jouer cette réduction de réalités à des symboles ? Spencer prétend ramener des symboles complexes à de plus simples, et par là simplifier notre connaissance. En fait nous retrouvons toujours les mêmes procédés d'abstraction d'abord, puis d' « objectivation » des derniers abstraits ; et si le symbole désigne pour Spencer une chose absolument inaccessible, que nous importe la réduction de x à y et de x et y à z : nous demeurons devant l'inconnu, et simple ou complexe le symbole n'en demeure pas moins symbole : que signifient d'ailleurs, nous nous le demandons, des symboles plus ou moins complexes ?

Et maintenant, si nous nous posons la question : l'unification de la connaissance est-elle atteinte par les méthodes ou par l'une des méthodes employées par Spencer ? nous pouvons répondre pour ce qui nous concerne : il ne nous le paraît pas. Nous croyons voir des semblants d'unification, non une unification réelle : Spencer discerne entre plusieurs processus, en des domaines différents, un certain parallélisme ; tirant pour ainsi dire le caractère commun de ces processus, il le généralise : mais de ces processus il n'explique pas le devenir d'une commune origine. L'unification, quand on y regarde de près, se fait de façon toute formelle ; les *Premiers principes* en donnent des preuves nombreuses : pour caractériser l'évolution en général, il y a répétition des analogies et des harmonies que présentent les divers processus, les traits spécifiques sont comme estompés ;

l'auteur renvoie souvent à la formule de l'évolution, formule qui, nous l'avons dit, nous apparaît comme si abstraite et si générale qu'elle est pour ainsi dire non seulement au-dessus, mais en dehors de toute existence réelle.

C'est par cette formule surtout que se doit faire l'unification de la connaissance puisqu'elle résume cette connaissance. Trois facteurs sont d'abord établis, puis matière et mouvement apparaissent seuls dans la formule définitive; ce qui fait le caractère essentiel de cette dernière, c'est la concomitance de l'intégration et de la dissipation; mais la formule n'est appliquée que partiellement, car le passage de l'homogène à l'hétérogène devient l'essentiel, et ce passage est, comme nous l'avons dit, le point inexpliqué, sinon inexplicable.

En outre, l'usage fréquent du mot intégration donne parfois un semblant d'unification; ce mot résume le côté principal de l'histoire de chaque agrégat, comme le côté positif; et lorsqu'on a parlé d'intégration, il semble qu'on soit dans l'évolution, alors qu'on n'en considère en fait qu'une partie et qu'on laisse la dissipation concomitante de côté. En résumé, l'unification de la connaissance, but de la philosophie d'après Spencer, demanderait des preuves solides qu'il ne fournit pas; s'il y a unification, elle est dans les mots seulement et dans une certaine interprétation donnée aux mots, ce qui est scientifiquement fort insuffisant.

Mais le « système de Spencer » se rattache à l'une des grandes tendances philosophiques qui sont les types de classification des systèmes; son ontologie ou sa métaphysique est un monisme qui statue une réalité dernière inconnaissable et apparaissant sous deux aspects. En réalité cette opinion, qui n'est qu'un scepticisme déguisé et comme une fin de non-recevoir devant la question métaphysique : qu'est-ce que l'être ? n'est pas le fond de la pensée de notre auteur, si nous en jugeons du moins par l'ensemble de son œuvre et non par les quelques passages seulement où il aborde cette question. Il se défend, il est vrai, de matérialisme comme de spiritualisme : « ... Les raisonnements qu'on peut suivre dans les pages précédentes, dit-il à la fin des *Premiers principes*, ne fournissent aucun appui à aucune des hypothèses rivales sur la nature ultime des choses. Ils n'impliquent pas plus le matérialisme que le spiritualisme, et pas plus le spiritualisme que le matérialisme. » Nous accordons que Spencer n'identifie pas matière et esprit, mais plutôt mouvement et esprit ; le mouvement nous apparaît d'ailleurs comme aussi mystérieux en sa nature que l'esprit lui-même et nous avouons n'apercevoir aucune parenté entre le mouvement proprement dit et l'esprit. Le fait qui s'impose à nous, c'est que la formule de l'évolution comprend les termes de matière et de mouvement seuls et que l'explication que Spencer tente de l'évolution ou existence universelle est donnée en termes de matière en mouvement. Malgré le mystère profond qui plane sur ces deux mots que nous croyons connaître et qu'en fait nous ignorons, ce sont les termes essentiels de tout système matérialiste et mécaniste. Spencer répugne à ce titre de matérialiste parce que le mot matière éveille l'idée grossière de masses visibles agissant les unes sur les autres ; il n'est en fait nullement nécessaire que la matière et le mouvement soient sensibles et mesurables pour être matière et mouvement. Le fond de l'être est pour Spencer l'inconnaissable ; c'est en réalité la cause première et cette cause première se donne à connaître comme force; or, la force en science se ramène aux notions de matière en mouvement; nous ne saurions voir autre chose dans la métaphysique de Spencer qu'une tendance matérialiste. La psychologie très nettement sensualiste de Spencer, sur laquelle nous n'avons pas à revenir, sa théorie de la nébuleuse transformée pour ainsi dire en hypothèse métaphysique chargée de rendre compte de tout : vie, sensation, conscience, etc., sa terreur enfin de toute finalité, nous semblent autant d'arguments qui viennent fortifier cette opinion que la métaphysique de l'évolution est bien plutôt le matérialisme que le monisme.

Ou bien, s'il n'en est pas ainsi et si, comme le philosophe anglais le prétend, matière et mouvement ne sont que des idées symboliques, alors il parle comme un pur idéaliste ou plutôt comme un immatérialiste dont le système n'est plus, selon l'expression de M. Renouvier, « qu'une sorte de fantômatisme scientifique ». — « Spencer ignore, dit encore le philosophe français, le point fondamental définitivement acquis à la fois pour l'école apriorique et pour l'école empirique, je veux dire la radicale différence à constater entre les phénomènes mentaux, qui sont des objets d'aperception directe, et les phénomènes matériels externes, qui ne sont perceptibles que par l'entremise des premiers; et il ne se rend pas compte de la portée de sa propre opinion sur la nature symbolique, en d'autres termes, mentale, de cet objet phénoménal externe qu'on généralise sous les noms de matière et de mouvement[1]. »

[1] *La critique philosophique*, année 1886, p. 352.

CHAPITRE V.

Le point de vue moral.

§ 10. Les notions de la morale chez Spencer.

« Il nous arrive trop souvent d'oublier non seulement qu'il y a une *âme de bonté dans les choses mauvaises*, mais aussi qu'il y a une âme de vérité dans les choses fausses », ainsi parle H. Spencer lui-même. « Toute doctrine, dit à son tour M. Guyau, œuvre sincère de la pensée humaine, doit renfermer une part de vérité. Critiquer, c'est simplement montrer que cette partie de la vérité n'est pas le tout [1]. » En nous rappelant cela, nous voudrions, dans ce chapitre nouveau, chercher à montrer quelle est pour Spencer la notion de la morale, quelles sont les notions morales capitales dans son système et en quoi elles nous paraissent insuffisantes, c'est-à-dire ne répondant pas à ce que nous estimons être en droit d'attendre d'une morale.

Il faut reconnaître dès l'abord que Spencer a compris l'importance de cette science parmi les autres sciences, puisqu'il en fait le couronnement et l'achèvement de

---

[1] *Prem. princ.*, Ire partie, chap. Ier, § 1, p. 1. — *La morale anglaise contemporaine*, par M. Guyau. Paris, 1879, p. 185.

toute sa philosophie ; sans doute, cette importance apparait de façon plus formelle, estimons-nous, que réelle ; elle n'en est pas moins reconnue. Mais la question première qui se pose en abordant ce nouveau terrain dans l'œuvre de Spencer est celle-ci : Comment le philosophe va-t-il établir sa morale ? Sur quelles notions reposera-t-elle ? Les notions que lui peuvent fournir les autres sciences seront-elles suffisantes pour l'établissement d'une morale ? Quels seront ses caractères généraux en un mot ? — La morale, au sens le plus compréhensif qu'on puisse donner à ce terme, est la « science de la conduite[1] » ; or la conduite elle-même comprend l'agrégat des actions d'un organisme en vue d'une fin ; elle n'est que le résultat de l'évolution générale, et Spencer ne l'étudie que comme telle ; le point de départ en est donc aussi objectif que celui des autres sciences ; Spencer, pourrait-on dire, envisage « la conduite » dans le passé de l'humanité, il y constate un développement rythmique, et grâce à cet à priori que tout est produit et manifestation d'une force extérieure au sujet, grâce à sa foi en la persistance de cette force, il est assuré d'un développement moral subséquent. Sa notion de la morale est celle d'une science purement *descriptive*, la morale n'ayant aucun droit à être considérée d'autre façon qu'une autre science quelconque. Si nous revenons à la définition de la morale par Spencer, nous remarquons que le mot science de la conduite peut se prendre en

[1] M. S. Alexander reproche à Spencer d'employer le mot de morale, « Ethics », d'une façon ambiguë, tantôt désignant par là la conduite actuelle, tantôt la pensée morale seulement, sans l'action, tantôt la science de la conduite proprement dite. — Ici, comme bien souvent du reste, il manque une définition au point de départ. — V. Mind, *New Series*, vol. II, année 1893, p. 102 sq., dans les *Critical Notices*, article sur le volume I des *Principles of Ethics*.

deux sens différents : ou bien c'est la science décrivant ce qu'a été et ce qu'est la conduite en général ; ou bien c'est, comme on l'entend communément, la science établissant ce que la conduite doit être. Spencer admettrait certainement ces deux définitions dont il cherche à faire la synthèse, car pour lui, c'est par ce que la conduite a été qu'on peut dire ce qu'elle doit devenir. Il reconnait plus ou moins cette distinction entre la morale descriptive et la morale que nous pourrions appeler « dynamique », c'est-à-dire agissant sur l'homme directement, dans sa séparation entre morale relative et absolue ; la première donnant ce qui est, la seconde ce qui doit être. Mais qu'on ne s'y trompe pas : il y a dans ce terme de devoir une ambiguïté : il désigne le futur et non pas l'obligation ; et la morale de Spencer, quelque paradoxal que cela puisse paraître, demeure morale descriptive ou morale mécanique alors même qu'elle décrit un état qui n'existe pas encore, mais qui doit être atteint. Nous ne pouvons, pour notre part, admettre ce caractère relatif de la morale qui ne conduit à rien moins qu'à la négation de cette dernière ; la morale est pour nous l'absolu, nous la définirions volontiers : l'absolu au sein du relatif.

Pour Spencer, la morale doit se ramener à des données physiques et mécaniques ; or, par cette réduction, nous l'avons vu déjà pour d'autres sciences, l'élément spécifique, l'élément que précisément nous nommons ici « moral » est éliminé ; et l'importance de cette élimination est plus grande encore en ce domaine que dans celui des autres sciences. « Le but dernier de toute morale, ce doit être de communiquer à ceux qui l'acceptent la puissance pratique la plus étendue et la volonté la plus forte, ou, selon une expression à la fois familière et profonde, de les moraliser [1]. » Une morale vraiment morale doit rendre moral, elle est ce que nous appelions plus haut : morale « dynamique » ; quand il s'agit de ce domaine des préceptes et des lois d'action, l'intelligence n'est plus seule juge des systèmes ; la volonté a mission pour les apprécier et cela en prenant comme norme le degré de puissance qu'ils lui confèrent. Comment à cet étalon apprécier la morale évolutionniste ? En montrant partout l'action des forces permanentes agissant selon la « loi naturelle », en faisant pour ainsi dire réellement abstraction de ce qui constitue l'homme, en mettant à la place de celui-ci les résultats accumulés des influences du milieu, de l'hérédité, etc., cette morale fortifie les instincts, mais elle diminue la volonté ; par sa conception même de la volonté elle tend à sa négation. « C'est en vain, dit fort justement M. Guyau, que l'évolutionnisme veut pousser l'être moral par derrière vers le bien. » — « La vraie moralité ne doit pas être en moi la trace du passé, mais la divination de l'avenir ; me désintéresser n'est pas une habitude que je reçois, mais une seconde nature que je dois me donner. » La morale seulement descriptive est une morale insuffisante.

Mais d'où vient ce premier caractère ? Si la morale de Spencer n'est que descriptive, c'est parce qu'elle ne veut être que scientifique ; en opposition aux systèmes de morale métaphysique ou religieuse, elle prend sa base dans les sciences. Il est permis à ce propos de se demander si l'on peut établir une morale en demeurant strictement scientifique ou mieux phénoméniste ; la question vaut la peine en tous cas d'être tranchée autrement que par un pur à priori. Tout progrès dans

---

[1] Guyau, *La morale anglaise contemporaine*, p. 114.

les sciences revient pour Spencer à une reconnaissance plus complète de la causation ; en morale il n'en va pas autrement, la « loi naturelle » doit être partout reconnue. En fait, la morale évolutionniste de Spencer repose sur les idées éminemment scientifiques d'évolution, d'adaptation et de sélection ; mais son auteur méconnaît, comme le fait observer M. Guyau, que la science morale a deux parties : une partie physiologique et psychologique, et une partie proprement morale ; une qui est la constatation de faits, l'autre qui prépare d'autres faits ; cette remarque nous ramène d'ailleurs à l'opposition établie déjà à propos du caractère descriptif de la morale évolutionniste, opposition entre morale statique et morale dynamique. Car « autre chose est d'analyser le passé, autre chose de produire l'avenir » et avec M. Guyau encore, quoique sans doute dans un sens un peu différent de celui qu'il donne à ces mots, nous croyons que « la morale a précisément pour principe et pour objet l'au-delà de la science ».

A premier examen, bien que non à priori, la notion d'une morale scientifique telle que l'entend Spencer est donc pour nous insuffisante. Mais il importe de scruter davantage cette notion en examinant en quoi consiste ce caractère scientifique dans ses traits plus particuliers. La tâche que Spencer se fixe à soi-même, c'est de « séculariser la morale » ou d' « établir des règles de conduite sur une base scientifique » ; cet établissement semble à Spencer impérieusement réclamé par la situation actuelle : « Aujourd'hui que les prescriptions morales perdent l'autorité qu'elles devaient à leur prétendue origine sacrée, la sécularisation de la morale s'impose. » Mais dans cette notion : « base scientifique » de la morale il y a une certaine ambiguïté ; les écrivains anglais du « point de vue évolutionniste » ou de « l'école associationniste » entendent en général par tractation « scientifique » de la morale une recherche des lois suivant lesquelles les croyances et les sentiments éthiques sont apparus. Or M. Sidgwick, pour citer un écrivain de l'école anglaise, estime une telle recherche parfaitement légitime comme branche de la psychologie ou de la sociologie; mais il faut reconnaître qu'elle ne donne pas en général de l'autorité aux faits dont elle explique l'origine et les causes, au contraire. « Une explication scientifique, dit l'auteur que nous mentionnons, qui prétend établir une morale doit faire plus que de montrer les causes des croyances morales existantes; elle doit montrer que ces causes ont agi d'une manière telle que de rendre ces croyances vraies. M. Spencer n'y atteint pas, parce qu'il n'admet pas l'autorité finale des croyances morales existantes [1]. » Ainsi, de l'aveu même d'un représentant de l'utilitarisme anglais, la tendance scientifique de la morale de Spencer ne suffit pas à en faire une morale [2].

Nous parlons de base scientifique ! elle est, cette base, formée par des données de la biologie, de la psychologie, de la sociologie; mais quel est, à vrai dire, leur rôle? Ces sciences nous donnent en premier lieu une fin suprême : le terme auquel tendent toutes les actions

---

[1] Mind, vol. V, année 1880, p. 216 sq. *Mr. Spencer's ethical System*, by Henry Sidgwick.

[2] Une fois encore nous sommes ici ramenés à cette opposition d'une notion de la morale qui soit vraiment morale, par quoi nous entendons qui porte avec elle sa sanction et son obligation, et d'une autre notion de morale purement descriptive. Nous n'estimons pas cette répétition inutile, parce qu'elle nous paraît accentuer l'insuffisance de la morale évolutionniste ou mieux de ce qu'on appelle « morale » dans l'évolutionnisme.

humaines; puis, le moyen d'arriver à ce terme : la conduite. Mais, car il importe de ne pas oublier les prémisses scientifiques desquelles nous sommes partis, peut-on parler de fin au sens moral lorsqu'à cette fin on tend nécessairement? Et la connaissance des moyens par lesquels nous devons arriver à ce terme importe réellement bien peu à qui se sent, comme Spencer, dépendant d'une « bienfaisante nécessité ».

Si la base est scientifique, la méthode l'est aussi. On sait que Spencer se rattache directement à l'école morale des Bentham, des J. Stuart Mill, etc., dont le point de vue moral est l'opposé de celui de l'école à prioriqué. M. Guyau établit une antithèse entre la méthode inductive et la méthode intuitive ; la première conduisant à la morale naturaliste, la seconde à la morale idéaliste ; il va sans dire que Spencer se range dans la première catégorie. Toute morale se compose de deux parties ; l'une, partie générale, où les principes sont établis; l'autre, où l'on tire les conséquences et qui constitue le code moral proprement dit; tout l'effort de la discussion entre moralistes porte aujourd'hui sur la question des principes, l'accord étant à peu près général sur le code moral lui-même, accord théorique du moins. Il est étrange cependant que partant de principes différents on arrive ainsi à des conclusions pratiques semblables; cela nous paraît mettre ce fait en lumière : en réalité c'est l'expérience qui donne les règles véritables de morale, et ce que nous nommons les « principes » n'est le plus souvent que des présuppositions tirées de certaines expériences.

Le principe premier sur lequel repose toute la morale de Spencer comme tout son système est une nécessité physique, c'est la loi de persistance de la force, résultat d'une induction. Au point de vue purement abstrait c'est le principe de la persistance de l'être, base de la morale panthéiste de Spinoza; or, chez Spencer, toute conservation ou persistance est une évolution; l'évolution se présente comme le mode général de l'existence, c'est l'idée que Spencer ajoute à la morale de Spinoza; il en est d'ailleurs si rapproché qu'on a pu le nommer un « Spinoza positiviste ».

Entre les deux morales : naturaliste et idéaliste, ou mieux inductive et intuitive, la différence est précisément dans ce qui constitue le caractère spécifique du « moral »; pour la morale inductive ou scientifique, c'est le principe de nécessité; pour la morale intuitive, c'est celui d'obligation; et le désaccord se réduit, au fond, au genre de nécessité du principe moral, car les deux morales reconnaissent implicitement que l'homme est naturellement soumis à une loi. « Les uns voient (dans cette nécessité) une simple nécessité de fait, par conséquent une nécessité physique; les autres y voient une nécessité de droit et de devoir, une nécessité proprement morale. » En parlant de méthode inductive ou intuitive nous parlons donc uniquement de la manière dont nous atteignons au principe dernier qui forme la base de la morale.

Il faut de toute nécessité, l'histoire de l'éthique le prouve surabondamment, un point fixe auquel rattacher le principe moral qui est le centre d'un système; or, ce point fixe est un fait d'expérience universel ou prétendu tel : c'est la conscience de l'utilité ou le sentiment du devoir. Pour la morale anglaise, la marche par laquelle elle arrive à son principe général dernier est à peu près la suivante : c'est un fait d'expérience que le bonheur est désiré de tous ; ce désir n'est qu'un résultat de lois naturelles; il sera donc comme le premier anneau auquel se rattachera la morale. Le bonheur, ou l'utile, ou le plaisir, peu importe de quel nom on le nomme, est l'effet à produire, le but à atteindre; la conduite est la cause ou le moyen; l'idée de nécessité venant des sciences physiques et mathématiques s'introduit dans la science morale sans que le moraliste se demande si cette idée n'est pas la négation même de tout caractère moral de l'action. Par la méthode inductive, Spencer s'élève peu à peu à des généralisations scientifiques toujours plus vastes; si bien qu'au terme de cette marche ascendante, on arrive à une synthèse qui doit envelopper tous les phénomènes et atteindre au fond même des choses; ce que l'homme appelle conscience apparaît comme un « résidu » de la conscience universelle ou des lois de l'univers; l'homme est un « microcosme »; et le désir de bonheur qu'on trouve chez tout individu n'est qu'une manifestation de cette persistance dans l'être, expression synonyme de permanence de la force.

En établissant ainsi sa morale, Spencer fait abstraction de tout élément métaphysique; son Inconnaissable, bien que reconnu en principe, est relégué si loin qu'il ne peut avoir aucune influence dans la détermination des activités humaines. En est-il ainsi dans la réalité ? A quiconque affirmerait que cet Inconnaissable, pour lui laisser son anonymat scientifique, a part dans nos décisions, à qui prétendrait que le principe si vague et si abstrait de l'évolution nécessaire de l'être ou de persistance dans l'être n'est point suffisant comme principe de la morale, Spencer sans doute répondrait qu'il se trompe, qu'il est victime d'une illusion à lui léguée par ses ancêtres; nous ne pensons pas que son argumentation allât beaucoup plus loin que cette affirmation. Car en définitive, la question ultime en morale se réduit à une affirmation, à un choix pratique, choix que la pensée cherche ensuite à justifier, tant il est vrai que toute tractation d'une morale exige d'abord un acte moral, comme si nous devions reconnaitre sa souveraineté avant d'oser lever les yeux sur elle.

Partant d'une donnée absolue, Spencer, au lieu d'user d'une méthode purement empirique comme fait l'utilitarisme général, se propose « de vérifier les relations nécessaires entre les actions et leurs conséquences, et ainsi de déduire de principes fondamentaux quelle conduite doit être désavantageuse et quelle autre avantageuse ». L'ensemble de ces règles obtenues par déduction forme un code idéal, code d'une société également idéale. C'est la morale qu'il nomme « morale absolue » donnant les règles de conduite d'êtres sociaux parfaitement adaptés ; mais la société actuelle est loin encore de cet idéal qui plane sur tout le système de Spencer comme une bienfaisante promesse, et son code moral est nécessairement, au moins en partie, empirique : c'est la morale relative. « Il existe, dit Spencer, un code idéal de conduite donnant la formule de la manière d'être de l'homme complètement adapté dans la société complètement développée. Nous donnons à ce code le nom de morale absolue, pour le distinguer de la morale relative... » Cette dernière prend la première comme règle ou comme étalon ; l'application pratique de cette méthode qui procède par approximations de ce qui est le « bon » nous semble soulever plus de difficultés qu'elle n'en résout ; mais laissant ce point de côté, nous nous demandons, et sur ce fait nous aurons d'ailleurs à revenir, comment Spencer peut prétendre connaitre assez bien ce que sera une société idéale, absolument adaptée, pour nous pouvoir donner son code de conduite[1]. Les notions scientifiques desquelles il part, dont il forme les assises de son système éthique, peuvent-elles véritablement suffire à l'établissement d'un code moral ? En examinant cette question, nous examinons les différentes faces du « principe de la morale » de Spencer. Toute morale implique une idée du bien, ce terme entendu au sens le plus large où on le puisse entendre ; les notions de devoir et de vertu qui nous semblent également capitales peuvent être comme travesties, presque éliminées même en certains systèmes, la notion du bien demeure le centre.

Or le bien pour Spencer c'est l'être ; M. Guyau compare Spencer à Spinoza « avec cette différence que, approfondissant davantage le principe de la persistance dans l'être, il en tire celui du progrès dans l'être ». Mais l'être est une notion purement abstraite qui réclame une spécification ; pour Spencer, l'être est identique, c'est ici un point fort important, au bien-être ou au bonheur ; la morale de Spencer rentre donc dans la catégorie des systèmes hédonistiques et cette morale apparaît comme « une branche de la mécanique universelle ». Or le bonheur de l'individu consiste dans l'équilibre entre les nécessités extérieures et les nécessités intérieures, comme le bonheur social dans l'équilibre entre les désirs mutuels des hommes ; des lois générales qui régissent l'univers, tirer les lois particulières qui doivent régler la conduite, telle est la tâche du moraliste ; or ces lois universelles présentent l'équilibre

[1] Voir à propos des difficultés que présente cette distinction entre morale absolue et morale relative l'article de M. H. Sidgwick, *Mr. Spencer's Ethical System,* dans Mind, vol. V, année 1880, p. 216 sq.

comme fin de tout processus d'évolution ; l'équilibre est donc aussi la fin morale, une des faces du bien ; ce qui le produit est qualifié de « bon ».

Mais, et dans cette question nous nous appuyons sur le témoignage de M. Guyau, si le but est donné, les moyens pour y parvenir le sont-ils de même ? Spencer l'affirme par l'établissement de tout son code moral ; il n'en reste pas moins que la « question d'exception » se pose à nous. C'est un principe philosophique pour Spencer que toute cause produit plus d'un effet ; la réciproque doit être vraie et l'on peut dire certainement que tout effet peut venir de plus d'une cause ; l'équilibre nous est donc proposé comme but à atteindre, comme effet à produire ; plusieurs moyens se peuvent présenter, et parmi eux celui qui présentera la marche la plus courte ou, pour parler avec Spencer, qui suivra la ligne de moindre résistance, sera évidemment le moyen à préférer. La route la plus courte peut précisément être celle d'exception ; nous nous rappelons que l'évolution est un rythme, qu'après les périodes de croissance normale viennent celles de recul ; dans ces périodes, en quelque sorte provisoires, des moyens d'atteindre le but peuvent être sanctionnés par l'éthique évolutionniste qui, en fait, ne rentrent pas dans les données proprement morales ; pourquoi suivre le code établi par Spencer plutôt qu'un autre ? Les lois pour le philosophe évolutionniste sont données, il *faut* s'y conformer : la raison ne nous paraît nullement concluante ; c'est là un véritable despotisme contre lequel proteste la conscience et qui est en contradiction manifeste avec cette idée d'individualité, résultat de l'évolution générale selon Spencer. Cette question des exceptions, cette protestation au nom de l'individualité apparaissent d'ailleurs toujours à propos de la fin morale, du bien dans le système de Spencer, sous quelque angle qu'on les considère. Ce n'est au fond que la protestation contre le principe de nécessité qui est à la base de tout le système et qui contredit pour nous à la notion même de morale.

De plus l'idée d'équilibre demande à être précisée ; à elle seule elle est trop vague pour être identifiée avec la notion de bien. Cet équilibre, chez les êtres organisés, seuls êtres capables de conduite, prend la forme d'adaptation; de cette notion, particulièrement importante dans le système de morale de Spencer, nous ne pouvons séparer celle d'hérédité ; celle-ci conserve et transmet l'acquis, celle-là ajoute à cet acquis. La moralité est le résultat des expériences séculaires de la race ; elle ne se constitue que peu à peu, et dans cette marche qui doit nous faire atteindre à un état de bonheur parfait ou d'adaptation parfaite, le philosophe discerne parfois des périodes de recul. L'homme possède un sens moral ou sens de la conduite, de même qu'il possède une conscience de l'espace; et la formation de cette « faculté » est de même nature que celle des formes de l'entendement [1]. Spencer parle effectivement de faculté d'intuition morale, ce qui est, étant donné ses prémisses, une façon fautive de s'exprimer et qui pourrait induire en erreur ; le mot d'intuition, qui nous ramène à une morale plus ou moins mystique, doit être banni de la « philosophie synthétique ». M. Guyau qui n'admet pas l'existence d'idées innées critique pourtant le rôle trop grand que joue l'hérédité dans la formation des concepts moraux prétendus à priori [2]; juger, comme le fait Spencer, de

---

[1] Voir p. 173-174 du présent travail.
[2] On sait que M. Guyau, bien qu'admettant les principales idées évolutionnistes dans la morale, repousse la notion d'une morale ne

l'homme par l'animal, chez lequel l'instinct est certainement héréditaire, n'est point scientifique. La constatation peut s'en faire pour ainsi dire par tous les tableaux statistiques : l'hérédité se manifeste surtout dans la transmission des instincts immoraux simples et de caractère en général plus nettement organique ; mais ce que nous appelons moralité est une harmonie des tendances inférieures dans l'individu, un « affranchissement des instincts animaux », une subordination des impulsions naturelles à une ou à des lois supérieures ; et devant cette moralité, fait particulièrement complexe, l'hérédité prend une forme nouvelle : elle devient transmission de capacités, de dispositions, de puissances et non plus d'une véritable organisation. « La moralité organique de M. Spencer peut être admise par tous les philosophes, mais... il faut plutôt entendre par là une certaine malléabilité du cerveau qu'une organisation déjà complète. »

Quant à l'adaptation, elle est réellement synonyme de bien ou de perfection ; en un sens on peut regarder l'adaptation comme la loi suprême qui doit diriger l'homme ; c'est une notion qui, empruntée aux sciences biologiques, est transformée en une notion morale ; adaptation s'entend de la correspondance entre l'externe et l'interne dans les domaines physiologique, psycho-

---

reposant sur aucun principe métaphysique. Ce qu'il considère comme principe de la morale est cette tendance de l'homme qu'il nomme « la fécondité morale » ou son besoin d'expansion ; « le devoir, dit-il, est une surabondance de vie qui demande à s'exercer, à se donner ». M. Guyau accepte la morale évolutionniste en ses grandes lignes, mais en y réclamant la part de l'idéal. — Voir, outre les divers ouvrages du philosophe français, le travail de M. E. Massebieau : *Du principe de la morale d'après la philosophie de l'évolution.* (Thèse.) Alençon, 1886.

logique et sociologique, cette dernière étant comme un résumé des précédentes ou du moins les impliquant : « Il y a eu et il y a une adaptation progressive de l'humanité à l'état social qui la transforme »... Nous ne pouvons d'ailleurs entrer ici dans les détails nécessaires pour montrer comment Spencer entend cette adaptation[1]. Qu'il nous suffise de faire remarquer l'insuffisance de cette notion comme notion morale, comme norme, même de morale en tant qu'elle est identifiée avec le bien. L'évolution est un processus rythmique ; dans les périodes de recul, les phases négatives de ce progrès universel qui résume toute la philosophie synthétique, dira-t-on encore que « le principal est d'être adapté à son milieu », que l'adaptation est synonyme du bien ?

D'ailleurs adaptation suppose un sujet qui s'adapte et un objet auquel le sujet s'adapte ; à quoi donc s'adapte l'organisme, l'individu, l'être social ? aux circonstances, à son milieu d'une façon générale. Mais si nous sommes dans le domaine psychologique, par exemple, le milieu est constitué par nos semblables ; nous-mêmes en faisons partie, et nous nous adaptons pour ainsi dire à nous-mêmes ; il y a là une sorte de cercle vicieux qui nous paraît rendre inexplicables et le progrès moral et l'apparition des grandes figures qui dominent dans l'histoire, à peu près en tous domaines. La tâche morale qui s'impose à l'homme peut être une tâche d'adaptation, mais c'est une adaptation à un type pris au-dessus de l'humanité et non pas à cette humanité dans sa généralité, c'est-à-dire dans sa médiocrité morale.

Dira-t-on peut-être que Spencer entend par adaptation

---

[1] Nous renvoyons à la 1re partie de ce travail, surtout aux §§ 4 et 5 : la transition d'un type social à un autre se fait par adaptation.

celle au type social qui constituera la société de l'avenir? Sans parler des difficultés que présente la conception même de ce type futur, l'adaptation aux exigences sociales, ainsi que l'a fait observer M. Sidgwick, ne saurait produire l'altruisme; or l'altruisme doit être une des caractéristiques de la société future; la vie en commun produit nécessairement la coopération; mais cette coopération peut exister sans aucun amour pour le prochain, sans altruisme. La première condition pour que l'adaptation devienne de plus en plus absolue, c'est que l'état de guerre prenne fin; Spencer nous affirme que la guerre cessera; mais les peuples cesseront-ils jamais de vouloir la force, la gloire, la considération? et si cette volonté demeure, la guerre qui en est la manifestation ne demeurera-t-elle pas aussi? Nous ne saurions du reste réellement nous adapter à quelque chose d'aussi lointain, d'aussi imprécis souvent, que ce rêve d'une humanité transformée [1].

En résumé, la notion d'adaptation demeure, comme notion morale, trop extérieure; pour Spencer tout vient de l'externe, il a foi en cette puissance objective; ce n'est là, selon nous, envisager qu'un côté, et non le plus important, de ce qui constituera les éléments de la tâche morale; si l'homme doit passer par une transformation, s'il doit s'élever au-dessus de lui-même, le principe de cette transformation n'est point extérieur au sens où Spencer entend ce mot: l'homme le trouve en lui-même, encore qu'il réponde à un principe objectif aussi.

Passer, dans le système de la « philosophie synthé-

---

[1] Consultez Friedrich Paulsen, *System der Ethik*, 3e édit., Berlin, 1884, 1er vol., IIe livr., chap. VI, § 5, p. 359 sq.

tique », d'une notion à une autre n'est souvent, nous l'avons pu remarquer en d'autres domaines déjà, que passer d'un synonyme à un autre ou à un demi-synonyme. L'adaptation parfaite n'est synonyme de bien que parce qu'elle correspond au maximum de vie dont est capable un être organisé. Le « maximum de vie » pourrait être appelé la norme de la morale biologique ; or ce caractère est essentiel chez Spencer ; grâce à lui sa morale est vraiment scientifique ; d'après cette norme de morale, une action quelconque est bonne ou mauvaise suivant qu'elle tend ou non à maintenir la vie dans sa plénitude ; et par le mot vie Spencer entend aussi bien la vie de l'espèce en général que celle du groupe familial ou de l'individu isolé. Pour estimer la vie il faut multiplier sa longueur par sa largeur, c'est-à-dire son extension dans l'espace par son extension dans le temps[1] ; ainsi la quantité seule de vie nous donne le degré de moralité au point de vue biologique, et monter dans l'échelle humaine est simplement développer la capacité d'existence. Nous ne rejetons pas à priori cette expression du principe moral, mais il importe de s'entendre sur la signification du mot existence ou vie, et ce que nous avons dit du sens biologique de ce terme chez Spencer suffirait déjà à nous en faire entrevoir l'insuffisance comme principe de la morale. La vie est en effet pour le philosophe évolutionniste l'accommodation continue de relations internes

---

[1] *Princ. mor.*, Ire partie, chap. II, § 4, p. 11. Ailleurs Spencer parle pourtant de la vie la plus « haute » sans définir toutefois ce qu'il entend au juste par ce terme : « Il y a une vérité aussi, dit-il, dans la doctrine que la vertu doit être le but de nos efforts. Car cette doctrine est une autre forme de la doctrine d'après laquelle nous devons nous efforcer de remplir les conditions pour arriver à la vie la plus haute . » (*Princ. mor.*, Ire partie, p. 148.)

aux relations externes ; de telle façon qu'une accommodation complète serait synonyme d'une vie parfaite. Sans avoir nullement l'intention d'examiner le bien fondé de cette définition, nous ne pouvons cependant omettre cette remarque qu'elle nous parait encore plutôt poser des problèmes qu'en résoudre véritablement ; et, au point de vue spécial qui nous occupe, nous nous demandons si la notion de vie en morale est identique à celle de la biologie. Aristote déjà distinguait les deux notions ζῆν et εὖ ζῆν, être et bien-être ; Spencer ne fait point pareille distinction ; il identifie les deux idées et cela en vertu de cet à priori, qui est à la base de toute sa morale, que la vie est très certainement bonne. La notion de vie telle qu'elle ressort de la « philosophie synthétique » représente évidemment une condition de la morale pour des êtres tels que nous ; de là à en faire comme l'essence même de cette morale, il y a loin ; la quantité de vie physique, intellectuelle, sensible peut être bien supérieure chez un homme à ce qu'elle est chez un autre et pourtant notre jugement se prononcer en faveur de ce dernier ; si la vie était un critère suffisant et unique de morale il n'en serait pourtant pas ainsi [1].

La vie se peut donc ramener dans sa généralité à un accomplissement normal des fonctions de l'organisme : un excès ou un défaut dans ce jeu a pour conséquence un abaissement dans la quantité de vie, de même que l'exercice incomplet ou anormal d'un organe diminue la longueur de cette vie : or « la douleur est corrélative des actions nuisibles à l'organisme ». Ici, du point de

[1] Voir sur ce sujet aussi l'article déjà cité de M. Henry Sidgwick : *The Theory of Evolution in its application to practice*. Mind, année 1876, p. 52 sq.

vue psychologique, le *plaisir*, ou sensation agréable, apparaît comme norme de morale ; mais avec cette notion nouvelle, de nouvelles difficultés se présentent. Le plaisir est le concomitant de l'utile pour l'organisme ; c'est là l'énoncé de l'état normal ; mais à cet état nous ne faisons que tendre, nous sommes loin encore d'y être parvenus, et Spencer ne cherche point à le dissimuler malgré son optimisme. « Je reconnais, dit-il, que dans l'état actuel de l'humanité la direction donnée par les peines et les plaisirs immédiats est mauvaise dans un grand nombre de cas. » Et ce qui constitue cette anomalie, le plaisir mauvais guide pour l'organisme en des cas fort nombreux, c'est ce fait que nous sommes dans une phase de transition d'un type social à un autre type social ; quand l'adaptation sera parfaite, il ne saurait être autrement qu'au maximum de vie ne correspondît le maximum de plaisir et inversement. Mais, en se rappelant que la force persistante, de même quantité toujours, amène des transformations continues, il est permis de se demander quand ce critère du plaisir pourra réellement être employé ?

En outre, nous estimons l'identification implicite que fait Spencer des notions de plaisir et de bonheur psychologiquement fausse ; sa psychologie est une psychologie sensualiste, et, comme telle, nous l'avons dit, nous paraît fort insuffisante ; en vertu de cette psychologie, Spencer méconnaît les jouissances, ou d'une façon plus générale tout un ordre de jouissances qui n'a rien de proprement sensible : la conscience que l'homme peut avoir d'être « dans l'ordre », non parce que la nécessité l'y oblige, mais parce qu'il participe comme organe pour ainsi dire à cette harmonie qui est la loi des êtres. Spencer parle bien du mystère que présente « la volupté de la souffrance », mais outre qu'il ne l'explique nullement, il importe de ne pas confondre ce phénomène souvent purement égoïste avec la joie du sacrifice, le bonheur du dévouement, dévouement inconnu, obscur souvent et qui porte en lui toute sa récompense. Spencer néglige comme autant d'illusions les cas où le devoir se présente à l'homme comme supérieur au plaisir; ou plutôt, d'après ses idées, si l'homme obéit au devoir, c'est parce qu'en réalité le plaisir qui lui vient de cette obéissance est plus grand pour lui que celui qui lui viendrait d'une autre satisfaction; et il n'examine point si ces deux quantités psychologiques peuvent être mises en parallèle comme étant de même nature. Une psychologie impartiale en agirait autrement [1].

A chaque pas, pour chacune des notions morales que nous examinons, nous sommes ramenés à cet idéal social, ère de perfection vers laquelle marche l'humanité; mais la question morale n'est point résolue selon nous par ce continuel mirage d'un monde régénéré; la question morale, ce: que dois-je faire? angoissant et tragique, que tout homme est amené à se dire au moins une fois dans sa vie, n'attend point; elle demande une solution immédiate, et pour trouver cette solution, l'homme reviendra inévitablement à la morale empirique, c'est-à-dire à celle que Spencer réprouve comme non réellement scientifique.

Chaque être tend donc à la réalisation du maximum possible de vie ou de plaisir; mais l'être organisé n'étant point seul, ce maximum est une certaine quantité qui doit être limitée par d'autres quantités égales; l'idée de

---

[1] Consultez *Du principe de la morale d'après la philosophie de l'évolution,* par E. Massebieau. Alençon, 1886.

justice devient donc notion essentielle de la morale. L'idée de bienfaisance, qu'à dessein nous laissons ici de côté, que nous aurons d'ailleurs à retrouver dans la suite, apparait comme une aide pour la réalisation de la fin morale, si l'on peut en parlant du système évolutionniste user de ce terme. La loi de justice sous sa forme absolue n'est au fond que l'expression de la causation parfaite dans le domaine de la conduite et même de la nature : « Chaque individu, dit-elle, reçoit le bénéfice de sa nature et de sa conduite. » Mais quand il s'agit de l'individu humain, cette loi se trouve modifiée par les conditions de l'organisme social dont il fait partie, et la seconde face pour ainsi dire de la loi peut s'énoncer : « Les limites de l'activité de chacun sont celles qu'impose l'activité égale des autres hommes. » Ce n'est là, on le voit, qu'une forme de la loi d'équilibre.

Bien que la notion de justice nous fasse prendre pied sur un terrain plus réellement moral, elle n'est cependant pas sans présenter aussi des difficultés capitales : au début de l'évolution sociale, la guerre offensive est sanctionnée par l'éthique évolutionniste ; dans la suite, elle ne l'est plus ; bien plus, au nom du principe de justice, elle est réprouvée ; encore que l'on passe par transitions insensibles de l'état primitif à l'état idéal, il nous parait qu'il y a dans ce dernier, en ce qui concerne ce principe de justice, plus qu'un simple développement ; le même principe développé pourrait-il défendre ce que non développé il autorisait? En fait, la guerre offensive (et ce n'est là qu'un exemple) est justifiée au début parce que ses résultats sont estimés bons par Spencer ; elle ne l'est plus dans la suite, parce que ces mêmes résultats sont une occasion de trouble social ; mais si l'acte n'est jugé que par ses résultats, les résultats étant certainement très diversement appréciés, le critère devient purement subjectif et n'a plus le caractère d'absoluité dont le veut revêtir Spencer. Selon les idées de Spencer, l'avènement général de l'industrialisme, et nous savons ce qu'il faut entendre par là, mettra fin aux luttes qui entravent encore la marche en avant de la société tout entière ; mais dans cette humanité nouvelle, les conflits entre groupes industriels, entre particuliers prendront-ils fin nécessairement ? La transformation que Spencer laisse entrevoir n'est-elle point avant tout, sinon uniquement, en dehors ? Sa notion de justice nous parait, comme bien d'autres d'ailleurs, n'atteindre que la surface des êtres, demeurer, en un mot, trop extérieure.

Et le principe même, pouvons-nous ajouter, s'impose-t-il ? Est-il juste ? Pour Spencer il l'est certainement, car il représente une de ces intuitions éthiques qui sont le résultat des expériences accumulées de la race, de même que les axiomes mathématiques dont elles doivent avoir pour le philosophe la rigoureuse exactitude et la nécessité. Mais comment arrive-t-il, s'il en est ainsi, que ce principe de justice ne soit pas universellement reconnu, et ne s'impose pas comme un axiome mathématique ? Il y a certainement chez l'ensemble des créatures humaines une vague notion de la justice en ce sens que l'on reconnait une certaine proportion entre l'effort et l'avantage qu'on en retire, bien que l'expérience quotidienne montre qu'à des efforts égaux correspondent souvent des résultats fort inégaux ; mais pourrait-on prétendre qu'il soit évident au sens commun qu'un homme souffre justement en souffrant pour des actes auxquels il n'a eu aucune part ? Et c'est pourtant là ce que déclare Spencer par sa loi absolue de justice, loi à laquelle il *faut* se soumettre, simplement parce qu'elle est loi naturelle. La notion de justice nous conduit, estimons-nous, non à un acte purement rationnel comme le voudrait Spencer, mais à un acte de foi où cette raison formelle précisément abdique. Ce n'est d'ailleurs pas dans la notion de justice seule et dans son expression que nous trouvons des difficultés ; c'est aussi dans ce qui se présente comme le moyen d'atteindre à cette justice, dans la loi de « liberté égale », loi de restriction de la première ou loi d'équilibre social. Quel sens faut-il donc donner ici au mot de liberté après avoir vu que ce mot se devrait retrancher du vocabulaire philosophique de Spencer? Peut-on parler d'une liberté extérieure réelle si elle ne correspond qu'à une nécessité interne? Ou bien est-ce là une de ces illusions qu'il est bon de laisser à l'homme tant qu'il n'a pas encore cette connaissance unifiée qui lui doit à peu près tenir lieu de tout [1]? Quoi qu'en puisse dire Spencer sa formule de « liberté égale » qui est la base de toute sa morale sociale n'est en réalité qu'un cadre, et ce qui importe surtout ce sont les notions qu'elle implique; ou bien cette formule, telle que l'entend Spencer, s'applique seulement à la société idéale de l'avenir, et alors elle nous paraît pour le moment fort insuffisante, et l'on se demande comment elle peut être le résultat des expériences du passé, si différent de ce que sera l'avenir, et représenter néanmoins cet avenir? Ou bien elle se rapporte absolument aussi au présent et elle autorise, bien que Spencer proteste contre cette interprétation, l'action arbitraire, pourvu que son

---

[1] Voir à propos des relations entre liberté extérieure ou liberté politique et liberté intime ou morale l'étude de Ch. Secrétan dans ses *Discours laïques*, Paris, 1877, p. 323 sq., intitulée : Une condition de la liberté politique.

auteur soit disposé à en accepter les conséquences, car la loi de justice ou de causation sera satisfaite [1].

En résumé, soit le principe absolu de justice, soit son correctif, la loi d'égale liberté, ne peuvent suffire comme principes de la morale, parce qu'ils en présentent seulement le côté négatif ou comme le côté abstrait; ils demandent l'un et l'autre des compléments positifs; ce complément nous le voyons dans l'amour, ou plutôt l'expression la plus complète de la justice nous paraît être celle de la notion biblique qui fait de l'amour et de la justice proprement dite les deux faces de « l'ordre divin », de la justice au sens vraiment absolu.

§ 11. L'utilitarisme optimiste de Spencer.

« On peut considérer, dit M. Guyau, le système de M. Spencer comme l'effort suprême de l'utilitarisme allié au naturalisme pour satisfaire cette tendance invincible de l'homme à dépasser le fait actuel, l'incomplète réalité [2]. » Naturalisme, utilitarisme; par ces deux mots l'on peut résumer toute la morale de Spencer en ses deux caractères principaux. La tendance naturaliste qui marque tout son système, nous l'avons vue déjà en plusieurs points, si ce n'est dans tout ce qui précède, de cette étude; hypothèses empruntées au domaine des sciences naturelles et dont Spencer fait la base de toute son œuvre; métaphysique naturaliste aussi en un sens, puisque la réalité pour Spencer consiste dans ce que

---

[1] Voir une critique assez étendue du principe de justice chez Spencer par M. Sidgwick dans les *Critical Notices* du *Mind*. New. Series, vol. I, année 1892, p. 107 sq.

[2] Guyau, ouv. cité, p. 405.

nous appelons « la nature » par opposition à l'esprit ; notions de la morale enfin empruntées, elles aussi, aux sciences de la nature, tout particulièrement cette notion de vie qui joue un rôle si important dans la morale de Spencer ; autant de traits généraux et un peu vagues, il est vrai, mais suffisants, pensons-nous, pour appeler l'ensemble du système qu'ils caractérisent un naturalisme. Quant au côté utilitaire, il importe ici de l'examiner à un certain point de vue.

Dans la première partie de ses *Principes de morale*, les Données de la morale, Spencer avant d'établir les bases de son système entreprend une critique des divers systèmes éthiques entre lesquels le penseur peut avoir à opter, et parmi eux, en dernier lieu, il mentionne et critique la doctrine utilitaire ; certainement cette école l'emporte sur les écoles rivales, écoles théologique, politique et intuitionniste ; elle a sur ces dernières cet avantage qu'elle reconnait entre la cause et son effet, et il s'agit ici de l'acte comme cause, une relation empirique ; mais cette reconnaissance de la causation qui est le trait distinctif d'une science vraiment *scientifique* n'est encore que partielle ; l'utilitarisme d'un Hobbes, d'un Bentham et de tant d'autres en reste à l'observation des phénomènes individuels, il n'est point au sens où Spencer entend ce mot vraiment scientifique. Au lieu d'user d'une méthode purement empirique, le moraliste doit partir de principes fondamentaux, et par la méthode déductive, établir quelle conduite sera nécessairement avantageuse et quelle autre nuisible. Ainsi pr   de l'utilitarisme que Spencer nomme rationnel et qu'il prétend formuler dans ses *Principes de morale*. « ... La morale proprement dite, — la science de la conduite droite, — a pour objet de déterminer *comment* et *pourquoi* certains modes de conduite sont nuisibles, certains autres avantageux. Ces résultats bons et mauvais ne peuvent être accidentels, ils doivent être des conséquences nécessaires de la constitution des choses...; l'objet de la science morale doit être de déduire des lois de la vie et des conditions de l'existence quelles sortes d'action tendent nécessairement à produire le bonheur, quelles autres à produire le malheur. Cela fait, ces déductions doivent être reconnues comme les lois de la conduite; elles doivent être obéies indépendamment de toute considération directe et immédiate de bonheur ou de misère [1]. » Ce passage est capital pour assigner une place au système de Spencer parmi les autres systèmes de morale; la relation qui existe entre les actes composant la conduite et les conséquences de ces actes prend ainsi naissance dans la nature même des choses, elle est une relation de nécessité; la fin à laquelle tend cette conduite est la même; l'utilitarisme empirique en un mot se présente comme une préparation à l'utilitarisme rationnel. Une reconnaissance plus complète de la causation, reconnaissance qui prend un caractère absolu, voilà donc ce que Spencer ajoute à l'utilitarisme proprement dit; au point de vue du principe fondamental de cette morale il n'ajoute rien : ce principe demeure l'utilité, l'intérêt au sens général, et c'est avec toute raison, selon nous, que le philosophe anglais revendique le titre d'utilitaire. Il nous paraît inutile d'en chercher la démonstration après avoir vu quelles notions sont chez lui notions fondamentales en morale [2]. Et si, comme nous le disons,

---

[1] *Princ. mor.*, Ire partie, chap. IV, § 21, p. 48.
[2] Dans une lettre à Stuart Mill, écrite en 1863 ou 1864 déjà, et publiée depuis dans l'ouvrage de M. Bain : *Mental and moral*

le principe demeure le même que dans l'utilitarisme, critiqué par Spencer, les difficultés aussi que présente ce principe demeurent ; et s'il y avait à établir des distinctions de nuance entre Spencer et d'autres utilitaires, empiriques ceux-là, en raison même du caractère de nécessité qui marque tout le système du premier, il nous semble que l'idée d'utilité serait chez lui aussi plus nettement accusée, plus durement même pourrions-nous dire, en dépit des atténuations que ses chapitres sur la bienfaisance semblent apporter.

L'équilibre, condition ou synonyme du maximum de vie ; maximum de vie représentant le maximum de plaisir ou bonheur : tel est le but auquel tend la conduite, telle est donc l'expression du principe de la morale chez Spencer ; l'homme recherche naturellement et nécessairement le plaisir comme il fuit la douleur ; l'égoïsme est comme la substance même de l'être moral et de cet égoïsme doit naître l'altruisme, car ce n'est qu'une fois le bien du prochain atteint que l'égoïsme se peut dire absolument satisfait ; égoïsme implique donc altruisme. Ces quelques lignes résument les principaux traits de la morale de Spencer dont la conclusion est que « le bonheur général est achevé complètement par la poursuite adéquate par les individus de leur propre bonheur » ; et quand nous voyons Spencer préoccupé d'établir quelles actions conduisent au bonheur, nous ne saurions à vrai dire statuer une différence essentielle entre sa morale et celle de Bentham ; avec M. Sidgwick

---

Science, H. Spencer protestait contre la qualification d'anti-utilitaire qui lui avait été adressée. Déjà il indiquait que s'il se séparait de l'école utilitaire ce n'était que sur la question de méthode. Des fragments de cette lettre sont cités par Spencer dans ses *Data of Ethics*.

nous pouvons dire : « Je conclus que le critérium dernier pour établir des règles de conduite est le bonheur ou le plaisir au sens général. » Entre maximation de bonheur et maximation de vie, il n'y a évidemment pour le philosophe évolutionniste aucune différence capitale; qu'est-ce donc autre chose que la formule de Bentham renouvelée et comme parée de tout un appareil scientifique : « le plus grand bien du plus grand nombre ? » Il nous parait qu'on ne saurait trop insister sur cette ressemblance, du fond sinon de la méthode, du système évolutionniste avec les autres systèmes utilitaires; le premier ne résout nullement les difficultés soulevées par ces derniers, et la conciliation reste encore à faire, sur un terrain uniquement scientifique, d'une morale d'intérêt et d'une morale du devoir.

Un système d'aspect aussi mathématique et scientifique que celui de Spencer ne se pouvait terminer que par une morale également mathématique; pour l'utilitarisme, « la morale, a dit A. Vinet, est l'arithmétique du bonheur ». Une arithmétique, un calcul continuel, telle est bien en effet la conséquence du principe d'utilité pris comme principe moral ultime; un calcul non seulement sur la valeur des actes jugés d'après leurs effets, mais aussi calcul pour faire la part de ce qui revient à chaque individu et de ce qui revient à d'autres; et cela est-il possible pratiquement? l'utilitaire le plus convaincu ne sent-il pas les cadres de sa théorie éclater dans la pratique? Échapperons-nous peut-être à ces difficultés en considérant comme une unité ce bien du plus grand nombre, but en définitive de la conduite? Moyen purement formel, car ce bonheur quasi général qu'est-il que la somme des bonheurs ou plaisirs individuels? Et voici que se présente une question dont la solution est plus difficile encore que celle des questions posées par les intérêts divers en conflit, une question qui s'impose de façon plus directe et plus pressante : une telle somme de sensations de plaisir répartie entre les individus composant un groupe plus ou moins considérable sera-t-elle par sa seule représentation chez l'individu un motif suffisant pour le décider au sacrifice et pour compenser ce sacrifice ? Or le sacrifice est nécessaire; il est, nous dit Spencer, « primordial »; au nom de quoi réclamer dans un cas particulier, et non pas seulement d'une façon toute générale et abstraite, ce sacrifice ? Spencer nous dit se séparer de l'utilitarisme empirique en ce qu'il considère le bonheur non pas comme la fin prochaine que l'homme doit rechercher, mais comme la fin dernière ; en parlant ainsi il force pour ainsi dire l'homme à sortir absolument de lui-même, à faire abstraction de son moi, et par là il nous paraît méconnaitre le fond même de la nature humaine ; en même temps le sentiment de justice personnelle se révolte contre cette exigence du sacrifice au nom d'une nécessité purement physique en son origine et en son essence et ne se trouve nullement satisfait, croyons-nous, par la perspective d'une félicité idéale à laquelle l'individu qui se sacrifie n'aura aucune part. Si l'utilitaire veut être conséquent, s'il est fidèle à son principe fondamental, toujours il verra reparaitre ce principe de la « gravitation sur soi »; le bonheur individuel demeure en dernière analyse la seule mesure à laquelle on apprécie la valeur des actions et l'utilitarisme demeure utilitarisme égoïste, malgré les concessions qu'on tente de lui faire. L'utilitarisme social de Spencer qui prétend concilier égoïsme et désintéressement place le but moral, car il faut toujours revenir en morale à cette question de but, encore que ce mot ne dût pas exister dans le dictionnaire évolutionniste, dans l'ensemble de la race humaine; mais ce tout il le décompose en atomes dont chacun en définitive gravite sur lui-même; « nécessairement pour lui le motif moral devient une impulsion inexplicable et le but moral un fantôme vide qui aimerait à se donner pour un idéal [1] ».

Ainsi la formule de la « maximation de bonheur ou de vie » nous paraît, étant donné les prémisses d'où elle part, conduire à la reconnaissance de l'utilité individuelle comme principe dernier; intérêt ou devoir, c'est-à-dire désintéressement, la morale ne peut qu'osciller entre ces deux pôles. Il semblerait peut-être que Spencer reconnaît d'une façon indirecte ce devoir et son autorité quand il proclame que l'homme doit se soumettre aux lois qui régissent à la fois l'univers et la conduite humaine; il y a plutôt là comme une tentative de conciliation entre la notion de devoir et celle d'utilité, mais grâce au sens que Spencer donne au mot devoir, grâce à sa notion de l'obligation surtout, la conciliation demeure purement extérieure; la morale de Spencer a un caractère de nécessité dont la sanction se trouve dans le sentiment même d'intérêt de l'individu, résultat des expériences séculaires de la race.

Est-ce à dire que, comme paraît le croire Spencer, la morale du devoir, celle surtout qu'il aime à caractériser comme morale théologique, soit une collection de préceptes et de commandements arbitraires n'ayant aucun « point d'appui » dans la nature humaine? Nullement, car nous estimons avec A. Vinet, que si dans le mot

[1] Voir la critique de « l'atomisme utilitaire » par un penseur qui se rattache pourtant au courant évolutionniste moderne en morale chez W. Wundt. *Ethik*, IIe Auflage, Stuttgart, 1892, p. 405 sq.

plaisir ou utilité on range l'obéissance à la conscience, ce mot désigne bien le principe de la morale ; mais ce n'est point dans ce sens que l'entend le philosophe anglais : la conscience n'a point pour lui une autorité souveraine, ou du moins son autorité lui vient de ce qu'elle est en l'homme la voix du passé. Le philosophe Charles Secrétan nous paraît avoir caractérisé l'utilitarisme fort justement en disant : « L'eudémonisme conséquent a pour dernier mot : chacun prend son plaisir où il le trouve [1]. »

Bien loin donc de résoudre les difficultés que peut soulever le problème moral, l'utilitarisme présente comme solution de ce problème un autre problème ; car il n'est pas universellement établi que le sentiment d'intérêt ou d'utilité soit réellement le mobile dernier de toute action, qu'il n'y ait pour ainsi dire au monde que cet intérêt ; si la morale utilitaire peut présenter un côté de la nature humaine, elle peut ne pas représenter cette nature tout entière : nous pouvons y voir beaucoup du passé, beaucoup du présent, mais non tout le passé et le présent, et surtout pas tout l'avenir ; elle peut être comme la systématisation d'un état de fait général, mais qui nous garantit que cet état de fait soit l' « ordre », l'état normal ?

L'effort de l'utilitarisme, et en cela Spencer ne fait pas exception, porte surtout dans sa critique des systèmes de morale dont la base est mystique sur la négation de la conscience morale ; il n'admet de cette façon dans l'être humain que l'homme animal et l'homme intellectuel ; or nous estimons qu'il y a là une mutila-

---

[1] Consultez *Le principe de la morale*, par Ch. Secrétan, 2ᵉ édit., Lausanne, 1893, p. 107-109.

tion de cet être humain ; c'est tout au moins partir d'un à priori que de ne tenir aucun compte de la psychologie religieuse. L'intelligence suffit à connaître l'utile ; cette proposition évidente dans son expression générale ne devient-elle pas singulièrement complexe lorsqu'on réfléchit aux cas particuliers qu'elle implique ? et une réelle connaissance de l'utile n'impliquerait-elle pas l'omniscience, la connaissance de tous les possibles et de tous les résultats ? S'il n'en est point ainsi, les règles de conduite établies par Spencer n'ont point ce caractère absolu dont il les veut revêtir.

Nous n'avons pas d'ailleurs à entreprendre ici une critique détaillée du principe de l'utilitarisme ; nous croyons qu'une telle critique serait parfaitement inutile vis-à-vis d'utilitaires convaincus ; seulement, ce qu'il importe de dire bien haut, c'est que l'utilitarisme n'est jamais absolument strict et conséquent ; à ceux qui seraient disposés à accepter le principe avec toutes ses conséquences, conséquences pour tous et en tous les cas donnés, on ne saurait vraiment rien objecter ; leur prouver qu'ils ont tort serait une tentative chimérique. Mais si le principe est vrai, il faut n'en point redouter les résultats ; la vérité au point de départ ne saurait se transformer en erreur par la suite, et la vérité ne demande point à être atténuée. Or la pratique quotidienne, l'histoire de grandes individualités, manifestations suprêmes de l'humanité, le sentiment le plus intime de l'individu protestent contre cette affirmation brutale de l'intérêt principe unique de la vie et de l'action ! Et il ne sert de rien de nous objecter que nous nous faisons illusion à nous-mêmes en parlant de désintéressement, de charité et d'amour ! La question n'en est-elle point seulement reculée ? Pourquoi recherchons-nous cette illusion alors que nous en avons découvert la vanité, pourquoi persistons-nous à vivre d'un rêve si nous sentons la réalité sous notre main frémissante ? N'est-ce point ici le lieu de rappeler la parole de ce père de l'utilitarisme, La Rochefoucauld : « L'hypocrisie est un hommage rendu par le vice à la vertu. » Et si l'intérêt est le but suprême de la vie, par quoi donc l'utilitaire prétendra-t-il réfréner les exigences du moi insatiable ?

Mais en disant utilitarisme nous n'allons pas jusqu'au fond de la morale évolutionniste, jusqu'à sa présupposition dernière. Cette morale, nous avons eu l'occasion de le dire plusieurs fois déjà, du moins d'arriver comme au seuil de cette présupposition, repose sur une conception optimiste du monde, conception qui reçoit son expression la plus complète dans l'idée d'un progrès nécessaire. Cet optimisme est-il justifié ?

Ce que Spencer devait appeler plus tard évolution, il l'appela d'abord progrès[1] ; au point de vue moral, ou de la conduite, le progrès se présenta à lui comme une adaptation toujours plus complète à un certain type social ; ce qui constitue l'existence n'est donc pas une simple transformation, c'est une transformation qui par des rythmes successifs tend au supérieur ; l'évolution, qui d'un point de vue purement physique n'est qu'un simple changement, fait passer l'homme et la société, derniers produits de l'évolution totale, d'un état primitif inférieur à un état supérieur et définitif. La confiance que manifeste Spencer en ce progrès est sans bornes : par cette marche immuable des choses vers un terme

---

[1] Nous rappelons à ce propos qu'en 1857 Spencer publiait un *Essay : Progress, its Law and Cause* qui déjà indiquait les traits principaux de ce qui devint la *Philosophie synthétique*.

bienheureux, le mal peu à peu disparaitra et l'immoralité aussi. En parlant d'évolution au lieu de progrès, Spencer n'avait fait qu'un changement de nom ; l'évolution demeure une transformation tendant vers le supérieur. Cette notion est la notion capitale de tout le système du philosophe anglais ; toute sa philosophie en est comme une illustration, un développement ; or cette notion appartient non point au domaine des sciences naturelles, mais à celui des sciences sociales ; c'est l'histoire qui concrétise pour ainsi dire l'idée du progrès, de la transformation qui est un développement, mais qui peut redevenir aussi une décadence ; et cette notion, elle a été comme projetée des sciences qui ont l'homme pour objet dans les autres sciences physiques et naturelles [1] ; la notion de progrès est bien d'origine morale, elle implique des données morales, un jugement de valeur en vue d'une fin, un pouvoir de jugement ; l'évolution est une donnée de la nature, le progrès est une donnée de l'être moral ; et identifier progrès et évolution, c'est introduire dans cette nature un élément qui est étranger au domaine strictement scientifique. Il n'est point sans intérêt de rappeler ici que cette idée de progrès, aussi bien que l'idée d'évolution, pour être une idée dite essentiellement moderne, a cependant des racines qui plongent dans un terrain profond. Inutile de remonter jusqu'à l'antiquité, jusqu'au sophiste Critias qui exprime très nettement l'idée d'une marche de l'histoire vers un but supérieur ; l'idée du progrès n'est pas, il faut le reconnaitre, une des notions capitales de la pensée antique [2]. Mais, au dix-septième siècle, le père de l'empi-

---

[1] Voir l'article du prof. Patrick Geddes dans la *Chambers Encyclopædia*, au mot « Evolution ».

[2] « Il y eut, dit Critias, un temps où la vie humaine était sans loi

risme et du naturalisme, Bacon, aussi bien que le père du rationalisme, Descartes, représentent tous deux cette notion d'un progrès dans les transformations de l'humanité. Au dix-huitième siècle, le savant et philosophe italien Vico, qu'on regarde comme le fondateur de la philosophie de l'histoire, et les deux Français, Turgot et Condorcet, donnent à cette idée un relief qu'elle n'avait point encore eu jusqu'alors, en font un véritable objet de foi. Pour ces deux derniers, le cours naturel des événements amène une augmentation de connaissances au sein de l'humanité ; et à cette connaissance plus grande correspond un progrès certain dans la moralité et dans le bonheur ; le progrès se produit par l'effet d'une loi naturelle et non en raison de certaines volontés ; cette idée ou plutôt cette foi n'est point celle de Rousseau, puisque celui-ci estime l'état primitif le meilleur et la civilisation ou le prétendu progrès élément de trouble. A ces noms, et pour montrer la généralisation de cette idée un peu dans tous les pays d'Europe à la fin du siècle qui vit la Révolution, il importe d'ajouter en Allemagne ceux de Lessing et de Herder comme représentants de l'idée de progrès, ce dernier surtout dans ses *Ideen über Philosophie der Geschichte der Menschheit* (1784-1791). Et dans notre siècle, l'extension de cette notion se rattache à tout le développement des sciences historiques et sociales, développe-

---

et bestiale, où l'homme était esclave de la force, où aucun honneur n'était rendu au bien ni aucune punition au mal. Les lois ayant paru, les mauvaises actions qui ne pouvaient plus s'accomplir ouvertement furent toujours commises en secret ; et à ce moment un sage sortit qui chercha à mettre une terreur dans les esprits du peuple, et ainsi fut conçue la divinité rendue plus terrible parce qu'elle était localisée dans la région d'où proviennent le tonnerre et l'éclair. »

ment que nous ne saurions ici que mentionner, et dont l'importance est assez souvent rappelée.

La morale de Spencer semble être, quand on l'analyse, un composé de notions diverses et qui souvent ne s'emboitent pas les unes dans les autres très exactement ; cette morale, couronnement de toute l'œuvre de Spencer, combine par exemple l'idée de progrès, notion essentiellement morale, à l'idée de nécessité, notion essentiellement logique ; et Spencer ne recherche point si cette idée d'évolution synonyme en morale de progrès implique des présuppositions autres que les siennes. « La loi des choses doit être la loi de la conduite », tel pourrait être le résumé de toute la morale de Spencer ; or l'on peut se demander si la loi des choses est une loi de progrès ou simplement une loi de changement ou toute autre loi à établir. Spencer revient dans sa morale à l'idée antique, reprise d'ailleurs par des écrivains modernes, du « naturam sequi », à laquelle il ajoute cet élément que « natura » indique une marche vers un degré supérieur. Il emprunte à la fois à l'épicuréisme son idée du plaisir ou de l'équilibre dans la vie et à la morale stoïcienne sa notion de nécessité ou de fatum. Mais c'est bien l'élément épicurien qui est mis le plus en lumière, nous l'avons vu déjà ; la morale évolutionniste est loin d'avoir ce caractère de grandeur sévère et d'austérité dont était empreinte la morale des Stoïciens ; elle est, somme toute, très terre à terre, et c'est avec raison que M. Fouillée et M. Guyau lui ont reproché le premier sa méconnaissance du rôle de l'idée en morale, le second celle du rôle de l'idéal. Faire d'ailleurs du progrès la notion centrale d'un système de morale, établir le « progressisme » ne nous paraît pas une œuvre vraiment morale ; car si l'on juge des actes par leurs résultats seulement, et si progrès a un sens aussi extérieur que celui à lui donné par Spencer, le succès devient au fond la seule norme de jugement pour les individus et les sociétés; et au nom du sens moral même on est tenu de protester contre une telle norme.

Mais qu'est-ce, à vrai dire, que le progrès pour Spencer? et pourquoi appeler de ce nom une transformation? Progrès s'entend pour lui de tout ce qui directement ou indirectement contribue à une augmentation de vie; or, si la vie est digne d'être augmentée, si l'homme désire son extension, c'est parce qu'elle lui est agréable. La vie procure le plaisir, l'homme cherche à en atteindre le maximum, la vie est bonne : ce sont là autant d'affirmations qui représentent les présuppositions morales dernières de Spencer. A la base de toute appréciation morale, dit en substance Spencer, il y a comme présupposition la réponse à cette question : la vie vaut-elle la peine de vivre? L'optimiste répond : oui; le pessimiste dit : non. En conséquence toute action morale tendant à augmenter ou à diminuer en quelque manière la vie sera bonne ou mauvaise d'après ce critère; et tous les hommes se peuvent ranger dans l'une ou l'autre des catégories : celle des optimistes ou celle des pessimistes. Ce raisonnement peut être juste, mais il est incomplet; Spencer néglige en parlant de « tous les hommes » ceux qui, en réalité, n'appartiennent à aucune de ces deux catégories, au sens du moins où il les établit; il en est beaucoup qui ne considèrent la vie en elle-même ni comme un bien ni comme un mal, cette vie n'ayant pas pour eux l'importance capitale et unique qu'y attache Spencer ou plutôt n'ayant pas le même sens que pour Spencer. Certainement elle est bonne ou mauvaise, mais elle l'est suivant l'emploi qui en est fait et non suivant la somme de sensations agréables ou désagréables qui la remplit, elle est en un mot non pas un but, mais un moyen[1].

En nous en tenant du reste au critère qu'emploie Spencer, l'optimisme ne nous paraît nullement s'imposer ; le pessimisme déclare, preuves en mains, que la vie n'apporte pas un surplus de sensations agréables. Il faudrait, pour nous convaincre du contraire, que Spencer nous donnât une réfutation du pessimisme basée sur des faits ; et cette réfutation, il ne la donne pas. Au lieu de cela, il en appelle au témoignage du sens commun : la vie est proclamée bonne par la majorité des hommes. Cet appel au sens commun dans un système tel que celui de Spencer est, de l'avis de M. Sidgwick, un pis aller ; on peut en tous cas faire à ce propos observer que si le sens commun est proclamé règle de la vérité dans un cas, il peut l'être certainement aussi dans un autre ; et ce sens commun affirme la notion du devoir non point, croyons-nous, comme l'entend Spencer, mais une notion spécifiquement différente des autres données du moi. La notion biologique de la vie qui domine chez Spencer n'implique en réalité ni l'optimisme, ni le pessimisme ; le jugement sur cette vie est un acte proprement moral, dont les raisons sont autres que de pure science.

Outre que Spencer ne réfute point le pessimisme, il n'avance aucune preuve en faveur de l'optimisme, preuve scientifique du moins. D'un point de vue purement abstrait et impersonnel, purement scientifique, il est possible que l'évolutionnisme prête chez certains esprits à une vue optimiste de l'univers ; il y a cepen-

---

[1] Voir *Principe de morale*, Ire partie, chap. II, §§ 9, 10, p. 21 sq.

dant, on le remarquera, un désaccord évident entre cette vue abstraite et le jugement de qualité auquel elle aboutit; mais laissons cette subtilité de côté; pour l'évolutionnisme, l'humanité dans ses rythmes sans fin tend vers l'établissement d'un état général supérieur à l'état actuel; les représentants de l'humanité seront de plus en plus « adaptés » et grâce à la survivance des plus aptes, cette humanité s'élèvera au-dessus d'elle-même. Autant de raisons, qui se résument d'ailleurs en une seule : le « progrès certain », pour affirmer des opinions optimistes; et ce n'est pas sans raison que le professeur du Bois-Reymond considérait la doctrine évolutionniste moderne comme l'équivalent scientifique de la doctrine métaphysique et morale de Leibniz. Spencer ne proclamerait sans doute pas actuellement l'aphorisme fameux de l'optimisme leibnizien, mais il ne paraît avoir aucun doute sur la possibilité que cet aphorisme n'exprime un jour l'exacte réalité. D'autre part, si dans notre jugement sur la valeur de la vie d'après les notions que nous fournit l'évolutionnisme, nous considérons la lutte pour la vie, nécessaire au progrès, et toutes les souffrances qu'implique la sélection naturelle, ce n'est certainement pas à un jugement optimiste que nous serons amenés; et pourtant ce sont bien là des notions essentiellement évolutionnistes.

L'optimisme, ce mot entendu en un sens tout général, ne saurait être le résultat que de l'expérience ou de certaines croyances qui ont l'avenir pour objet; et l'on peut dire que chez Spencer l'optimisme provient à la fois des unes et de l'autre, de la réalité comme de l'idéal. Or l'expérience conduit bien plutôt au pessimisme qu'à la doctrine opposée : « Le premier regard, dit Charles Secrétan, qui pénètre au-delà des voiles sous lesquels la nature cache ses douleurs et la société ses ignominies, nous a guéri pratiquement d'optimisme. Systématisé par des gens de santé florissante, qui raisonnaient sans observer, l'optimisme est la philosophie de l'enfance, l'à priori naïf du premier désir. Rapproché des faits, il devient burlesque. Certes, si le bonheur des êtres sensibles est réellement le seul but assignable au monde, n'hésitons pas à convenir que ce monde est une œuvre manquée; l'Ecclésiaste n'avait pas laissé grand' chose à dire sur ce point, et ce qui pouvait être utile pour compléter la démonstration, les pessimistes allemands l'ont fort bien déduit. » Quiconque a bien voulu ouvrir les yeux et regarder autour de lui dans la simple vie quotidienne, quiconque n'a pas fermé ses oreilles à tous les bruits qui montent de la terre, a vu le monde comme un vaste champ de combat où les blessés sont la presque totalité, a entendu plus de gémissements, plus de sanglots et de blasphèmes que de chants et de douces paroles! La vie est mauvaise! est-il besoin de sortir de soi pour le constater; hélas! quand le monde entier m'affirmerait et me démontrerait que la vie est bonne, il me suffirait de descendre en mon cœur pour y trouver un douloureux démenti! Je ne sais si la vie est bonne ou non en elle-même, mais je sens bien que je ne la fais point bonne. C'est un être extraordinaire, une exception à la grande règle qui régit toute l'humanité, celui qui affirme en tous temps que la réalité est bonne. Or quelle philosophie mieux et plus que celle de Spencer nous ramène à la réalité? Elle prétend nous placer au centre même de cette réalité en nous en donnant la loi; pour la trouver bonne ou belle ne faut-il pas la voir le plus souvent d'une façon conventionnelle, en faisant abstraction précisément de ces ombres, de ces tristesses que toujours l'expérience replace devant les yeux ?

Mais l'homme, créature spirituelle, peut pour ainsi dire s'arracher, partiellement au moins, à la réalité qui l'obsède et l'enserre, et même du sein de cette réalité regarder à une autre : c'est bien ce que fait Spencer et pourquoi il est optimiste. Ne semble-t-il pas que toute la partie sociale de son œuvre, et l'on sait combien importante est cette partie, ne soit qu'une illustration de cette parole de Vinet : « Dans le sentiment que nulle destinée individuelle ne s'achève, plusieurs ont transporté à la société l'espérance qu'ils ne pouvaient accomplir en eux-mêmes. » Cette société à venir, dont nous avons tenté l'esquisse dans la première partie de ce travail, c'est le Souverain Bien de Spencer, c'est le but, c'est l'idéal ! et c'est là ce qu'on offre aux regards avides de ceux qui désirent le bonheur ! c'est la consolation qu'on apporte aux vaincus de la vie, à tous ceux qui ont espéré en elle et qu'elle a trompés[1] ! Il nous paraît que c'est peu, et l'on se rappelle involontairement le dicton anglais : « L'homme aime et hait ce qui est près. » Bien plus, cet idéal, mirage pour nous, est-il au moins certain que l'humanité future y atteindra un jour ou l'autre ? Nullement : car, en fait, il dépend du soleil ; et pour connaître la loi qui régit l'univers dans sa totalité, nous n'en ignorons pas moins les détails de cette marche ; une affirmation pareille à celle que fait Spencer exigerait certainement l'omniscience, c'est-à-dire plus encore que le savoir unifié ! Du reste, si le principe d'utilité est juste, l'homme a le droit de réclamer *pour*

---

[1] Voir *Critique philosophique*, année 1884. *Les deux morales*, par Lionel Dauriac, p. 113 sq.

soi le bonheur, et non pas seulement pour l'être abstrait qu'il nomme humanité ; au nom de quoi lui imposer des sacrifices dont il ne retirera qu'une satisfaction assez vague et toute idéale ? Il n'est pas besoin de se placer à un point de vue utilitaire pour estimer cette prétention de l'être humain justifiée : c'est parce qu'il a une valeur spécifique en tant qu'être moral que l'homme, pensons-nous, peut réclamer sa part de bonheur ici-bas. Et si le bonheur est vraiment tel que l'a défini le philosophe évolutionniste, l'idéal pas plus que la réalité n'apportera à l'homme l'occasion de bénir la vie et de la proclamer bonne. Cet idéal de Spencer, il est en quelque sorte impersonnel, il nous est étranger ; il nous apparait comme le résultat d'une sorte de calcul de probabilités, une possibilité mathématique ; pourrait-il agir sur nous s'il n'était que cela ? ne faut-il pas qu'il soit plus qu'une simple représentation, une conviction ? Ou bien Spencer possède cette conviction et sa psychologie se trouve contredite, car la conviction est un acte moral qui implique choix et puissance personnelle de décision, ou bien cette conviction n'existe pas et l'idéal, réduit à l'état d'une pure possibilité, perd toute puissance ; l'optimisme ne nous parait plus avoir aucun fondement. Le plaisir n'est point suffisant comme but dernier, en définitive, de l'évolution ; comme M. Guyau nous croyons que « ce qui soutient l'humanité dans ses efforts incessants, c'est qu'elle s'imagine travailler pour quelque chose d'éternel ». Des prémisses d'où part Spencer, la nécessité universelle et l'égoïsme, ne peut naitre que le pessimisme, une philosophie de désespoir et de désenchantement.

Mais supposons même que nous possédions la certitude qui nous manque en la réalisation de cet âge d'or à venir, supposons que nous puissions assez nous désintéresser de nous-mêmes (un mot bien paradoxal quand il s'agit d'une doctrine utilitaire !) pour nous contenter d'une telle perspective, cette société idéale est-elle vraiment telle que nous ayons dès maintenant à nous en réjouir? La souffrance disparaitra presque absolument; ce qui en demeurera, minimum inévitable, la mort et les accidents imprévus, ne sera de l'aveu même de Spencer qu'une occasion pour l'individu de manifester ses sentiments altruistes; en réalité, une jouissance raffinée sera le dernier résultat du mal et non plus la souffrance; ici le sentiment intime, le sentiment humain le plus profond ne proteste-t-il pas contre une pareille prétention, contre cette possibilité seulement du malheur d'autrui non seulement nous laissant au fond indifférents, mais transformé, et cela dans une société parfaite, en cause de plaisir? Et si en parlant ainsi, nous sommes victimes d'une illusion, il ne nous parait nullement désirable d'échanger une telle illusion contre une réalité sans grandeur et sans beauté. Il y a plus même : dans cette humanité future, le désir, la soif du meilleur aura certainement disparu puisque l'homme n'aura plus rien à désirer; et « qui sait? le jour où, par impossible, les hommes seraient tellement heureux que le don de former des souhaits semblât désormais inutile, qui sait? saisis peut-être par la nostalgie du désir, qui n'est après tout que « la maladie de l'idéal », ils voudraient qu'on les renvoyât aux carrières pour y retrouver la souffrance et aussi la joie, son inséparable compagne[1] ». La perspective d'une moralité organique,

---

[1] Voir *Critique philosophique*, année 1884. *Les deux morales*, par Lionel Dauriac, p. 120.

d'une morale sans conscience, toute d'instinct, nous apparait comme une raison de pessimisme, et non pas d'optimisme ; l'homme vivant d'une existence sans luttes et sans efforts, ayant définitivement renoncé à ce qui aujourd'hui fait sa grandeur et sa dignité, cet homme-là nous ne saurions pour notre part le concevoir heureux et dès maintenant le proclamer tel.

Nous n'avons point ici à rechercher quelles sont les causes profondes et intimes de l'optimisme de Spencer, mais nous concluons que celles par lui indiquées ne sont nullement suffisantes pour justifier cet optimisme et surtout pour convaincre d'erreur un pessimiste. Et toute notre critique de sa tendance utilitaire et optimiste se pourrait résumer en un mot : « le plaisir ne suffit pas pour donner un sens à la vie » ; car si la vie n'est et ne peut être qu'agréable, cette affirmation lui enlève toute grandeur ; la justice, qui n'est, selon Spencer, qu'un équilibre, n'ayant en vue que l'intérêt, et un intérêt dont l'horizon est fort borné quoi qu'il paraisse, ne suffit pas à lui rendre cette grandeur dont d'autre part on la dépouille ; et si le sacrifice enfin auquel Spencer donne une place dans son système n'est qu'apparent, ce but, cet idéal auquel marche l'humanité et pour lequel sans doute elle souffre n'est qu'une illusion et un mensonge ; l'homme a cherché à vivre d'un rêve, il a cherché à s'arrêter pour échapper au vertige ; vaine illusion ! le flot mouvant et constamment changeant des choses l'emporte, et à l'heure où il s'en aperçoit l'optimisme lui parait la plus folle de toutes les folies ; la tradition qui nous représente Héraclite toujours triste et morose cache une vérité profonde.

§ 12. Prémisses et conséquences.

Une des difficultés et un des ennuis que présente la critique de tout système, et particulièrement celle d'un système aussi synthétique que l'évolutionnisme de Spencer, c'est que les mêmes questions reviennent de temps à autre, et en conséquence aussi les mêmes critiques ; du moins l'appréciation des mêmes sujets se fait sous différents angles ; c'est là une difficulté, car on ne peut toujours rester strictement dans un domaine sans empiéter sur un autre ; c'est là un ennui, car il résulte de cette répétition une monotonie qui fatigue. Nous avons cru devoir nous en excuser tout spécialement en abordant ce § 12. Les *Premiers principes* donnent, nous l'avons vu assez longuement au début, les bases de toute la « philosophie synthétique » de Spencer ; ils représentent ce que l'on appelle communément sa « philosophie ». Comme les autres parties de son œuvre n'en sont que les conséquences et la confirmation, et parmi ces parties les « principes de morale », il n'est que juste d'examiner s'il y a entre ceux-ci et cette « philosophie » la relation qu'affirme Spencer ; ou plutôt ce serait là sans doute un examen fort légitime, mais un travail qui exigerait une étude détaillée de toute l'œuvre de Spencer, et de bien plus encore ! Nous voudrions ici toucher seulement à quelques points, essentiels en morale, et terminer par là les observations que nous désirions présenter dans ce chapitre sur le « point de vue moral ».

Certains principes établis par Spencer sont absolument universels ; d'autres, principes des sciences particulières, ne s'étendent qu'à un domaine relativement restreint ; nous pourrions nommer ces derniers : principes d'application empirique. Or, ils doivent être, si les principes premiers et généraux sont régulièrement établis, des déductions de ces principes généraux. En faisant cette comparaison deux sortes de difficultés se présentent à nous : 1° dans certains cas les principes secondaires ne nous paraissent pas pouvoir se déduire de leurs prémisses; 2° en d'autres, au contraire, la déduction que fait Spencer nous paraît juste, mais son résultat est précisément, suivant nous, de supprimer le caractère moral des notions en cause. Les exemples feront mieux comprendre ce que nous entendons par ces difficultés; peut-être, nous tenons à le redire, revenons-nous en quelque mesure sur un terrain sur lequel déjà nous avons passé; que son importance soit notre excuse [1].

Les lois que l'on peut appeler lois de l'univers sont pour Spencer les lois du monde phénoménal, qui tombe sous les sens, ce sont celles de la matière et du mouvement, symboles de la réalité dernière; la loi d'évolution ou du rythme qui n'est que l'expression de la persistance de la force embrasse toutes les autres lois particulières. Celle de la direction générale du mouvement est la loi de moindre résistance; elle a, nous croyons l'avoir fait remarquer déjà, un caractère nettement mécanique ou physique; mais passant au domaine de la nature animée, nous la retrouvons sous le nom de lutte pour la vie ou sélection naturelle; qu'est-ce en effet que la loi de sélection naturelle sinon l'application

---

[1] Dans les § 8 *Questions préliminaires* et § 10 *Les notions de la morale*, nous avons cherché déjà à présenter quelques-unes des difficultés de déduction dans le système de Spencer. Nous étions là sur terrain encore assez général; nous voudrions ici le faire pour ce qui concerne deux ou trois points spéciaux à ce domaine de la morale.

du mécanisme à la biologie? et de même que la loi de moindre résistance nous apparaît avec un caractère absolu de nécessité, de même c'est nécessairement qu'agit la loi de sélection. Ce sont là des prémisses et des conséquences directes tirées d'elle. Si nous passons au domaine moral, c'est-à-dire de la conduite, nous pouvons, après Spencer, résumer les principes directeurs et essentiels de cette conduite d'un seul mot : égoïsme rationnel et justice et bienfaisance, ces deux derniers termes désignant comme l'épanouissement du premier. La justice, la bienfaisance nous donnent les deux formes d'altruisme que reconnaît Spencer, c'est-à-dire du principe de morale sociale; il est important de ne point mettre ces deux formes sur le même plan; elles sont loin d'avoir même valeur; la justice est principe nécessaire à l'existence de la société, ce n'est somme toute qu'une expression de l'équilibre social ou de la vie sociale; la justice est donc chose d'intérêt public; la bienfaisance demeure chose privée parce qu'elle ne sert qu'à faciliter et augmenter cette vie sociale [1]. Nous n'avons point ici, malgré l'intérêt et l'importance de ce sujet dans l'établissement d'une morale, à revenir sur les difficultés déjà signalées que nous paraît présenter la notion de justice au sens où l'entend Spencer. Le philosophe évolutionniste nous paraît, s'il n'entend le terme justice que d'un équilibre reflétant pour ainsi dire l'équilibre mathématique, appauvrir beaucoup cette notion; la justice vraiment morale, c'est-à-dire dont la source est non une nécessité extérieure comme la nécessité sociale, mais une obligation intime, est une harmo-

---

[1] Voir *Princ. mor.*, Part. IV-VI, et en outre dans Ire partie, §§ 109 et 110, ce qui concerne la division de la morale altruiste.

nie ou l'effort pour la réalisation de l'harmonie; il y a en elle bien plus, croyons-nous, que cette simple mise en équilibre que symbolise la balance. Comme l'a fait remarquer M. Guyau, il manque à la morale de Spencer et à ses principes fondamentaux ce « quelque chose » d'idéal, bien difficile à exprimer nettement, caractéristique pourtant de ce que nous avons l'habitude de nommer « moral », ce « quelque chose » qui manque d'ailleurs de façon générale à la morale utilitaire anglaise tout entière.

Partant de ces données de Spencer : justice et bienfaisance, comme représentant les deux principes de la morale sociale, nous rencontrons une première difficulté dans la compréhension du passage de l'une à l'autre; comment la déduction nous peut-elle conduire de la justice à la bienfaisance? au point de vue psychologique la loi de continuité est-elle satisfaite? Spencer est là pour nous le dire clairement : « Ces deux divisions doivent rester séparées »; et il prend soin de nous mettre en garde contre les abus auxquels pourrait porter un renversement dans l'ordre de ces deux principes : justice et bienfaisance; il a grand'peur de voir l'altruisme envahir tout le terrain de la morale et retarder ainsi sans doute le jour bienheureux où la nécessité aura achevé sa tâche [1]; en cela Spencer nous semble, par le fait de son optimisme, méconnaitre bien profondément le cœur humain! Quoi qu'il en soit, il reste établi qu'à ses yeux la bienfaisance ne saurait remplir d'autre rôle que celui d'une aide; on est en droit de se demander alors : Pourquoi donc est-elle là? le mot aide a-t-il droit de cité dans le vocabulaire d'un système absolument déterministe et

---

[1] Voir surtout : *Princ. mor.*, Iʳᵉ partie, chap. XII-XIII, passim.

fataliste? Sa justification, nous répond Spencer, est dans ce fait qu'elle a une utilité évidente pour le maintien de l'espèce et l'accroissement du bonheur, ces deux termes étant d'ailleurs synonymes, puisque le plaisir et l'activité vitale croissent ou diminuent en même temps. La bienfaisance trouve donc sa sanction dans ce fait qu'elle augmente la quantité de bonheur de l'humanité. Mais la justice n'a-t-elle pas en réalité la même sanction? La justice, nous l'avons remarqué en traitant du principe de la morale proprement dit, apparaît comme ce principe en tant que moyen de réaliser le maximum de vie; la bienfaisance fait-elle autre chose? Pourquoi alors cette séparation radicale entre les deux, et pourquoi en regard des prémisses posées par Spencer, affirmer que dans un cas l'Etat a pour tâche la réalisation de l'un des moyens tendant au maximum de vie, et dans l'autre que son devoir est au contraire de s'abstenir? Si la bienfaisance rentre vraiment dans le domaine moral, non seulement sa transgression, comme la transgression de la justice, est un mal, mais son omission elle-même en est un; si l'un des principes est nécessaire, nous ne voyons pas en vertu de quoi Spencer proclame l'autre principe facultatif. En fait, le philosophe anglais quitte ici le terrain de la déduction où il prétend demeurer et en revient aux données empiriques de la morale utilitaire; il ne réussit nullement, estimons-nous, à nous montrer le principe de bienfaisance comme moral au même titre que celui de justice; il n'y réussit pas parce que « moral » est chez lui synonyme de nécessaire ou de naturel, et qu'il n'admet point que cette bienfaisance soit nécessaire; le principe de bienfaisance et les applications qu'en fait Spencer nous paraissent être une concession, une accommodation aux idées courantes, un reste de ce vernis du christianisme dont Spencer n'est pourtant point l'ami.

La difficulté nous paraît grande de passer du principe de justice à celui de bienfaisance en partant des données générales du système évolutionniste; mais bien plus difficile à concevoir nous apparaît l'accord entre certains principes de biologie et celui de bienfaisance. Dans les premiers, nous avons une application stricte du mécanisme au domaine de la vie; matière (il est vrai que c'est matière organique!) et mouvement doivent tout expliquer; la loi suprême est que chaque être reçoit selon la nature qui lui a été donnée par ses parents; c'est une expression particulière de la loi générale de causation. Et si en regard nous mettons l'idée de bienfaisance, que désigne-t-elle sinon un moyen pour supprimer en des cas donnés cette causation trop rude et impitoyable, un moyen pour en adoucir l'action tout au moins? Nous demandons : Si la première loi, loi biologique, est que le supérieur recueille les avantages de sa supériorité et que l'inférieur souffre de son infériorité, cette loi est-elle donc dépassée par celle de bienfaisance? S'il en est ainsi sommes-nous toujours dans l'évolutionnisme mécaniste dont nous sommes partis? Ou bien la loi biologique est-elle transgressée, et que devient alors cet ordre immuable dont Spencer nous parle comme d'une bienfaisante nécessité? Le philosophe ne s'explique pas sur cette question, pourtant importante [1]. En réalité la bienfaisance dans le système de philosophie synthétique nous

---

[1] « Il n'est pas aisé, dit M. S. Alexander, de voir pourquoi la justice serait nécessaire à l'équilibre social et la bienfaisance non... C'est une étrange conception de l'équilibre social que celle laissant hors de compte des forces qui s'y rapportent; et quelle force est plus grande que les sentiments de ceux qui se révoltent contre une

apparaît (nous y revenons encore) non comme une partie constitutive, mais comme une sorte de hors-d'œuvre, comme une véritable concession faite aux idées de la morale sociale générale. Une telle concession ne devrait point se trouver dans un système qui nous donnerait l'absolue réalité, la Vérité ; que Spencer nie que ce soit là une concession, nous n'en doutons nullement, mais ne sommes-nous pas forcés de l'envisager comme telle en regard des autres éléments principiels de son système ?

Qu'est-ce après tout que l'altruisme tel que l'entend Spencer, sous ses deux formes de justice et bienfaisance, mais surtout sous cette dernière ? Ch. Secrétan l'a caractérisé d'un mot : « Une variété de l'égoïsme. » L'homme, d'après Spencer, une fois devenu conscient des motifs et des mobiles qui règlent ses actions, ne pourrait plus voir effectivement en cet altruisme qu'un égoïsme bien entendu ; et cette remarque nous amène nécessairement à cette constatation plus générale : il n'y a donc dans le monde moral qu'un seul principe : l'égoïsme ? Le philosophe évolutionniste, sans se préoccuper de ce que cette affirmation a de pénible pour notre sentiment intime, répondra certainement : oui ; il faut dire à la décharge de Spencer que le sens où il prend ce mot égoïsme est si vague et général, si impersonnel pour ainsi dire, qu'il lui permet peut-être plus ou moins cette inconséquence de statuer aussi un altruisme ; il n'en reste pas moins que, remontant à sa source, c'est à l'égoïsme seul qu'on revient ; l'altruisme, c'est tout ce qui fait pour ainsi dire sortir relativement l'homme de

---

existence laissée aux seules conséquences de leur infériorité. » *Mind*, New Series, vol. III, année 1894. *The principles of Ethics*, by H. Spencer, vol. II. Critique de M. S. Alexander dans *Critical Notices*.

soi-même, c'est le sacrifice exigé par la conservation de la race ; le sacrifice de certains individus comme le sacrifice relatif de chaque individu est nécessaire en vertu des lois suprêmes qui régissent l'univers. Un sacrifice nécessaire! n'y a-t-il pas, si l'on prend ces termes d'autre façon que fort superficiellement, contradiction entre eux ? Un sacrifice nécessaire a-t-il quelque ressemblance avec la charité ? L'altruisme de Spencer, bien qu'il ait la prétention de remplacer la charité, n'en est qu'une parodie! Le dévouement imposé, le sacrifice qui n'est point le fait d'une libre détermination, le don de soi qui n'est pas don intérieur avant d'être extérieur, ont pour nous perdu leur sens profond et sont autant de termes qui désignent des illusions dont notre vanité se pare. Et nous ne pouvons pas admettre les objections que fait Spencer au nom de la logique dans l'application du principe altruiste ; comme lui en d'autres occasions, nous en appelons au domaine psychologique : tout d'abord les craintes qu'il manifeste à l'égard du principe altruiste, supposé devenu norme suprême de conduite, sont fort exagérées ; et l'homme qui connait le cœur humain, ne fût-ce que bien peu, pourrait-il jamais prétendre qu'un altruisme excessif est le mal dont nous pourrions avoir à nous garder ? Certes, l'homme ne peut faire abstraction de sa personnalité, et il ne le doit pas non plus ; la règle morale suprême est une règle d'harmonie, et après Ch. Secrétan nous remarquons que l'expression la plus parfaite de cette règle c'est : « aimer son prochain *comme* soi-même. » Nous sommes constamment ramenés à notre moi, et l'amour de soi est légitime ; mais affirmer que la charité n'est qu'un reflet et comme une sorte de raffinement de l'égoïsme, c'est au nom de l'à priori de continuité universelle méconnaître une différence essentielle. Le rapport de la justice à l'amour, pour employer un terme très général, nous paraît être le contraire justement de celui statué par Spencer ; non la justice comme principe moral ultime, en somme, et la bienfaisance comme aide et principe secondaire ; mais la charité, l'amour comme principe suprême de la conduite, et « la justice comme l'ordre de la charité ». Le premier principe actif, expansif ; le second, principe de limitation et d'équilibre. Et si, pour revenir à Spencer, prendre la justice comme idée directrice dans l'établissement d'un code moral nous paraît parfaitement légitime, suivant les prémisses desquelles on part, joindre à cette idée celle de bienfaisance, comme une sorte de palliatif de la première, nous semble à vrai dire peu scientifique et peu déductif !

Du reste aussi bien justice que bienfaisance ne sont que des moyens, et leur valeur réside en ce qu'ils tendent à ce terme idéal encore, la société de l'avenir, c'est-à-dire la prospérité, la santé, la vie complète. C'est là l'idéal de Spencer ; or, pour travailler à la réalisation d'un idéal, il faut tout d'abord y croire, être persuadé qu'un jour il deviendra réalité ; un perpétuel effort tenté vers un but toujours fuyant ne laisserait bientôt que lassitude et découragement ; de cet idéal, rien dans les données purement empiriques ne garantit selon nous d'une façon absolue la réalisation.

Cet idéal lui-même, tel que l'a conçu Spencer et tel qu'il en expose la réalisation, présente des difficultés nombreuses et de tous genres ; nous en avons vu déjà plusieurs détails ; rappelons ici seulement en raison de leur importance deux observations de M. Sidgwick non sur un point spécial de cette conception, mais sur son ensemble : 1° La société future telle que la conçoit Spencer n'est bâtie, prétend celui-ci, que sur les données de la science ; son critique y voit, avec raison nous semble-t-il, une part assez large laissée à l'imagination. Pour ne parler que d'un point, les relations entre membres de cette société, celles entre gouvernants et gouvernés n'apparaissent-elles pas manifestement comme établies selon les préférences personnelles du philosophe plutôt que de façon « objective » ? 2° Ce code idéal, supposé même qu'il répondit complètement à ses prétentions scientifiques, pourrait-il nous être actuellement de grande utilité ? « Nous ne pouvons même affirmer que le mieux serait de chercher à le réaliser (actuellement) le plus possible. Car, si cette société se réalise, il y a entre elle et nous un abîme d'évolution ; d'où il est possible que le moyen d'arriver à ce point soit autre que le chemin le plus direct, et que nous l'atteignions plus aisément si nous commençons par demeurer loin de lui [1]. »

Quelque paradoxale que puisse au premier abord paraître cette dernière remarque, elle nous semble très juste après réflexion ; ce doute exprimé par M. Sidgwick nous l'avons aussi lorsque nous nous rappelons que l'état idéal représente une phase de l'évolution universelle à laquelle nous tendons, mais qui ne viendra qu'à son heure, et que nous sommes loin de connaître tous les facteurs, de plus en plus complexes, de cette évolution. De plus, si la personnalité de Spencer se reflète dans son rêve de bonheur social futur, au nom de quel principe réfutera-t-il le communiste ou tout autre théoricien dont les idées seront à l'antipode des siennes ?

Mais le point central de cette question que nous pour-

---

[1] Voir *Mind*, vol. V, année 1880, p. 216, l'article de M. Sidgwick déjà cité : *Mr. Spencer's Ethical System*.

rions appeler « la question de l'idéal chez Spencer » et sur lequel nous paraît devoir insister la critique, c'est que la possibilité même de ce que nous nommons idéal nous semble détruite par un évolutionnisme conséquent. Qu'est-ce donc dans la morale, science de la conduite humaine, que l'idéal sinon la nature même de l'homme portée à la perfection ?

Sans entrer dans aucun détail nous pouvons le définir comme le développement harmonieux de l'individu complet, et dans la société comme l'établissement général de la justice et de la fraternité. Mais Spencer tente-t-il autre chose ? Il fonde ainsi qu'on l'a fort bien exprimé « un royaume des cieux laïque ». Sans doute, mais cet établissement n'est point en accord avec ses prémisses et c'est par une inconséquence qu'il nous donne un code moral tel qu'il nous donne. L'idéal même lui en est interdit, et voici pourquoi à notre avis : 1° Les lois dites sociologiques, espèce particulière de la loi naturelle générale, doivent relier le passé au présent, faire comprendre celui-ci par celui-là. Rien de plus simple et de plus clair, comme expression théorique ; mais la simplicité disparaît lorsqu'on se transporte sur le terrain pratique de l'application. Pour expliquer les faits de façon prétendue scientifique on en élimine un élément capital : l'activité humaine dans ce qu'elle a de spécifique ; les lois historiques en elles-mêmes ne sont point en fait tenues pour nécessitantes ; en établissant des antécédents qui prétendent à l'explication des phénomènes, elles établissent, pense M. Boutroux, non point réellement des causes, mais des facteurs d'influence ; aussi le philosophe français est-il fondé à se poser cette question : existe-t-il vraiment des lois historiques au même titre qu'il existe des lois chimiques, physiques ou mécaniques ? Le plus simple et le plus probant n'est-ce pas en pareille matière d'interroger non le pur théoricien, mais l'historien spécialiste? Or, M. Fustel de Coulange, que cite ici M. Boutroux, estime qu'en histoire on détermine parfois des causes, mais pas de lois proprement dites. Ces lois, qui exprimeraient en des formules les actions composantes de la conduite, que l'on nomme physico-sociologiques, n'ont pas le caractère rigoureusement positif et scientifique que l'on serait en droit de leur réclamer; pour qu'il en fût ainsi, les faits sociaux devraient avoir des équivalents purement mécaniques; ces équivalents existent-ils? On invoque il est vrai la statistique, application de la mathématique aux faits sociaux; mais la statistique est loin, combien loin! de nous donner cette réalité sociale que doit exprimer l'histoire.

Sciences mathématiques et sciences qui ont pour objet la société sont comme deux extrêmes dans la classification générale des différentes branches du savoir humain; vouloir les faire coïncider, ramener de façon absolue les dernières aux premières déforme certainement la réalité historique. Dans l'établissement de sa société future Spencer doit s'en référer à des lois sociologiques; la logique de son système l'exige et le caractère général de son œuvre ne fait que confirmer cette nécessité; or, cette référence nous apparaît comme impossible; un caractère essentiel manque pour cela. Dès que nous parlons d'idéal n'impliquons-nous pas une activité libre et spontanée de l'esprit, un pouvoir de choisir non soumis à la nécessité externe ou au déterminisme interne? L'idéal donné par les lois générales du monde, imposé à l'homme, serait-il encore idéal? Le mot demeurerait, la chose ne serait plus la même; idéal implique pour nous l'idée de perfection, et chez Spencer aussi, puisque franchissant d'un coup d'aile tous les échelons des « mieux », il rêve d'une société parfaite basée sur l'absolue justice et l'équilibre complet. Si l'idéal demande la perfection comme élément indispensable, il importe de savoir ce que signifie cette perfection, comment elle est explicable, si la notion n'en est point irréductible. Nous croyons que l'idée de perfection, ainsi que nous le dirons plus tard, conduit à l'absolu [1].

2° Mais sans doute un partisan de l'évolutionnisme de Spencer nous aurait dès longtemps interrompu en nous disant : « Vous parlez d'idéal de façon telle que l'illusion dont vous êtes victime apparaît clairement ; nous ne pouvons admettre l'idéal en ce sens. » En fait nous nommons idéal ce que le philosophe évolutionniste nomme point d'arrivée, terme d'évolution ; il n'y a guère là qu'une différence de mots ; des termes différents s'appliquent sans doute à des choses différentes, en général ; mais l'important est de savoir en quel sens les termes en question sont entendus. Ou bien Spencer entend par idéal le terme de l'évolution nécessaire auquel nous arriverons nécessairement et nous ne pouvons l'entendre de même façon. Ou bien le philosophe anglais a devant les yeux réellement un idéal, auquel il tend dans la pratique (et nous croyons qu'il en est bien ainsi !) et par là il nous paraît en contradiction avec ses prémisses générales.

Qu'est-ce en effet que ce terme de l'évolution vers lequel il dirige nos regards? Nous savons, lui-même

---

[1] Ces remarques se rattachent directement aux critiques que nous avons présentées déjà au sujet de l'idée de continuité. Consultez *De l'idée de loi naturelle dans la science et la philosophie contemporaines*, par E. Boutroux, spécialement le chap. XIII : Des lois sociologiques.

nous l'a répété assez souvent pour cela, que nous ne pouvons connaître, espérer et croire que le relatif; après l'évolution si longue qui nous doit conduire au bonheur de la société future viendront de nouvelles évolutions; l'univers, notre système solaire en tous cas, recommencera à toujours son intégration suivie de désintégration; et si dans cette course infinie nous pouvons attendre un terme quelconque, réel, ce ne peut être que l'immobilité et la mort éternelles. Spencer nous dit que c'est là d'ailleurs une hypothèse invérifiable et inconcevable. De quel droit choisit-il un moment de l'évolution pour nous le montrer comme but ? C'est un sommet, mais nous en devons forcément redescendre; l'humanité ne saurait ainsi s'arrêter dans sa course; Spencer ne le prétend pas non plus; au nom même du principe d'évolution nous n'en pouvons rester à ce mirage qu'il nous fait entrevoir; voyageuse un instant arrêtée en un lieu de paix et de justice, l'humanité reviendra à ses luttes sans doute, à ses douleurs de toutes sortes jusqu'à ce qu'elle disparaisse et cède sa place à d'autres humanités, qui recommenceront les mêmes cycles. Le mot but, fin, n'a et ne peut avoir de sens pour l'évolutionniste conséquent; le mot idéal qui désigne une fin que l'homme se fixe à soi-même et dont il cherche à faire une réalité en pourrait-il avoir? Et n'y aurait-il là qu'une discussion scolastique? Nous ne le croyons pas. C'est par une inconséquence que Spencer se propose à lui-même et nous propose un idéal.

Mais laissons la « question de l'idéal » ou du but social proprement dite, ce couronnement de toute la sociologie de notre philosophe; cette théorie sociale qu'il fait sienne ne repose point seulement, selon M. Renouvier, comme le voudrait Spencer, sur les bases qu'il a établies dans les *Premiers principes*; si nous allons plus avant nous la voyons en dernière analyse s'appuyer sur un à priori moral. Le philosophe criticiste l'exprime ainsi : « On est moral comme les hommes de son temps » ; en d'autres termes la morale générale et théorique tout au moins qui est professée aujourd'hui dans les milieux où Spencer a vécu est vraiment morale ; à ceci d'ailleurs presque uniquement se réduit cette idée-résumé de la morale : « La paix est meilleure que la guerre. » Car c'est la paix qui apparait comme le but poursuivi par Spencer dans toute son œuvre sociale ; le progrès est une marche vers un état de paix toujours plus parfait. « Au fond le vrai mobile du penseur évolutionniste est un jugement moral par lequel il décide de ce qui fait la supériorité morale d'une société, donc et premièrement d'une personne, car la source est là [1]. »

Si nous avons des raisons pour admettre beaucoup de ce que Spencer nous donne comme idéal, ces raisons sont d'ordre moral et non point d'ordre scientifique, nous pourrions dire d'ordre mécanique ; mais nous ne voyons chez Spencer lui-même aucune raison, s'il veut demeurer dans la logique de son système, pour admettre son idéal comme définitif ; or, s'il n'est point définitif il n'a plus droit à ce nom.

Nous parlons d'idéal en ayant toujours en vue le sens social de ce terme : l'établissement du règne de la justice ou de l'équilibre parfait. Spencer est avant tout un homme de science et son idéal personnel, toute son œuvre en est le vivant témoignage, n'est rien moins que d'atteindre à la vérité suprême ; il a même sur le devoir du savant devant cette vérité une très belle page dans

---

[1] *Critique philosophique*, année 1879, p. 415.

ses *Premiers principes* : « Que si quelqu'un, dit-il, hésite à proclamer ce qu'il croit être la vérité suprême, de peur qu'elle ne soit trop avancée pour son temps, il trouvera des raisons de se rassurer en envisageant ses actes à un point de vue impersonnel... Qu'il se rappelle que, s'il est fils du passé, il est père de l'avenir, que ses pensées sont ses enfants et qu'il ne doit pas les laisser périr dans l'abandon... L'homme sage ne regarde pas la foi qu'il porte en lui comme un accident sans importance. Il manifeste sans crainte la vérité suprême qu'il aperçoit. Il sait qu'alors, quoi qu'il advienne, il joue son vrai rôle dans le monde [1]... » A vrai dire, et toujours en vertu de certaines prémisses que nous n'avons pas à rappeler, Spencer nous parait mettre à la place de la vérité le « vrai » ; ceci n'est point une subtilité de logique, une chicane de mots ; si le vrai, estimons-nous, a même importance en tous domaines la vérité disparait ; les vérités, pour ainsi dire, nous voilent la vérité. Mais restons-en à l'idée de Spencer : il faut rechercher pour son compte le vrai en tous domaines et le communiquer aux autres afin que par la vérité le bonheur se répande. Ici M. Guyau fait observer justement que la recherche et la communication à d'autres de la vérité élève celui qui s'y adonne au-dessus de l'utilitarisme ; du moins ainsi l'a-t-on envisagé le plus souvent. Si l'intelligence elle aussi rentre sous les lois du seul intérêt, la vérité n'est plus alors qu'un plaisir délicat ; faire de la vérité à laquelle le savant sacrifie sa vie parfois un instrument, un moyen qui n'a en soi aucune valeur, c'est lui enlever sa grandeur et sa dignité ; et l'homme se pourra-t-il résoudre à ce dernier dépouillement ? D'autre part, pour communiquer à d'autres la

---

[1] *Prem. princ.*, Ire partie, chap. V, § 34, p. 108, 109.

vérité, ce que je conçois comme vérité du moins, il faut que je me désintéresse de moi-même ; la vérité peut m'attirer la persécution, je peux souffrir de mon œuvre, et dès lors j'ai intérêt à la cacher. Je sais qu'un jour ou l'autre cette vérité finira par apparaître et par éclairer l'humanité ; il est donc inutile que je me sacrifie aujourd'hui ; j'y suis porté, je crois entendre une voix qui me pousse à ce désintéressement ?... quand j'aurai reconnu que c'est une illusion, quand je saurai réellement que tout vient à son heure, ne me guérirai-je pas de cette illusion ? Enfin, si mes idées, mes sentiments sont le résultat de cette force dont je suis moi-même tout entier une manifestation, s'il en est de même pour mon voisin, qui donc dira lequel de nous deux a raison, lequel communiquera à l'autre la vérité ; une opinion en vaut une autre et le mot vérité devient un mot illusoire ; pour pouvoir communiquer la vérité, pour croire à la possibilité même de cette communication, il faut croire à la liberté, à la puissance de l'esprit. Nous sommes persuadé que la liberté est aussi bien le ressort du monde intellectuel que celui du monde moral et cela parce que le premier a ses racines dans le second[1].

L'idéal ne forme encore qu'une partie de la vie morale de l'homme, ou plutôt il n'est vraiment idéal que si l'on tend à sa réalisation ; un idéal qui demeure simplement idée, rêve, n'est qu'une utopie. C'est ici que nous abordons la seconde catégorie des questions qui font l'objet de ce paragraphe : après les points capitaux qui nous paraissent en contradiction avec les prémisses de Spen-

---

[1] Voir *Le principe de la morale*, par Ch. Secrétan, p. 77 et sq., et d'une façon générale toute l'œuvre philosophique du penseur vaudois.

cer, ceux qui sont logiquement déduits mais que nous ne pouvons accepter, et cela au nom de ce que nous croyons être la vérité. Que deviennent chez le philosophe évolutionniste le devoir, l'obligation, la sanction, tous les éléments constitutifs de la loi et de la conscience morales ? Nous avons dit sommairement dans la première partie comment il entendait ces notions, pour nous capitales [1]. Des deux éléments dont se compose la notion de devoir, notion que nous croyions simple et que l'analyse évolutionniste décompose, l'un, l'élément d'utilité, a été examiné déjà; de l'autre, l'élément d'obligation, nous avons dit qu'il était pour Spencer la trace en l'homme du passé social. « Le sentiment d'obligation, dit M. Guyau, pourrait se définir chez Spencer : la conscience du déterminisme réciproque par lequel nos ancêtres nous nécessitent au bien social et par lequel nous nécessitons au bien nos descendants. » L'homme primitif vit dans une crainte presque perpétuelle, résultat de la lutte et de la violence qui règnent partout ; il craint la vengeance de ses compagnons, il craint la colère et le caprice des chefs, il craint les puissances divines d'autant plus redoutables qu'elles agissent de façon plus mystérieuse, il craint enfin l'opinion de toute la tribu ; tous ces sentiments particuliers de crainte forment comme l'élément concret qui devient principe directeur de sa conduite ; et l'abstrait qui en demeure dans la race est la notion, le sentiment vague d'obligation s'unissant à la représentation de certains actes ; ces sentiments primitifs ont produit en lui des modifications nerveuses et ont donné naissance dans le cerveau à un véritable « organe moral »; le produit de cet organe est précisément le sentiment d'obligation s'unis-

[1] Voir p. 101 sq. du présent travail.

sant à la représentation d'un certain type idéal de société ; c'est un élément intellectuel qui nous paraît inné à notre cerveau, bien qu'en fait nous sachions que les idées innées ne le sont pas au sens absolu ; innées pour l'individu, elles sont acquises par le développement de la race. Cette explication ne serait admissible qu'au cas où Spencer nous montrerait d'où vient ce type idéal de société, ce type de perfection ; nous avons dit déjà que le philosophe anglais ne nous le montre point. L'idée de moralité ou de sociabilité, car les deux termes sont synonymes dans le système de Spencer, n'est en réalité qu'une idée fixe, une sorte d'obsession mentale produite par la fréquence des expériences de la vie sociale ; la notion comme le sentiment d'obligation rentrent dans la catégorie des hallucinations constantes, hallucination utile certainement puisqu'elle est un des facteurs capitaux dans la morale actuelle, mais enfin fait anormal et qui doit comme tel disparaitre quand il aura rempli son rôle.

Malheureusement Spencer est venu nous dévoiler le mystère trop tôt et par là il a gâté son œuvre, s'il ne l'a rendue complètement vaine. On sait que les hallucinations se divisent en hallucinations inconscientes et conscientes, ces dernières appelées aussi idées fixes ; l'artiste n'est qu'un halluciné conscient de soi-même ; la moralité est une sorte d'inspiration artistique commune à presque tous les hommes et qui ne diffère de cette inspiration artistique qu'en ceci : l'homme en croit son objet réel ; nous croyons en un pouvoir mystique qui serait en nous et que nous nommons liberté ; telle est la base de la morale. Mais une fois que l'halluciné aura compris son illusion, il n'éprouvera plus aucune peine à violer ce qu'il appelait auparavant devoir ; aux premières transgressions son sentiment intime répugnera peut-être, mais il saura qu'il peut passer outre ; une fois devenu conscient de ce qu'est vraiment le devoir, se sachant sous l'empire d'une obsession, il sera capable de choisir entre les maux et les plaisirs véritables, en faisant abstraction de cet élément destiné un jour à disparaître et qui n'est aujourd'hui qu'un moyen social.

Les partisans de la morale du devoir voulant prouver combien leur croyance est fondée invoquent à cet effet le phénomène du remords. Mais que devient le remords chez Spencer ? un trouble organique, physiologique autant que psychique qui se produit dans « l'organe moral ». Bien et mal se ramenant à utile ou inutile, à plus ou moins utile, en nous sentant coupables nous sommes victimes toujours de la même hallucination ; nous n'avons pas en fait commis de mal, nous n'avons fait que nous tromper peut-être sur le chemin que nous devions prendre ou pris un chemin plus long ; mais si nous nous imaginions avoir transgressé quelque loi supérieure aux lois générales et mécaniques de l'univers, le raisonnement bien vite nous démontrerait notre erreur. Aussi, de même que le sentiment d'obligation, celui de douleur morale que nous nommons remords est destiné à disparaître un jour ; et puisque nous le savons aujourd'hui déjà grâce à Spencer, le meilleur moyen pour nous éviter des peines inutiles n'est-il pas dès maintenant de nous affranchir de ce remords, de nous guérir de notre hallucination ? Qui pourrait nous en empêcher ? et au nom de quel principe supérieur ? L'égoïsme qui forme le fond de notre nature, tout rationnel qu'il soit, n'en demeure pas moins égoïsme et il nous fournira assez de raisons et assez d'occasions d'éviter le sacrifice et le devoir, ces deux mots désignant d'ailleurs souvent la même chose. Le sentiment d'obligation dont Spencer nous a dévoilé et la genèse et le mécanisme n'obligera plus à rien et l'on peut dire que l'effort tenté par le philosophe pour nous faire atteindre à la vérité sera justement la cause qui nous empêchera d'y parvenir [1].

Enfin, toujours à propos de la notion d'obligation chez Spencer, il reste à faire une dernière remarque : cette obligation n'est au fond que « coercivité », elle est comme l'idéation de la contrainte que subit l'homme au début de l'évolution, elle en est, comme le dit Spencer lui-même, l'abstraction ; nous croyons certainement que les divers facteurs sociaux extérieurs : pouvoir de la loi, du chef, pouvoir attribué à la divinité produisent des sentiments qui souvent se mêlent à l'obligation morale et peuvent même en des cas nombreux en tenir lieu ; mais ce que nous ne saurions admettre, c'est que psychologiquement entre la peur et le sentiment d'obligation moral réel, pur, il n'y ait que différence de degré ou différence de plus ou moins d'abstraction ; nous n'entendons pas très bien d'ailleurs cette image d'abstraction de sentiments. Le sentiment qui nous pousse à agir pour satisfaire un désir, accomplir un acte simplement utile est-il le même que celui du devoir ? Nous pouvons nous sentir, et qui n'a fait telle expérience ? parfaitement en règle vis-à-vis de ces autorités extérieures invoquées par Spencer, n'avoir absolument rien à redouter des hommes et cependant sentir en nous un état anormal, un désordre ! Et lorsque la réprobation de l'opinion, de la loi peut-être, des représentants même de la divinité en

[1] Nous renvoyons pour la critique plus détaillée de ce point à l'ouvrage de M. Guyau, à plusieurs reprises déjà cité.

laquelle nous croyons pèse sur nous, nous pouvons nous sentir libres et sans condamnation ! Quel est donc ce juge qui s'arroge une telle autorité? Suffit-il de l'explication de Spencer pour nous dévoiler à nous-mêmes ce mystère? L'obligation n'est que l'élément formel du devoir et son caractère auguste lui vient en morale de son contenu : la sainteté, dont l'homme seul, être esprit, est à notre connaissance capable. Or cette notion de sainteté profondément intime en sa nature et par sa sanction, nous arrache à toute considération utilitaire, elle doit avoir si elle existe une valeur absolue en elle-même ; elle représente pour nous l'idéal en même temps que le devoir moral, devoir parce qu'elle est idéal ; elle nous conduit au domaine religieux parce qu'elle est notion religieuse autant que morale, parce que la réalisation de cette sainteté ne serait pour l'homme seul que la plus désespérante des illusions dont il se serait bercé.

En résumé, partant des prémisses posées par Spencer l'obligation morale non seulement est destinée à disparaître dans la suite, mais dès maintenant elle est en fait supprimée ; et cette obligation en se ramenant à la contrainte perd par là le caractère que nous considérons comme spécifiquement moral ; c'est de beaucoup la plus grave et la plus conséquente de toutes les critiques qu'on puisse adresser à Spencer[1].

---

[1] On aura remarqué à maintes reprises, au cours surtout de ce chapitre sur « le point de vue moral », le rapport étroit qu'il y a entre les tendances de la morale de Spencer et les doctrines sociologiques de l'école de Manchester. On sait que la sociologie est un des domaines dont Spencer s'est le plus occupé, et que c'est par ses études spécialement en ce domaine qu'il s'est fait connaître tout d'abord; la morale n'est au fond pour lui qu'une branche de la sociologie, malgré la prééminence théorique qu'il donne à la première.

CHAPITRE VI

Le point de vue religieux.

§ 13. La réconciliation de la science et de la religion.

En abordant ce dernier chapitre d'un travail sur le « principe de la morale », nous n'avons nullement l'intention en parlant de religion de quitter un domaine et d'en aborder un autre; ce n'est point ici un hors-d'œuvre, mais une partie que nous considérons comme complément nécessaire des précédentes et non certes comme la moins importante. Non seulement notre conviction personnelle, c'est qu'il est impossible d'épuiser la morale, de la creuser un peu sans être sur terrain religieux, mais Spencer lui-même nous montre toute l'importance de la religion en nous la faisant voir comme la charpente destinée à édifier la morale [1]. Mais une charpente ne saurait demeurer toujours, elle est destinée à disparaitre. Cependant la religion ne disparaitra pas complètement, elle est encore une réalité puisque Spencer a pour but, par sa « Philosophie syn-

---

[1] Voir *Princ. mor.*, II⁰ partie, chap. I, § 112, et p. 118 sq. de ce travail.

thétique » et tout spécialement dans la première partie de ses *Premiers principes*, d'opérer une réconciliation entre science et religion. Il y a donc chez lui une double notion de cette religion : une que nous pourrions nommer primitive, ecclésiastique et qui est spécialement émotionnelle; l'autre, la notion positive ou scientifique, actuelle et de caractère surtout intellectuel; entre ces deux notions, bien qu'on passe insensiblement comme en toute évolution de l'une à l'autre, la transition ne nous paraît pas clairement indiquée.

Avant d'aborder la réconciliation proprement dite de la science avec la religion, il importe d'examiner ce que signifient chez Spencer ces notions, ce qu'elles impliquent. La théorie générale du philosophe anglais, théorie des origines de toute religion, est celle de l'*animisme*. Spencer n'use pas du terme animisme, mais on peut voir qu'il est d'accord avec cette doctrine par de nombreuses conclusions spéciales aussi bien que par sa position dans deux questions fondamentales. M. E. Tylor met en relief cet accord [1] : 1° sur l'origine de l'idée d'une âme humaine, et 2° sur l'évolution des idées d'esprits et de divinités dans la race humaine. Ces deux points sont en étroite relation, car entre l'homme et la divinité quelle qu'elle soit, si élevée qu'on en conçoive la nature, il n'y a réellement aucune solution de continuité; c'est par l'adoration grossière et matérielle des ancêtres redoutés que commence le processus aboutissant à un culte purement intellectuel.

Mais cette théorie exige au point de départ une représentation à priori et fort peu conséquente souvent du

[1] *Mind*, vol. II, année 1877, p. 141 sq. *Mr. Spencer's Principles of Sociology*, by Ed. Tylor.

sauvage : « Il faut remarquer, dit M. Tylor, que la faute de nous tous qui étudions les idées primitives de l'homme est de traiter l'esprit du [sauvage suivant les besoins de notre argumentation, quelquefois comme très ignorant et inconséquent, et d'autres fois comme extrèmement observateur et logique [1]. » Et il ajoute : « M. Spencer, malgré son désir d'être impartial, n'est pas toujours libre à l'égard de cette tendance. » Pour n'être pas de Spencer, cette remarque, qui est un aveu, n'en est pas moins précieuse, car en M. Tylor nous avons affaire à un sociologue.

Ce sont surtout des lacunes que nous avons à mentionner ici, des difficultés qui sont posées par la théorie même de Spencer. Est-il possible de nous représenter aujourd'hui un premier état de connaissance, de distinction morale, de raison et de justice dont l'humanité serait partie en la personne de ses premiers représentants ? Spencer conçoit la nature de l'homme primitif comme privée de tout élément de moralité ; c'est là une hypothèse, ce n'est nullement un fait vérifié et vérifiable ; c'est une hypothèse que réclament les prémisses d'où part Spencer, elle n'a point de preuves qui l'imposent à qui la voudrait rejeter. Les idées et les facultés de l'homme primitif, estime M. Renouvier, sont données au philosophe évolutionniste par son système. Il faut que Spencer débute par un postulat implicite : l'homme primitif doit avoir usé des mêmes procédés logiques que ses successeurs. Admettons le postulat ; une grosse difficulté demeure cependant : l'animal, ancêtre physiologique et aussi psychologique de l'homme, n'est point sujet aux illusions qui prennent corps en cet homme

[1] Ouv. et articl. cités à la page précédente.

sous la forme de l'idée religieuse ; comment donc l'homme, supérieur certainement à cet animal, le peut-il être ? « L'homme primitif de M. Spencer est l'animal atteint de folie en vertu de la nature même ou du cours naturel des choses. » Ou bien cette déchéance est un effet de l'usage de sa liberté et par là le déterminisme serait contredit ; ou bien il n'y a pas dans le développement des êtres la continuité que veut y voir Spencer, et c'est l'évolutionnisme qui est contredit.

L'idée ou illusion religieuse primitive repose : 1° sur une dualité apparente et presque générale des choses, et 2° sur l'observation de certaines métamorphoses dans la nature ; en se contentant de cette explication, Spencer méconnait deux faits importants qui paraissent scientifiquement établis : 1° le penchant de l'homme primitif à personnifier toutes choses ; 2° la conscience que ce même homme possède de soi-même comme être pensant ; l'âme pensante, dépourvue de toute qualité matérielle, n'est chez Spencer que le résultat d'un long procès de subtilisation [1].

Et si maintenant nous laissons de côté les difficultés que peut présenter le point de départ et l'établissement de la théorie animiste d'après Spencer, si nous supposons cette théorie admise en principe, sera-t-elle suffisante pour nous rendre compte de l'existence de toutes les formes de la religion ? M. Tylor se plaçant à un point de vue purement sociologique est en désaccord avec Spencer sur deux points principaux : 1° le culte des ancêtres est la racine de tout culte ; le culte des animaux par conséquent n'en est qu'une forme dérivée et dégui-

---

[1] Consultez *Critique philosophique*, année 1879, une série d'articles de M. Renouvier sur les *Principes de sociologie* de H. Spencer, p. 27, 82, 217, 407, etc.

sée. Or cette forme est l'effet de plusieurs causes dont l'une des principales est la fausse compréhension de certains noms personnels. Lorsqu'on met en regard une cause de caractère aussi accidentel et l'importance considérable du culte des animaux dans les religions de l'humanité, le rôle qu'il a joué dans le monde antique et qu'il joue aujourd'hui encore, on ne peut s'empêcher de trouver à l'hypothèse un caractère bien artificiel. 2° Il est reconnu par la science mythologique que souvent les héros d'un peuple sont dans la suite mis au rang de demi-dieux ; non seulement la Grèce antique nous en donne de nombreux exemples, mais des peuplades primitives telles que les Zoulous et certaines races américaines. En résulte-t-il que le savant soit autorisé à étendre, ainsi que le fait Spencer, ce procédé de divinisation à toutes les divinités, aux grands dieux des religions polythéistes comme au Dieu du monothéisme ? Ce dernier point est pour nous spécialement important ; les origines de l'hébraïsme sont dans l'alliance traitée entre Dieu et le patriarche Abraham ; sous la plume et dans l'imagination de Spencer cette alliance devient la conclusion d'un pacte entre un roi puissant et quelque nomade, cheik d'un petit clan voyageur. Par de semblables explications et par d'autres encore, comme celle des grands dieux du paganisme, M. Tylor estime que « Spencer engage sa théorie dans un conflit non seulement avec les spéculations des mythologues, mais avec les règles d'une sobre critique historique ».

La tentative de Spencer n'est autre en ce domaine qu'un essai pour renouveler l'evhémérisme, théorie dès longtemps abandonnée comme théorie absolue ; il y a là, estime M. Renouvier, une véritable « infirmité morale »; on ne saurait faire complètement abstraction de l'élément moral, tout au moins son importance lui donne droit à un examen. D'un point de vue purement scientifique, les théories que présentent les mythologues pour expliquer l'apparition et le développement des religions, elles aussi ont droit à un examen impartial dont Spencer fait fi. Sur le terrain de la psychologie, il nie par son idée à priori de l'homme primitif que des termes généraux aient existé chez cet homme et que, frappé par le spectacle des forces naturelles, il ait spéculé sur ces forces ; or ces deux points paraissent aujourd'hui acquis par les diverses sciences historiques, histoire des religions, linguistique, sociologie, etc. Au nom d'un à priori prétendu scientifique, Spencer se montre justement inscientifique [1].

Mais nous n'avons pas ici à discuter la théorie de l'animisme ; il est temps de conclure et de résumer sur ce sujet spécial : Spencer, dans sa sociologie plus encore peut-être que dans sa biologie et sa psychologie, nous donne une foule considérable de documents ; mais accumuler les constatations n'est pas expliquer encore ! Comment rendre compte, partant des prémisses de Spencer, de la place qu'occupe l'invisible dans tout ce qui constitue la religion ? L'homme vit dans le visible,

---

[1] M. Tylor est un partisan de la théorie animiste et se rapproche beaucoup de Spencer dans ses idées sur l'origine de la religion ; il n'en reproche pas moins à celui-ci d'ignorer volontairement la formation du mythe. « Pour ma part, dit M. Tylor, je ne puis voir quelque chose à objecter à l'idée que les sauvages personnifient le ciel et le soleil, les rivières, etc., et les traitent comme des êtres qui peuvent leur faire du bien ou du mal... Quoique je puisse admettre avec M. Spencer que souvent les mythologues dans leurs spéculations sur les mythes de la nature sont aussi fantaisistes, mythiques que les mythes eux-mêmes, je ne puis cependant aller jusqu'au point où va M. Spencer dans la direction opposée en ignorant la tendance formatrice du mythe chez l'homme primitif. »

il vit de ce visible, il y est à chaque instant ramené ; pourquoi donc cette force qui le pousse à s'en arracher ? qu'est-ce que ce pouvoir mystérieux qui le porte à chercher plus haut, toujours plus haut, la réalisation de ses plus intimes aspirations ?

« Le procédé de M. Spencer, dit M. Bovon, n'est, — d'une manière bien inconsciente sans doute, — qu'un jeu d'esprit par lequel on glisse subrepticement dans le système des éléments qui n'en découlent pas, en posant partout des conséquences sans antécédents et des effets sans causes, ce qui est la négation même de la méthode scientifique que le transformisme tient à remettre en honneur[1]. »

Après que Spencer nous a montré le processus de formation des religions, une question demeure non résolue : pourquoi l'être humain divinise-t-il d'autres êtres semblables à lui ou qui lui sont inférieurs ? Et Spencer de répondre : parce qu'il les craint, parce qu'il croit encore à leur puissance et à leur vie, et cette croyance lui vient du rêve, donc en dernière analyse d'une illusion. A cela on peut objecter qu'en des cas aussi nombreux et même plus nombreux que les cas invoqués par Spencer le mort apparait comme bien mort ; et à mesure que les connaissances scientifiques s'étendent, que les hommes deviennent conscients de ces erreurs dont ils ont vécu, ces erreurs ne devraient-elles pas disparaitre à jamais ? La personnalité de grands savants, hommes religieux toutefois, d'un Pascal par exemple, n'est pas seulement un phénomène inexplicable, c'est une véritable monstruosité pour l'évolutionnisme. « Si donc l'esprit de l'homme

---

[1] Voir *Dogmatique chrétienne*, par J. Bovon. Lausanne, 1895, 1er vol., p. 105.

primitif ne contient ni idée, ni sentiment religieux, c'est que les idées et les sentiments désignés par ce mot naissent au cours de l'évolution sociale et de l'évolution intellectuelle qui l'accompagne, et plus tard, sous l'influence de causes faciles à reconnaître, traversent les phases qui les mènent chez les races civilisées, à leurs formes actuelles [1]. » Ainsi conclut Spencer, et sa conclusion ne nous paraît nullement en être une; l'idée et le sentiment religieux se manifestent au cours de l'évolution générale, mais qu'est-ce que la tendance qui leur donne naissance? car il nous faut toujours en revenir à ce point. « D'où vient la tendance à croire à un invisible et à l'appuyer par des faits? Si l'homme a tout déifié, c'est parce qu'il est religieux de nature [2]. »

L'évolution partant de ces premières données religieuses produit comme une idéalisation des croyances primitives; ces idées, ces sentiments furent utiles au développement de la race et de l'individu, et c'est là leur justification; mais les hommes ont fini par en reconnaître le caractère illusoire, la science leur en a démontré surabondamment la fausseté. Et cependant combien de savants qui ont conservé ces prétendues illusions! combien qui luttent pour trouver l'accord entre leurs idées scientifiques et leur foi religieuse qu'ils ne peuvent abandonner! Pourtant il reste comme un vague souvenir de cette foi enfantine aujourd'hui disparue du cerveau de l'homme de science; il reste une religion, la seule réelle et admissible, déclare Spencer, et même il reste un culte; cette religion c'est l'agnosticisme et son objet c'est l'Inconnaissable. « ... Puisque le théisme dogma-

---

[1] *Princ. sociol.*, VI⁰ partie, chap. XVI, § 656, p. 195 (4⁰ vol.).
[2] *Dogmatique chrétienne*, par J. Bovon, vol. I⁰ʳ, p. 167 sq.

tique, dit Spencer, fait place à l'agnosticisme, toutes les observances inspirées par l'idée de la propitiation doivent disparaitre, mais il ne suit pas que toutes les observances qui tendent à réveiller la conscience du rapport que nous soutenons avec la cause inconnue, et à donner une expression au sentiment qui en résulte, devront disparaitre. Le besoin restera de restreindre l'influence trop prosaïque et trop matérielle d'une vie absorbée dans le travail quotidien. Il y aura toujours place pour les hommes capables de ravir leurs auditeurs par un sentiment élevé du mystère qui enveloppe l'origine et la signification de l'univers. »

La religion demeurera donc et aura pour tâche de nous arracher à la prose de la vie, à la tâche difficile et banale souvent que l'homme poursuit ici-bas ! Elle y jettera comme un rayon de poésie ! Elle ne sera pas d'ailleurs pour cela entièrement fiction ; « dans le principe la conception primitive contenait un germe de vérité, à savoir que la puissance qui se manifeste dans la conscience n'est qu'une forme, conditionnée différemment, de la puissance qui se manifeste au delà de la conscience¹ ». C'est là le seul lien que Spencer établisse entre la donnée primitive de la religion et ce qu'il nomme, aujourd'hui encore, religion. Qu'entend-il plus exactement par religion ? quelle est cette seconde notion dont nous avons parlé ?

Spencer commence par établir l'existence réelle de la religion et sa légitimité : Tout d'abord, les croyances religieuses sont très largement répandues, si ce n'est universellement, et elles doivent avoir un fondement,

---

¹ *Princ. sociol.*, VIe partie, chap. XVI, § 659, p. 208 (4e vol.).

une raison d'existence. Puis le sentiment religieux, tout illusoire souvent qu'en soit l'objet, est une réalité. Enfin, c'est un fait d'expérience que l'esprit peut se fixer sur ce qui dépasse notre connaissance. Ce sont là autant de données permettant cette affirmation que la religion repose sur des faits aussi bien que la science; au fond il est faux de les vouloir séparer; les deux expriment le même fait, mais chacune en exprime une face. Le domaine de la religion est celui au delà même du symbole, et voici comment Spencer entend ce mot : « A mesure que les objets conçus deviennent plus étendus et plus complexes, certains attributs, dont nous avions eu d'abord l'idée, s'effacent de la conscience avant que le reste ait été représenté, et la conception reste incomplète. Quand la grandeur, la complexité ou la dissémination des objets conçus devient très grande, on ne peut penser à la fois qu'à une petite partie de leurs attributs, et la conception est alors si imparfaite qu'elle n'est plus qu'un symbole[1]. » Le problème de l'univers ne présente aucune solution qui satisfasse la pensée, qui soit convenable; que nous l'étudiions quant à son origine ou quant à sa nature, toujours, comme le montre Spencer, nous sommes ramenés à des contradictions dans la pensée et nous n'en pouvons acquérir aucune connaissance; nous nous sentons en présence du mystère[2]. Or toutes les religions, si grande qu'en soit la diversité, si étrangères en leur nature, s'accordent sur ce point : la reconnais-

---

[1] *Prem. princ.*, Ire partie, chap. II, § 9, p. 25.

[2] Sur ce point, l'impossibilité de résoudre les questions de la nature ou de l'origine de l'univers, Spencer se rattache directement aux idées émises par le doyen Mansel dans son ouvrage : *Limits of religious Thought*. Spencer ne fait même qu'en donner une citation assez étendue (*Prem. princ.*, Ire partie, chap. II, § 13.

sance de ce fait que « le monde est un mystère. » Chacune à son tour vient essayer de le dévoiler, de donner le mot de l'énigme, car c'est là sa raison d'être (nous parlons d'après Spencer); le mystère n'en demeure pas moins absolu ! Ainsi toute connaissance, limitée, nous conduit à l'Inconnaissable, illimité. Ne semblerait-il pas que Spencer dût s'en tenir à cette constatation, voir dans cette idée du mystère qui est comme la base de toutes les autres idées, l'idée proprement religieuse, et dans le sentiment de l'homme devant cet inconnu le sentiment religieux épuré ? Il n'en est nullement ainsi ; l'objet de la religion nouvelle, l'Inconnaissable, comme le Dieu de toute religion se fait connaître, il est connu de Spencer ! Le philosophe évolutionniste suppose et établit en dogme que les relations dont nous sommes conscients entre les êtres répondent à un ordre absolu, l'ordre ontologique de cet inconnaissable ; c'est là une première définition quelque vague qu'elle puisse être : l'Inconnaissable de la « Philosophie synthétique » c'est l'être, le réel en tant que distingué du phénomène que seul nous pouvons réellement connaître. Son nom n'est donc plus l'Inconnaissable, mais seulement l'insuffisamment connu. Même conclusion s'impose à nous si, après Spencer, nous considérons cet inconnaissable pour ainsi dire sous une autre face ; phénomène et effet sont synonymes, et la cause de tous les phénomènes est précisément l'inconnaissable ; causalité immanente ou transcendante n'est qu'un des noms qu'on lui pourrait donner ; or, causalité se ramène chez Spencer à force ; ces deux termes sont encore deux synonymes ; nous arrivons à cette conclusion que dire l'Inconnaissable ou dire la Force c'est dire même chose. Nous savons quelle est la notion la plus générale de force dans le système dont nous nous occupons ; le type de la force est la force physique ou mécanique qui se manifeste par le mouvement ; est-il possible de dire encore que nous sommes devant un Inconnaissable véritable ? Nous ne le croyons pas.

L'Inconnaissable, être, cause première ou force, est chez Spencer une donnée ultime à laquelle il arrive par un procès d'abstraction et de généralisation, c'est le dernier anneau d'une chaîne de raisonnements. M. Weir définit la notion de l'Inconnaissable : « La relégation plus ou moins complète de toutes les formes et de toutes les limitations », ou encore « une conscience indéterminée d'un quelque chose sans forme et sans limites [1]. » L'Inconnaissable de l'évolutionnisme de Spencer, le Dieu ou la substance de Spinoza, et l'être de Hegel, notions dont la parenté est évidente, ne sont que des abstractions objectivées, des hypothèses métaphysiques ; le concept de l'être pur, sans aucune détermination, est une création de la logique : Spencer n'a nullement prouvé que son Inconnaissable fût plus que cela ; or cette notion n'est pas suffisante à l'établissement d'une religion au sens où nous avons entendu ce mot jusqu'à maintenant : « un quelque chose conscient, dit M. S. Weir, flottant à la surface sans limite de l'éternité n'est pas un concept riche (fruchtbar) » et ne saurait répondre ni à l'idée religieuse, ni à l'objet du sentiment religieux ! et pouvons-nous même dire que ce « quelque chose » soit conscient ?

Si d'une part la notion de cette divinité de caractère philosophique seulement nous paraît bien pauvre comme notion religieuse, et nous reviendrons sur cette insuffi-

---

[1] *Der Monismus mit besonderer Rücksicht auf die kosmische Theorie H. Spencer's*, von S. Weir. Iéna, 1895. Dissertation. — Voyez aussi sur ce sujet de l'Inconnaissable, principe religieux et philosophique, le travail de M. O. Gaupp : *Die Erkenntnisstheorie H. Spencer's*...

sance, d'autre part cet inconnaissable risque fort de perdre son « incognito » et avec lui l'air de mystère qui lui donne sa couleur religieuse ! En expliquant le monde à l'aide d'un principe abstrait, Spencer nous ramène aux entités métaphysiques de la scolastique, explication dont une philosophie exclusivement positive peut difficilement s'accommoder ; Spencer réintroduit dans la science moderne ce qu'il croit en chasser, et par cette sorte de concession, inconsciente peut-être et qui ne veut être, il faut le reconnaitre, que l'expression de la vérité, il ne nous donne pas un objet de foi religieuse. La faute capitale dont souffre la notion de la religion chez Spencer, la seconde notion entendons-nous, c'est l'intellectualisme ; or l'intellectualisme non seulement est une mutilation de la religion, il en est la négation. Si le philosophe évolutionniste pour les raisons vues plus haut admet l'existence d'une religion, sa légitimité, il en évide le contenu de telle façon que nous n'avons plus pour son objet qu'une idée, une simple constatation intellectuelle, et qui plus est, dont l'origine est purement naturelle, comme l'origine de toutes les idées ; ce dernier point est pour lui article de foi : « Les idées religieuses, dit-il, n'ont pas l'origine surnaturelle qu'on leur attribue communément, et nous devons conclure des faits qu'elles ont une origine naturelle. »

La religion est plus et autre que ne le veut Spencer ; en face du mystère, mais non d'un mystère de l'intelligence seule, en face du mystère que nous imposent et l'univers et surtout notre propre destinée, la religion ne se borne pas à reconnaitre ce mystère, mais elle en donne une solution ; nous n'avons pas à entrer ici dans les détails d'un tel sujet, le plus important qui se puisse poser à la pensée ; qu'il nous suffise de faire remarquer que Spencer n'a pas même indiqué le problème de la réalité et de la possibilité d'une connaissance religieuse, qu'il n'a pas donné, à notre connaissance, une définition du sentiment religieux bien qu'il le reconnaisse. Au nom de quel pouvoir Spencer est-il en droit de proclamer ainsi qu'il le fait la « déchéance du théisme dogmatique » ? « Ces difficultés, dit-il après avoir parlé des caractères physiques et émotionnels dont les hommes ont doué leurs divinités primitives, et d'autres encore, dont quelques-unes souvent discutées et toujours embarrassantes, forcent l'homme à rejeter peu à peu les caractères anthropomorphiques supérieurs attribués à la cause première, comme il a depuis longtemps rejeté les inférieurs. » Par là Spencer réduit la religion de l'avenir à une croyance, mais où l'intelligence seule est en jeu.

L'homme est un animal religieux, a-t-on dit souvent, le sentiment religieux ne saurait être passé sous silence comme le fait Spencer; il ne suffit pas d'une négation théorique pour nous prouver que ce sentiment n'a pour objet qu'un produit de la crédulité humaine; si, pour Spencer, la foi au Dieu du « théisme dogmatique » a disparu devant les données de la science, elle ne demeure pas moins sous une autre forme; l'objet seul diffère; ce qui remplace le sentiment religieux du vulgaire, cette confiance en une puissance suprême aux mains de laquelle nous sommes, cette assurance d'un ordre expression d'une volonté, c'est sa foi en la science et dans les données de cette science, foi vague peut-être, foi tout de même. On l'a dit avec beaucoup de raison, « la science est le dieu du jour, l'évolutionnisme en est la religion! »; les affirmations de Spencer sont souvent

[1] *Le criticisme de M. Renouvier et l'évolutionnisme*. Thèse par E. Bonnard. Lausanne, 1890.

telles qu'on le pourrait tenir pour l'un des grands prêtres de cette religion. Et souvent cette religion qui réclame avant tout la liberté d'expérience et d'observation est plus intolérante qu'il ne semblerait qu'elle dût être ; de l'une des religions qui ont conduit l'humanité elle a bien des caractères et souvent des petitesses ; nous pourrions dire à propos de l'évolutionnisme de Spencer, parent assez proche du positivisme, ce que disait à propos de ce dernier M. L. Dauriac : « L'illusion de l'infaillibilité est le partage des savants : parmi eux aussi se rencontrent des dévôts et des idolâtres, des athées crédules ; le positivisme orthodoxe (nous dirions : l'évolutionnisme) — n'en déplaise à ses disciples — est moins un système qu'un credo : il est moins une méthode qu'une idolâtrie. »

Il nous reste encore un point spécial à examiner après avoir vu ce que Spencer entend par religion ; par sa notion de cette religion, reconnaissance d'un pouvoir mystérieux que tout manifeste, il prétend réconcilier la science et la religion. « Cette conception d'un pouvoir incompréhensible (à laquelle nous conduit la science) que nous appelons omniprésent, parce que nous sommes dans l'incapacité d'en fixer les limites, est précisément ce qui sert de base à la religion. » Si ces deux puissances, science et religion, nous apparaissent à peu près dans toute l'histoire comme luttant l'une contre l'autre, c'est que chacune voulait empiéter sur le terrain qui n'appartenait qu'à l'autre : l'élément vraiment religieux de la religion, par quoi Spencer entend la reconnaissance d'un mystère inexplicable, est bon, et l'on ne saurait prétendre à le faire disparaître ; c'est lorsque la religion prétend connaître ce mystère, en donner l'explication qu'elle devient irréligieuse ; on voit par là que toutes les religions sans exception ont été irréligieuses en voulant empiéter sur le domaine de la science. Celle-ci reconnaît également un mystère à sa base; les concepts derniers dont elle use et sur lesquels elle repose sont des symboles d'une réalité à jamais inconnue, prétend Spencer. C'est sur cet élément dernier, point d'arrivée pour ainsi dire de la religion et de la science, que se fait la réconciliation. Mais pour qu'il y eût réconciliation réelle, il faudrait que la science étant science, la religion demeurât religion: et nous avons dit que Spencer supprimait de cette dernière précisément l'élément spécifique. Et la science est-elle vraiment ce que Spencer affirme? « La science exacte, dit M. Renouvier, n'est point basée sur la croyance ou conscience d'un pouvoir sans limite dans le temps et l'espace, mais sur l'observation des phénomènes et les formes de l'entendement. » Quant à la religion, elle est premièrement un état du cœur et un ensemble de croyances capables d'agir sur la conduite, elle est une foi et une espérance, elle saisit l'homme tout entier.

C'est à tort que l'on parle constamment de la lutte entre la science et la religion; une lutte existe certainement, mais seulement entre diverses métaphysiques; or ces métaphysiques sont comme plaquées sur les données religieuses ou scientifiques dont un certain ensemble forme ce que Spencer nomme la religion, la science. On cherche à raccorder ces métaphysiques et lorsqu'on n'y parvient pas, on proclame la banqueroute d'une métaphysique?... non pas, de la science ou de la religion. « Les raisons de croire ou de ne pas croire, en matière morale ou religieuse, ont, pense M. Renouvier, chez chacun de nous, leurs véritables et profondes racines en bien autre chose qu'en l'accord présumé de nos opinions avec les résultats généraux des sciences, ou avec les hypothèses qui se donnent pour ces résultats. »

L'agnosticisme, voilà la religion qu'avoue Spencer et de laquelle il attend ce miracle : la fin de la lutte entre hommes de science et hommes prétendant représenter la religion ; l'agnosticisme ne saurait à notre sens rien réconcilier du tout, puisque la religion est une connaissance et que l'agnosticisme est précisément la négation de la connaissance et de sa possibilité. Avant d'opérer sa réconciliation, Spencer commence par établir une religion sans Dieu ; on comprend qu'ensuite cette réconciliation ne coûte pas grand effort. En fait ce n'est point réconciliation qu'il faut dire, c'est suppression de la religion ; car si la religion est une réalité et non seulement un rêve dont nous nous berçons, il faut qu'elle soit positive ; devant la tragique réalité de la vie, il faut qu'elle soit une force, plus qu'une abstraction ; sinon, elle n'est pas. Le déisme ne nous paraît nullement une objection, car qu'est-il autre chose qu'un résidu des religions positives, teinté de philosophie ? La religion ayant, comme tout élément de l'évolution universelle, joué son rôle en son temps disparaîtra ; l'humanité se réveillera du long rêve qu'elle a fait, et la seule raison sans doute qui l'empêchera de rougir d'une telle illusion séculaire sera la conscience qu'elle était encore l'humanité enfant ! Mais l'homme se contentera-t-il de cette constatation ? Ne regrettera-t-il pas ces temps d'illusion ? Voudra-t-il vivre même quand on l'aura privé de ce point d'appui auquel il avait cru et qu'il appelait sa foi ? Et lorsqu'on voudra l'arracher à cette terre où il se sent voyageur déjà, lorsqu'on voudra l'empêcher de jouir des jours si courts qu'il y passe, lorsqu'il saura qu'il n'y a pas de lendemain à cette vie, la révolte et le désespoir seuls pourront gonfler son cœur.

Toute métaphysique, si elle n'arrive à faire la part de chaque élément, oscille entre le déisme et le panthéisme; celle de Spencer nous conduit à ce dernier; « cette doctrine, dit M. J. Sully, favorise cette conception panthéiste qui repose sur un sentiment d'identité dernière entre nous-mêmes et le monde extérieur ». Devant la force immanente qui se confond avec toute existence, l'émotion qu'éprouve le penseur ou le poète est bien l'émotion religieuse du panthéisme, cette émotion qui lui fait perdre la conscience de soi-même et qui entrave son action si elle ne la tue complètement. Dans le panthéisme, la personnalité est comme éparpillée, l'individu se perd, il est incapable de se donner; or, l'acte religieux qui est l'amour, est le don de soi-même.

§ 14. Morale et religion.

Quelque interprétation que l'on donne de la doctrine de l'évolution, elle apparaît comme ayant des rapports avec les idées pratiques de l'homme, idées morales ou religieuses. En morale elle ne fixe point une fin à la conduite, dans le même sens du moins que le système de morale du devoir; elle ne fait que confirmer ou sanctionner le « naturam sequi » des anciens; mais la doctrine évolutionniste a été importante entre autres en ce qu'elle a mis en lumière le rôle de l'hérédité. Son rapport avec les idées religieuses serait plus difficile peut-être à établir; il paraît au premier abord essentiellement négatif. En réalité l'évolutionnisme a, ou plutôt est une religion autant qu'un système philosophique. Nous avons vu d'ailleurs quelle place la morale occupe dans la *Philosophie synthétique*, quel rôle aussi y joue la religion. Spencer semble illustrer par l'importance qu'il donne à l'établissement de sa morale cette parole de Vinet : « La philosophie est implicitement de la morale et tout système sur l'univers est un système sur la vie. »

Le rapport qu'il établit entre religion et morale se pourrait définir un rapport de proportionnalité inverse; à mesure que la seconde grandit et s'étend, la première diminue. Celle-ci n'est que la charpente utile pour édifier la maison, mais qui doit disparaître une fois cette maison, la morale, bâtie. Quelque étrange que cela puisse paraître à première vue, c'est bien là un rapport; mais est-il conforme à la réalité; répond-il aux faits avec lesquels seuls la science a affaire ? Par notre analyse, successivement des notions de la morale et de la religion chez Spencer, nous avons donné déjà la réponse implicite à cette question. Il nous la faut cependant voir plus à fond et pour elle-même.

La morale que Spencer prétend établir doit devenir, cela est évident, indépendante de toute idée religieuse actuelle, et aussi de toute métaphysique; elle est bâtie sur la science seule, les lois de l'univers doivent être le type des lois de la conduite; si cette idée, lorsqu'on cherche à la serrer de plus près, n'est pas sans présenter de nombreuses et grandes difficultés, il faut reconnaître qu'elle ne manque pas de grandeur. Spencer ne veut s'inféoder à aucune métaphysique; il faut en conséquence que sa morale n'en dépende point. Or M. Caro, d'une façon générale, et M. Fouillée, pour ce qui regarde spécialement l'évolutionnisme, ont montré suffisamment, pensons-nous, que cette prétention est insoutenable. Les facteurs de l'évolution morale sont l'instinct et la connaissance ou la science ; l'évolutionnisme insiste surtout sur l'instinct qui représente le mécanisme chez l'homme ; on sait que l'idéal de l'être moral est pour Spencer l'être organiquement moral. Fouillée, lui, insiste sur l'autre élément, l'idée : « La métaphysique, dit-il, avec ses conjectures sur l'univers, est au fond de la morale, et... malgré ses obscurités, malgré ses doutes, elle se réalise elle-même dans les actions de l'homme comme une spéculation sur l'inconnu dont l'obscurité augmente la sublimité[1]. » Spencer néglige absolument les fondements métaphysiques de la science des mœurs ; Dieu, l'âme, la nature présentent des problèmes de la solution desquels dépend la morale tout entière ; ces problèmes demandent autre chose comme solution que des affirmations dogmatiques, fussent-elles faites au nom de la science. En se plaçant sur le terrain de l'action au sens le plus large où l'on puisse entendre ce terme, l'homme voit devant lui le bonheur individuel et le bonheur universel comme buts, il perçoit en lui la sensibilité et la raison qui toutes deux prétendent à la direction de sa vie, et entre les deux il y a antinomie ; M. Fouillée, qui est partisan convaincu du principe d'évolution, fait résider la moralité justement dans la décision de l'homme devant ces antinomies. On peut dire que l'école anglaise utilitaire tout entière, si elle étudie les mœurs, laisse de côté la moralité dans ce qu'elle a de plus intime.

Il est inutile, après avoir vu le sens que Spencer donne

---

[1] *Critique des systèmes de morale contemporaine*, par A. Fouillée. Paris, 1883, p. 35 sq.

à cette religion dont il admet la légitimité, de montrer que la morale est, ou plutôt doit être indépendante de la religion; « ... Il existe, dit-il, dans la plupart des esprits une association erronée qui lie ensemble le ministère religieux et l'enseignement moral. » Voici comment la question nous paraît être posée par Spencer : entre religion et morale la séparation est absolue, autant qu'on peut parler de séparation dans un système dont la continuité est principe fondamental; la morale repose sur les lois de la vie; la religion positive est une illusion, elle deviendra la simple reconnaissance que derrière ces lois de la vie comme derrière toutes choses il y a le mystère. Or nous estimons que cette indépendance de la morale à l'égard de la religion est fausse à deux points de vue : historiquement et surtout psychologiquement.

1° Sur le point de vue historique nous pouvons être bref; car Spencer le reconnaît lui-même : morale et religion ont été étroitement unies et le sont encore; nous savons comment il entend cette union. C'est une donnée historique à peu près générale que les mœurs sont placées sous la sanction des dieux, et que la moralité et la piété sont au début des sociétés les sujets d'un même code divin. La raison de cette union, que Spencer ne nous donne pas, est pour F. Paulsen [1] double. Elle est raison extérieure d'abord : les prêtres sont chez les peuples primitifs les dépositaires de toute science; or la science comprend à côté des prescriptions cérémonielles, les lois civiles et les données morales ou règles de la conduite privée ou publique; la sanction religieuse qui repose en principe exclusivement sur les actes propre-

---

[1] *System der Ethik*, v. Fried. Paulsen. 3e édit. Berlin, 1894. Voir surtout au 1er vol., 2e livre, chap. VIII, p. 377 : *Verhœltniss der Moral zur Religion*.

ment religieux s'étend aux autres parties de la conduite en général. La seconde raison plus intime et qui nous introduit déjà dans le domaine psychologique est la parenté qui existe dès l'origine entre le devoir moral et le devoir religieux ou rituel ; le culte du plus grossier au plus spirituel se résume en sacrifice, offrande, en un mot en actes extérieurs ou intimes qui plient la volonté humaine devant une volonté qui la domine. La loi morale ne fait pas autre chose que de mettre aussi un frein à cette volonté humaine, c'est là son côté négatif, la défense, et de lui imposer certains actes, c'est son côté positif, le commandement [1].

2° Bien plus important encore que le lien historique, bien plus profond et essentiel est le lien psychologique qui unit morale et religion ; or c'est précisément celui que méconnait Spencer ; qu'on l'admette ou qu'on prétende le nier au nom de quelque à priori, ce lien existe ; il ne serait pas difficile de le faire voir aux divers degrés du développement religieux de l'humanité : dans le fétichisme déjà, dans le polythéisme et dans le monothéisme, dans ces religions anthropomorphiques dont Spencer proclame la déchéance prochaine. La religion, et nous

[1] Nous ne pouvons cependant suivre Spencer dans son explication de l'origine des règles morales : « L'élément éthique, dit-il en effet, comme tous les autres éléments de la religion, est propitiatoire par son origine et son caractère. Il commence par l'accomplissement des désirs et des commandements du père mort, du chef décédé ou du dieu traditionnel. Il n'y a d'abord, dans l'élément éthique, aucun autre devoir que celui de l'obéissance. » (Princ. sociol., IVᵉ partie, § 653, p. 189, 4ᵉ vol.). Il y a là manifestement un *à priori;* Spencer ne veut admettre ni un élément moral, ni un élément religieux chez l'homme primitif. C'est là un fait dont la preuve n'a pas été encore donnée, si cette preuve se pouvait donner; la science n'autorise pas Spencer à regarder comme une simple erreur la définition tant de fois citée : « L'homme est un animal religieux. »

donnons à ce terme son sens le plus général, est une foi à et en un quelque chose plus ou moins connu qui nous dépasse et qui peut agir dans notre vie ; la morale, science de la vie, implique ou réclame une loi directrice de cette vie, et cette loi tend vers le meilleur, vers ce même quelque chose qui nous dépasse aussi et qui en est la sanction. Selon M. Paulsen l'homme est moral en tant qu'agissant pour le parfait ; il est pieux, religieux en tant que les sentiments de foi, d'espérance qui agissent sur sa conduite sont comme remplis par ce parfait ou par son image. Dans les deux cas, dans l'action religieuse comme dans l'acte moral, il y a comme un élan du moi, un désir de réalisation du parfait.

Mais ce lien est-il vraiment dans la nature de la morale et de la religion ? N'est-ce pas après tout un à priori aussi que de le proclamer nécessaire ? Nous parlons de la morale, science de la conduite ; la vie, c'est-à-dire l'action extérieure ou intime se suffit-elle à elle-même ? est-elle comme un produit spontané du moi ou le résultat simplement des facteurs divers qui forment le milieu de ce moi ? la vie ne s'appuie-t-elle pas en quelque sorte sur des raisons ou des mobiles, en dernière analyse sur une foi ? Il y a, nul ne le pourrait contester, une relation générale entre la foi et la vie comme entre la vie et la foi. Ce qu'il nous est donné le plus souvent de constater c'est combien la vie influe sur la foi, combien la pratique modifie non seulement l'opinion de l'individu, mais l'individu tout entier ; mais la foi aussi influe sur la vie parce qu'elle est une puissance : « La foi au bien et à Dieu, dit encore M. Paulsen, fortifie le courage et élève l'espérance ; on peut dire que rien n'a été entrepris et accompli sur la terre sans cette foi. » Encore que l'expression nous en paraisse un peu absolue, l'idée nous semble juste et confirmée par les faits. Une vie matérialiste ne saurait s'allier à des théories d'un spiritualisme élevé ; les doctrines philosophiques ou autres nous apparaissent comme des forces vives, redoutables par là même et dont nous ne pouvons souvent entrevoir l'action bienfaisante ou terrible [1].

C'est par méconnaissance des faits ou bien par ignorance, volontaire ou non, qu'on sépare ainsi l'action de la foi qui est l'une de ses racines ; la foi peut en un sens résumer toute religion ; ici nous ne saurions accepter comme objection le témoignage même d'observations prolongées ; l'homme peut se tromper lui-même comme il peut tromper les autres sur son propre compte, et c'est à certaines heures de crise et de lutte seulement qu'il s'aperçoit ou se montre tel qu'il est et non plus tel que la vie sociale l'a façonné. C'est quand l'enveloppe est brisée, quand pour un instant peut-être le vrai moi apparaît que le psychologue devrait examiner ce moi et voir ce qu'il contient [2].

La foi n'épuise pas ce domaine intime, profond auquel nous conduit la morale, ou plutôt en même temps que foi il est autre chose : il est espérance. L'objet de la foi de l'homme agissant se présente en effet comme un but, il est attendu, désiré, il est encore dans l'invisible. Spencer nous en donne un exemple bien frappant : sa religion est-elle autre chose que l'espérance d'une humanité transformée et que la foi en la science, puissance de transformation ? Et cette espérance apparaît certaine-

---

[1] Nous pourrions ici rappeler comme exemple saisissant de l'influence des doctrines sur la vie le fameux roman de P. Bourget : *Le disciple*.

[2] Voir sur cette union réciproque de la vie et de la foi le chapitre cité de l'*Ethique* de F. Paulsen, p. 300 de ce travail.

ment comme un mobile de l'action, l'œuvre et la vie entière de Spencer consacrée à cette œuvre n'en sont qu'une preuve particulière ; la morale n'est pas seulement l'accomplissement d'une loi dont l'homme trouve l'expression générale en lui-même, elle est encore la mise en action de l'espérance qu'il porte en lui ; un homme agissant, c'est-à-dire vivant sans aucune espérance, est une chose inconcevable dans la réalité ; si opposé qu'il puisse être comme savant à toute expression de finalité, il n'en admet pas moins un but dans sa vie pratique, il n'en agit pas moins comme si sa conduite avait une valeur en elle-même et non uniquement par ses résultats ; et cette valeur lui vient précisément de la nature de son espérance. Si l'homme a son horizon borné par les soucis quotidiens, il y a toujours des heures où cet horizon semble s'élargir et où par l'espérance d'une réalité supérieure il s'élève pour ainsi dire au-dessus de lui-même ; et si la misère d'êtres humains est telle que jamais ils ne connaissent ces aspirations qui doivent pourtant avoir un sens, ce fait n'infirme pas, croyons-nous, ce que nous disons ici ; il n'est qu'une accusation envers ceux qui ont une espérance et qui la laissent étouffer chez leurs semblables. Entre l'action et l'espoir il y a un lien qui nous semble évident comme entre la foi et la vie ; et qu'est-ce donc que la foi, qu'est-ce que l'espérance sinon des formes de la religion ?

Enfin, ce lien entre morale et religion se manifeste autrement encore que par l'analyse de l'action humaine ; il se montre par l'analyse des notions constitutives de la morale, de celles que, n'en déplaise à Spencer, nous estimons essentielles et seules suffisantes pour établir une morale.

La notion du devoir suppose l'idée d'obligation, et

nous avons déjà dit que cette obligation n'était point synonyme de contrainte, qu'entre la nécessité que l'on nomme morale et la nécessité dont le raisonnement fournit le type il y a différence spécifique; vouloir prouver et montrer cette différence serait une illusion; elle se constate, s'admet après expérience intime, ou se nie, mais ne se peut discuter car elle est un fait pour les uns, une illusion pour ses adversaires. Admettant l'obligation comme un fait, envers qui nous sentons-nous obligés? Envers les hommes? Sans doute en une certaine mesure; toute vie sociale réclame une limitation de l'action individuelle dont la loi est l'expression; l'homme a envers son prochain un minimum d'obligation qu'il ne peut négliger sous peine de voir la société disparaître. Mais c'est là une nécessité qui demeure extérieure. Envers lui-même? l'obligation devient alors plus intime, mais comment l'homme se partage-t-il pour ainsi dire, de quel droit une partie de son moi veut-elle régner sur l'autre? et sa vie ne se réduirait-elle donc qu'à un perpétuel effort pour équilibrer ces deux antagonistes dont l'existence est déjà à elle seule un mystère? Si l'homme est véritablement obligé, c'est envers un principe qui lui est supérieur; ce principe dans son expression la plus générale, c'est l'idée de la perfection, idée qu'il trouve en lui, qui est le fond même de son être, qui est l'élément matériel du devoir.

Le problème n'est d'ailleurs encore que reculé, car s'il trouve cette idée en lui c'est donc qu'il en est le créateur? Mais s'il en était ainsi pourquoi l'homme établirait-il volontairement, consciemment cette séparation dans son être intime? Comment pourrait-il, être fini et imparfait, se créer à lui-même un idéal de perfection, un absolu comme but? L'idée ne peut non plus lui venir de son milieu social car ce milieu se compose d'êtres qui lui sont semblables. Et l'idée suppose toujours un être qui la puisse produire. L'idée de perfection, élément essentiel du devoir, conduit la pensée au delà d'une morale science simplement de la conduite extérieure; elle conduit l'homme à cette conception d'une vie qui est d'abord acte intérieur, elle le conduit sur terrain religieux.

Si le devoir n'est en nous que la trace du passé et l'espoir de l'avenir, au sens où l'entend Spencer, s'il n'est pas une voix divine, une voix que souvent les bruits du monde nous empêchent d'entendre et à laquelle nous mêlons les cris de nos passions, il est incompréhensible, car l'explication du philosophe évolutionniste est loin de nous satisfaire [1]. Cette perfection qui apparaît comme la loi suprême de l'être, envers laquelle nous nous sentons obligés, elle est l'ordre, l'état normal; et cet ordre si nous cherchons à le réaliser se manifestera tout d'abord comme sacrifice intime; or, qui peut réclamer de nous le sacrifice? La nature? mais cette nature l'homme la domine et tout son labeur tend à se l'asservir. Les autres hommes? mais si le sacrifice est général, il ne se conçoit plus et au nom de quel droit les hommes pourraient-ils réclamer ce sacrifice? Spencer nous l'avons vu, admet comme une loi le sacrifice de l'individu en certains cas donnés et cela au nom du bien de l'ensemble; mais nous avons dit aussi que le caractère extérieur et nécessaire dont il le revêt lui enlève à notre sens son caractère spécifiquement moral; pour parler de sacrifice au sens où l'entend Spencer et en celui où

---

[1] Voir sur ce sujet le *Principe de la morale* par Ch. Secrétan, p. 173 sq.

nous l'entendons ici, il faut passer sur des terrains différents. Le sacrifice du moi n'apparaît comme justifié et normal que s'il est l'expression en acte d'une dépendance non subie, mais acceptée. Or le sentiment de cette dépendance est l'élément caractéristique de la conscience religieuse, il résume en un sens toute la foi du croyant.

L'union de la morale et de la religion nous semble donc essentielle à tous les points de vue; l'homme voulant réaliser la loi morale dans sa plénitude ne peut arriver qu'au désespoir par la constatation de sa faiblesse; en face de l'idéal à atteindre et pour lequel il se sent créé, s'il veut être sincère envers lui-même, il ne trouvera que le découragement. C'est ici surtout qu'est visible l'insuffisance d'une morale purement philosophique ou intellectuelle, l'insuffisance de la morale de Spencer aussi, bien que chez ce dernier le mot « moral » ait un sens autre qu'il n'a d'ordinaire. Peut-être la morale philosophique arrivera-t-elle à établir d'une façon relative ce que doit être un minimum de devoir, mais elle ne donne pas la force pour tendre à la réalisation de ce devoir; car s'appuyer sur l'instinct, sur l'intérêt pour commander le sacrifice et la possession de soi, c'est nier dans les conséquences ce qu'on admet dans les prémisses; la morale n'est plus morale philosophique.

Spencer parle bien d'une règle morale qui se résume en justice et bienfaisance, mais il ne se demande pas quelle puissance l'homme possède pour réaliser cette règle; il n'examine pas les cas où cet homme se déclare impuissant à accomplir ce qu'il sent être le devoir. Spencer constate simplement l'élévation de la moralité et pour l'expliquer il en appelle au développement des coutumes; agir ainsi, c'est impliquer ce qui précisément fait l'objet de l'explication. L'homme doit se donner, car il se sent dépendant, et cette dépendance il la doit accepter ; c'est là ce qui résume son devoir ; mais en se donnant il ne se perd pas, il se retrouve au contraire, il saisit sa véritable personnalité, d'individu il devient individualité ; il le doit, affirmons-nous, car être libre il a droit à s'affirmer. Acte d'affirmation de sa dépendance et de sa liberté se doivent ainsi confondre en un même acte ; c'est l'acte religieux par excellence[1], et nous pouvons ajouter c'est l'acte surtout qui résume la vie du chrétien.

Nous sommes resté jusqu'ici, et pour cause, dans un domaine plutôt général que spécial à Spencer. Si la religion est ce que celui-ci la voudrait faire, une simple reconnaissance du mystère dans la vie humaine, il est bien évident qu'entre morale et religion il n'y aurait aucun lien à établir ; comme toute science la morale nous conduirait au mystère, c'est-à-dire à l'objet religieux, mais cet objet religieux à jamais inconnu n'aurait dans notre vie aucune action. Mais nous l'avons dit déjà, l'agnosticisme n'est pas une religion, il ne peut en tenir lieu ; la religion de Spencer, il la faut chercher ailleurs. Nous trompons-nous beaucoup si nous affirmons qu'on trouve chez le philosophe évolutionniste divers éléments d'importance capitale en toute religion ? Ce qui tient lieu de ce principe transcendant que les croyants nomment Dieu, Être suprême, c'est la Force, c'est cette « région indéterminée d'être » dont toute existence est une manifestation ; son espérance a pour objet l'état idéal de l'humanité vers lequel nous marchons et sa foi au progrès ne manque pas de ce caractère absolu qui fait la foi reli-

---

[1] Voir sur l'insuffisance d'une morale philosophique *Geschichte der christlichen Ethik*, von Dr. Chr. Ernst Luthart, II Band, § 81, p. 680 sq.

gieuse; c'est avec beaucoup de raison que M. E. de Roberty nomme la théorie de l'inconnaissable de Spencer un « fidéisme [1] ». Éléments religieux, disons-nous, mais insuffisants pour constituer une religion ! derniers échos peut-être, mais combien affaiblis, de la foi, de l'espérance, de la conviction qui saisissent l'homme tout entier et le transforment ! Ce qui manque chez Spencer c'est l'élément spécifiquement religieux ; ce qu'il a, ce sont divers éléments de panthéisme, et le panthéisme se donne pour une religion.

Ce qui suffirait à rendre inacceptable à une âme religieuse le système évolutionniste de Spencer, en tant que prétendant à une explication universelle, c'est cette lacune de l'élément capital au point de vue religieux : on ne trouve pas chez lui même la mention du sentiment du péché ; et de fait ce mot ne saurait avoir aucun sens dans le vocabulaire évolutionniste ; il n'y a pas possibilité de faire rentrer le péché dans une théorie où les idées de continuité et de nécessité sont des principes fondamentaux. Or le sentiment de l'obligation morale, estimons-nous, nous amène à la constatation du péché dans notre vie. Quand l'homme a conscience de n'avoir pas été dans l'ordre (nous ne saurions exprimer autrement une idée aussi générale), il ne sent pas le plus souvent son action anormale comme une erreur seulement, mais comme une *faute ;* il ne dit pas seulement : « Je me suis trompé », mais : « Je suis coupable ! » Il sent, vaguement peut-être, qu'il existe un ordre dans l'ensemble dont il fait partie, que cet ordre est bon, c'est là du reste une tautologie, et quand cet ordre ne se réa-

---

[1] *A. Comte et H. Spencer,* par E. de Roberty. Paris, 1894. Voir spécialement, à propos du « fidéisme » de Spencer, p. 143 sq.

lise pas alors que lui agit, il s'en accuse. Illusion d'éducation, nous dirait sans doute Spencer, sentiment devenu organique et qu'ont produit les religions auxquelles l'homme s'est tour à tour asservi. Mais que Spencer nous explique l'origine de ce sentiment, du sentiment du péché et non pas de la crainte seulement des conséquences d'un acte anti-social. L'homme peut n'avoir à redouter aucune autorité extérieure, il peut n'avoir éprouvé aucun dommage physique ou matériel, il peut savoir qu'à jamais les hommes ignoreront sa faute et pourtant souffrir au plus profond de son âme et le remords, le sentiment qu'il n'a point agi comme il aurait *dû* peut mettre sa goutte amère dans toutes ses joies.

Il y a un ordre, et si l'homme possède cette conviction, la réalisation de cet ordre doit lui apparaître comme la tâche suprême de tout être, de lui tout d'abord par conséquent ; en raison même de sa nature morale il voit cette tâche comme sanctification et amour. Dans les conditions actuelles, la réalisation de l'ordre devient tout d'abord rétablissement de cet ordre, car il a été rompu et cette rupture est précisément le péché. Un rétablissement, un retour à la condition normale dans laquelle a lieu le déploiement harmonieux de l'être humain implique et le pardon et la communication d'une force ; le pardon, parce que l'ordre est justice et que l'homme a transgressé cet ordre ; la communication d'une force, parce que l'homme est faible et que lui montrer l'idéal sans lui donner un moyen d'y marcher serait le replonger dans le désespoir. La morale n'est autre chose pour nous que la science, si nous pouvons ainsi dire, de la sanctification ; or le principe de cette morale ne saurait être moins qu'un être conscient qui puisse pardonner et communiquer une force vive, moins que Dieu lui-même. « La morale, a dit Scherer, c'est le surnaturel[1]. »

Il y a certaines idées, certaines notions qui appartiennent en propre au christianisme et que souvent ses adversaires lui empruntent, inconsciemment il est vrai ; Spencer, qui certainement n'aime pas beaucoup les chrétiens (et il faut convenir que ses attaques pour être méchantes n'en sont pas moins justes, hélas ! en des cas nombreux), qui n'aime pas non plus le christianisme, lui a plus emprunté peut-être et en a plus subi l'influence qu'il ne veut bien l'avouer ; en tous cas, négliger l'examen des solutions morales que donne le christianisme, ne pas reconnaître l'importance de ce dernier, c'est agir avec partialité ; une morale qui n'en demeure pas à la surface des actions nous conduit à ces problèmes qui sont essentiels au christianisme[2]. La loi morale nous amène à l'expérience soit de notre culpabilité, soit de notre impuissance, et par là elle nous conduit pour ainsi dire au delà d'elle-même, elle nous fait aborder au domaine religieux. Le principe de la morale en l'homme n'est saisi que par un acte religieux.

---

[1] Nous renvoyons pour ce sujet aussi au très intéressant travail de M. Massebieau : *Du principe de la morale d'après la philosophie de l'évolution*.

[2] M. Paulsen (voir l'ouvrage déjà cité) mentionne comme éléments spécifiquement chrétiens : la souffrance moyen d'éducation morale ; la notion et le sentiment du péché ; celle du sacrifice volontaire du juste, c'est-à-dire l'idée de solidarité, enfin le besoin du transcendant. Voir surtout : 1 Band, p. 137 sq.

CONCLUSION

Bien que n'ayant point à faire ici une appréciation de l'œuvre générale de Spencer, pas même de la « Philosophie synthétique », examinée seulement à titre de complément nécessaire d'une étude sur le principe de la morale évolutionniste, nous avons vu assez de cette œuvre pour dire l'impression qu'elle nous laisse et lui rendre par là justice. On ne peut se défendre d'un sentiment d'admiration réelle et intense devant le savoir de Spencer, la richesse et la variété de ses connaissances scientifiques, devant son habileté à illustrer des principes et des idées de domaine général, devant son pouvoir de généralisation et pour employer le mot qui résume son œuvre de synthèse hardie. Et précisément en disant généralisation nous touchons au point faible aussi de cette vaste construction ; c'est en lui que réside la faiblesse du système, c'est peut-être sa faute capitale au point de vue de la méthode. La généralisation est une opération de l'esprit dont se défient à juste titre les savants spécialistes, ceux dont l'œuvre consiste à rassembler des faits, à observer et expérimenter, mais qui se gardent d'étendre aux domaines non encore suffisamment connus des hypothèses absolues, et surtout de transformer ces hypothèses en dogmes. Quoi qu'il en soit les qualités remarquables, connaissances particulières et puissance de spéculation dont témoigne cette œuvre sont suffisantes pour expliquer l'extension de cette philosophie de caractère scientifique en un temps où la science fait chaque jour de nouvelles conquêtes et de nouveaux croyants ; elles sont suffisantes pour rendre compte de son importance non seulement en Angleterre, car elle est marquée au coin de l'esprit anglais, mais encore sur le continent et partout où s'étendent le pouvoir et la fascination des sciences [1]. Nous avons vu suffisamment de cette œuvre aussi pour constater qu'elle a un caractère plus strictement scientifique, en prenant le mot de science en un sens large, que proprement philosophique, et pour en conclure qu'elle sera plus vite admise par des hommes de science générale que par des esprits spéculatifs ; l'évolutionnisme nous apparait plus comme une philosophie du fait extérieur que de la pensée.

Nous ne saurions ici rappeler la place que s'est acquise Spencer, son influence dans le domaine tout particulièrement des sciences pratiques ou des sciences appliquées, soit par ses traités d'éducation, soit par ses articles et essais sur des questions politiques, sociales

---

[1] Voir dans la *Chamber's Encyclopædia* et dans l'*Encyclopædia britannica* tout spécialement les jugements portés sur l'œuvre générale de Spencer, et l'importance qui lui est attribuée par des écrivains anglais. Consulter à ce sujet non seulement les articles encyclopédiques consacrés à H. Spencer, mais à peu près tous ceux traitant de questions spéciales de philosophie des sciences.

ou économiques ; ce qu'il importe de mentionner dans le champ proprement philosophique, c'est l'effort que représente son œuvre, effort remarquable de conciliation et de synthèse, qui demeure digne d'admiration quelque jugement que l'on doive impartialement porter sur son résultat. Il a d'ailleurs suscité un enthousiasme considérable et cela jusque chez des représentants du monde ecclésiastique de l'Angleterre [1].

Il nous paraît capital de mettre ici encore l'accent, en terminant, sur un point que nous avons mentionné déjà dans notre introduction au présent travail et dont l'importance nous apparaît plus encore au moment de conclure, point qu'il importe avant tout de se bien rappeler en toute discussion dont l'évolutionnisme est l'objet. Ce point, c'est qu'il y a une distinction à établir entre évolution et évolutionnisme. L'évolution est un fait, scientifiquement observé et établi; sans doute les savants qui poursuivent leurs recherches en des domaines divers, ceux même qui travaillent dans un même domaine ne sont point encore unanimes sur les limites dans lesquelles ce fait est constatable; ils le sont bien moins encore sur les principes philosophiques que ce fait

---

[1] Comme exemple de l'enthousiasme extraordinaire qu'a suscité la construction philosophique de Spencer, nous citerons (à titre de curiosité surtout) l'ouvrage d'un ecclésiastique anglais : *An examination of the structural Principles of Mr. H. Spencer's Philosophy : intended as a Proof that Theism is the only Theory of the Universe that can satisfy Reason*, by the Rev. W. D. Ground, curate of Newburn. Oxford, 1883. « L'édifice intellectuel de M. Spencer, dit M. Ground, a une majesté intellectuelle qui rivalise avec la charpente des cieux. » L'auteur ne serait pas étonné d'apprendre « que M. Spencer avec Darwin est regardé par notre Seigneur comme il regardait Cyrus, l'agent nécessaire pour la fondation du second temple, et que comme tel son système représente quelque vaste idée que le Christ a dessein de mettre dans la structure de son Église ».

implique ou en d'autres termes sur l'interprétation que l'on en peut, sinon que l'on en doit donner. Il n'en demeure pas moins que l'évolution, comme tout fait scientifique, s'impose. L'évolutionnisme, nous l'avons vu par tout l'exposé comme par les points spéciaux critiqués en cette étude, est une doctrine, un système philosophique, prétendant à l'explication universelle, mais une hypothèse encore ; elle a un caractère scientifique, plus formel souvent peut-être que réel, parce qu'elle demande aux faits de la science empirique sa confirmation, mais on ne peut nullement prétendre aujourd'hui qu'elle soit définitivement établie. « Il est important d'accentuer, dit M. J. Sully, ce fait qu'elle est une doctrine *scientifique*, qui a été construite à la suite de recherches scientifiques. Comme telle naturellement elle présuppose une vue mécanique des procès de la nature en tant que distinguée d'une vue téléologique. Elle attend encore son interprétation philosophique dernière. »

L'évolution un fait ; il nous semble que l'on ne saurait trop insister sur sa reconnaissance, surtout quand on veut montrer l'insuffisance de l'évolutionnisme, quand on s'attaque au système d'un Spencer par exemple. Ce fait, il est très évidemment établi par les sciences qui ont la nature inorganique pour objet ; en ce domaine, du reste, son acceptation est générale. Faut-il redire ici que dans le monde organique le fait de l'évolution se trouve illustré soit par l'observation de l'individu, soit par celle des ensembles d'invidus ? L'organisme animal est le type du processus d'évolution, et la formation des espèces parait n'en fournir qu'un exemple plus étendu ; en ce dernier cas, d'ailleurs, il faut remarquer que les sciences constatent aussi des solutions de continuité nombreuses, c'est-à-dire d'exceptions au principe général, exceptions dont la signification peut être grande pour le philosophe. Dans le domaine de cette science toute moderne qu'on nomme psycho-physique, des faits de l'ordre sensitif, intellectuel, volitif paraissent aussi confirmer la réalité d'une évolution [1]. Enfin ce serait chicaner sur les mots que de prétendre nier l'évolution en constatant d'autre part le développement général que nous présentent les sciences historiques; dans le domaine moral lui-même, ne constate-t-on pas une évolution, lors même que l'on n'accorderait pas à Spencer que la moralité soit le produit de l'évolution? Ainsi, quelque opinion qu'on puisse avoir sur sa nature et sa valeur, le fait paraît devoir s'imposer à tout esprit impartial; mais, encore une fois, autre chose est la constatation d'un fait et autre chose l'explication ou la recherche d'explication de ce fait; autre est l'expérience et autre l'hypothèse produit de l'esprit qui en doit donner la signification. Or c'est ici qu'il est important de rappeler que des philosophes, non étrangers aux sciences, estiment qu'on ne peut encore donner cette interprétation [2], tandis que d'autres ne repoussent nullement la compatibilité du principe d'évolution avec des données philosophiques générales autres que celles de Spencer. Ce que Ch. Secrétan dit en un sens spécial de la psychologie évolutionniste se pourrait dire du système dans

---

[1] Nous ne saurions mieux faire ici que de renvoyer pour ce qui regarde cette distinction entre le fait de l'évolution et les systèmes évolutionnistes, au travail de M. Fischer: *Ueber das Gesetz der Entwickelung auf psychischethischem Gebiete*. Würzbourg, 1875.

[2] Voir la conclusion de l'article *Evolution*, par M. J. Sully, dans l'*Encyclopædia britannica*, article fort étendu et documenté, traitant spécialement du principe d'évolution dans la philosophie.

sa totalité : « Que trouvons-nous au fond de la doctrine des associations indissolubles, sinon que tout ce qui existe dans la pensée comme dans le monde s'est produit et se développe au cours du temps[1]? » Le fait de l'évolution, loin d'être une solution du problème de l'univers, demeure un problème ; c'est la science qui le pose en fournissant des matériaux, mais la science n'a ni droit, ni pouvoir de le résoudre. Du moins, si nous en jugeons par le représentant de l'évolutionnisme dont nous nous sommes occupé, la science, estimons-nous, n'a point résolu le problème, et la réalité que la philosophie prétend expliquer, n'a point été réellement expliquée par ce principe d'évolution. Bien plus, souvent, ainsi que nous avons essayé de le montrer, l'évolutionnisme fournit une explication ou manifestement insuffisante de cette réalité, ou même qui ne paraît pas y répondre du tout.

Il nous semble pouvoir résumer les critiques essentielles que nous adressons au système évolutionniste de Spencer en tant que système évolutionniste en deux points principaux : 1° Spencer oublie qu'il existe une différence entre savoir et hypothèse. Tant que le savant a affaire à une hypothèse, la possibilité de revision de son jugement demeure, car l'hypothèse implique une part de doute. Bien que la transformation du fait d'évolution en principe dernier ou loi suprême des choses ne soit en réalité qu'une hypothèse, cette part de doute dont parle fort justement M. Renouvier, nous n'en avons trouvé nulle part l'expression chez Spencer. La doctrine de l'évolution se présente comme un dogme; elle s'impose, ne se discute pas. Or pour un philosophe

---

[1] *Le principe de la morale*, par Ch. Secrétan, p. 122.

empirique, qui prétend ne demander les principes fondamentaux de son système qu'aux sciences, il n'est point de dogmes, aucune vérité qui doive être acceptée sans contrôle. La vérité dernière sur laquelle repose tout le système de Spencer, la persistance de la force, est sans contrôle possible.

Si Spencer ne distingue pas hypothèse de savoir c'est que, au point de départ, il identifie science et philosophie, et s'il établit dogmatiquement son explication du monde, c'est qu'il transfère à la philosophie un caractère de certitude qui appartient seulement aux faits scientifiques. La science, pourrait-on dire, est une donnée ou est constituée par des données ; la philosophie est un effort de l'esprit agissant sur ces données qui sont des matériaux.

2° Nous répétons ici à peu près ce que nous avons fait remarquer déjà dans un paragraphe précédent[1] au sujet d'un point spécial, mais en l'étendant maintenant à l'ensemble du système : Spencer prétend nous fournir la confirmation de la validité de son principe par l'observation de tous les phénomènes, somme toute, puisque évolution et existence deviennent pour lui synonymes. En fait, cette justification est souvent affaire de mots, assemblage de presque-synonymes, appel à des notions qui ont été insuffisamment analysées, dont on n'a pour ainsi dire vu que le côté extérieur, notions qui ne présentent à l'esprit de Spencer aucune difficulté d'application ou d'explication, mais qui peuvent en présenter pour d'autres. « C'est le privilège, dit M. Flournoy, des grands mots vagues d'intégration, organisation, évolu-

---

[1] Voir au § 9 *La tendance moniste chez Spencer* et tout spécialement la citation de M. M. Guthrie, p. 207 de ce travail.

tion et autres pareils, qu'ils sont propres à tout, et qu'appliqués au bon endroit ils sont capables des prodiges les plus inattendus, même de transformer le mouvement mécanique en pensée. Par malheur, ce privilège disparaît d'habitude devant la réflexion... »

L'évolutionnisme ne saurait nous présenter autre chose que le mode sous lequel les choses apparaissent et existent, c'est la philosophie du devenir ; or si le savant peut se contenter de cette philosophie, le philosophe derrière la question du devenir trouve la question de l'être que le devenir manifeste ; supposé même que la question du « comment » fût résolue dans les limites de l'observation et de l'expérience, la question du « pourquoi » demeure et elle demeure parce que l'homme a plus à faire qu'à constater et à observer le cours des choses ; la science empirique ne saurait résoudre le problème moral et métaphysique. Au nom des faits, c'est-à-dire de données que nous estimons scientifiques et dignes d'examen, nous ne pouvons admettre comme suffisant le système philosophique de Spencer, et cela surtout au nom des deux faits suivants ; en les exprimant nous passons du domaine tout général où nous étions tout à l'heure, d'un domaine plutôt formel à ce qui fait le fond même du système.

3° Les lois que Spencer établit et à l'aide desquelles il prétend reconstituer le processus de l'univers ne répondent pas à la réalité. Voici ce que nous entendons par là : le savant, le philosophe, le simple observateur constatent dans l'univers une organisation, un ordre général ; cet ordre est le produit, pour le philosophe évolutionniste, tout particulièrement de la loi de ségrégation. Or, M. Paul Janet estime qu'on ne peut ramener les données que suppose cet ordre à la seule ségrégation, même aux seules lois qu'expose Spencer. La loi de sélection, qui est la ségrégation transportée dans le domaine biologique, est une loi négative et non positive. En un mot, le mécanisme ne saurait suffire à rendre compte de tous les faits que nous présente la nature dans sa diversité. L'explication de Spencer nous ramène à la doctrine du hasard, doctrine aussi vieille sans doute que les spéculations des philosophes, ce qui n'en prouve nullement l'entière suffisance, et doctrine que nous ne pouvons admettre au nom de faits psychologiques; l'homme ne pourra jamais, croyons-nous, arriver à se convaincre qu'il n'est qu'un produit de ce hasard et que vouloir donner à soi-même et au monde un sens quelconque est une pure illusion de son orgueil. S'il en était ainsi certainement la vie ne vaudrait pas la peine qu'on la vécût et la seule philosophie admissible serait le pessimisme et non pas l'optimisme, ainsi que nous l'avons dit. « L'évolutionnisme, dit M. P. Janet, en lui-même n'exclut nullement une cause intelligente à l'origine des choses; or une telle cause est aussi représentable à l'esprit que le mécanisme pur. Toute la question est de savoir laquelle de ces deux causes est la plus adéquate avec l'effet. » Et nous pouvons ajouter à cela ce que dit M. Paulsen : « La recherche (scientifique) ne conduit pas l'homme qui pense à la fin des choses, mais à pressentir et à reconnaître l'immensité de l'univers... c'est un sentiment profond d'humilité devant sa petitesse qui est l'effet de la science. Newton et Kant sont remplis de ce sentiment, et Gœthe dit : « Le bonheur le meilleur pour l'homme qui pense, c'est d'avoir scruté ce qui est scrutable et d'honorer tranquillement l'Inscrutable. » Ce que le poète allemand nomme l'Inscrutable, ce qui l'est bien et le demeure en un sens toujours pour l'homme parce que l'être fini ne saurait embrasser l'infini, ne peut-il devenir l'objet d'une connaissance autre que la connaissance intellectuelle? De même que pour connaître dans le domaine scientifique il faut que l'homme soumette son intelligence à une certaine méthode, pour connaître aussi dans le domaine moral et religieux il faut qu'il plie son être tout entier sous une loi qui s'étend à toute sa vie; et avant d'avoir fait cette expérience il n'a point le droit de déclarer que la connaissance religieuse est une pure illusion. La révélation du christianisme ne serait-elle qu'un mot? et si elle a un sens quel est ce sens? Voilà ce que doit se demander un esprit non prévenu. Or, nous croyons que la révélation, fait à la fois subjectif et objectif, qui s'exprime dans l'histoire de l'humanité tout entière et tout spécialement dans la vie et la personne de Jésus de Nazareth, est une réalité, et que le sens de cette réalité est rédemption, c'est-à-dire pardon et force. Et nous le croyons au nom de l'expérience intime. Pour en revenir à Spencer et à sa méconnaissance de la finalité dans l'univers, nous croyons que l'homme voit partout cette finalité parce qu'il la sent en lui-même et que ce n'est là qu'un élément capital et une expression du sentiment religieux.

4° Enfin nous ne saurions accepter le système évolutionniste de Spencer non seulement en tant qu'êtres religieux et moraux, mais simplement en tant qu'êtres spirituels conscients. Si dans la nature en général il méconnaît toute idée de finalité, il méconnaît ce que Claude Bernard nommait l'« idée directrice », et pourtant tout le système de Spencer a pour centre l'idée de progrès, ce qui nous paraît être une contradiction, chez l'homme spécialement il nie toute spontanéité, il ne voit dans l'esprit qu'un résultat et non une puissance; or c'est là un à priori qui nous paraît contredit par une observation psychologique un peu profonde. Nous ne saurions mieux faire, pensons-nous, que de laisser ici parler Ch. Secrétan : « La notion d'activité tient une trop grande place dans l'économie de notre esprit et dans celle du monde pour qu'il soit possible de l'éliminer. Fonction du corps ou principe distinct du corps, il n'importe, l'esprit est actif dans la transformation des matériaux fournis par la sensation, il est actif dans la sensation même, qui ne se conçoit absolument pas sans la notion de cette activité du sujet sentant. Le moi cherche en vain à se renier lui-même, les lois du mouvement ne l'expliquent pas, et ces lois elles-mêmes auraient besoin d'être expliquées, les accepter comme point de départ est une démarche arbitraire, illégitime, le suicide de la raison... L'esprit n'est pas une série de phénomènes; au nombre de ces phénomènes il y a des actes, et les actes supposent un agent. Au fond du sujet, il y a quelque chose qui n'apparaît pas; voilà ce qu'il faut reconnaître; et ce point admis, il devient naturel d'admettre aussi, par analogie, quelque chose qui n'apparaît pas au fond de l'objet. »

Quand l'homme, ou plus tôt ou plus tard, arrive à la réelle conscience de soi et qu'il réfléchit sur son moi et ce qui l'environne, il voit se poser devant lui deux problèmes [1], étroitement unis d'ailleurs, que l'analyse seule

---

[1] Nous n'avons aucune prétention, est-il besoin de le répéter, à donner ici dans ces lignes par lesquelles nous terminons notre étude, l'esquisse d'un système ou même d'un essai de système. Nous en sentons toute l'insuffisance, tous les points particuliers qui y demeurent non résolus ou du moins insuffisamment résolus; nous ne voulons que résumer et chercher à grouper certaines idées qui

sépare : le problème que nous nommerons d'un mot tout général *pratique* et le problème *théorique*, en d'autres termes les problèmes de l'action et de la connaissance. En fait une seule question les résume tous deux, en fait ils sont unis dans ce seul mot : le problème de la vie. Mais c'est là demeurer sur un terrain par trop général. Le premier de ces problèmes dont la solution s'impose à tous, le problème qu'on ne peut éviter, c'est dans la réalité, sinon dans l'ordre logique, celui de l'action ; serait-il ici besoin d'en faire une démonstration ? Un appel à l'expérience de chaque être humain n'est-il pas une preuve suffisante ? La vie suppose l'action, ou mieux, c'est une tautologie que de définir vie par action ; la réalisation de l'être est un acte, au sens philosophique du terme ; être ou vivre pour l'être humain, c'est même chose. Mais à peine avons-nous fait cette première constatation qu'une autre s'impose : l'action ne se suffit pas pour ainsi dire, le déploiement d'une puissance demande plus que cette puissance ; l'action, quelle qu'elle soit, suppose un minimum au moins de connaissance ; et ainsi problème pratique et problème théorique se pénètrent et s'impliquent l'un l'autre.

Mais l'action ne saurait être identique pour tous les êtres ; loin de là ! elle varie avec chacune des créatures ; elle varie suivant ce que je suis, suivant ce que je perçois aussi autour de moi, car mon action va s'exercer sur les êtres et les objets qui m'entourent et dont je prends conscience en même temps que de moi-même. Ainsi le problème théorique se

---

souvent se sont imposées à nous au cours de notre travail ; elles forment comme le résumé positif de la critique que nous avons cherché à présenter en notre seconde partie ; elles expriment un point de départ bien plus que des conclusions proprement dites.

dédouble et devient d'une part problème *psychologique ;* que suis-je ? qu'est-ce que le sujet connaissant ? et problème *scientifique ;* cette dernière désignation, très vague et très générale, se rapporte à la connaissance de l'objet, de tout ce qui constitue la « nature ». Le problème que nous nommons psychologique nous apparaît ainsi comme à la base des deux autres : problèmes scientifique et pratique, cela parce que l'homme ne connait immédiatement qu'une chose : son moi, parce que le monde entier n'arrive à lui, pour ainsi dire, qu'au moyen et au travers des moules de son esprit, de sa conscience. Et en ce sens, le subjectivisme ne nous semble pas seulement plausible, il nous paraît s'imposer.

Pour acquérir la connaissance dont il a besoin pour agir, car une connaissance en vue de la connaissance seulement est une chose presque inconcevable, l'homme ne saurait s'en rapporter qu'à l'observation aussi exacte et impartiale que possible des faits, qu'à l'expérience c'est-à-dire au contrôle des faits, en un mot à la méthode dite méthode scientifique; et dans cette observation il n'a point, au nom même de cette méthode, droit de faire un choix ; tout fait reconnu réel a droit à l'examen et droit à rentrer dans la classification qu'il établit sous le nom de science. Or, et de quelle importance est cette remarque ! dans la nature l'homme ne constate que des phénomènes ; le *phénoménisme,* pensons-nous, est la seule philosophie ou plutôt la seule méthode compatible avec la science qui veut demeurer science. Mais par le phénoménisme, et c'est ici comme la contre-partie de ce que nous venons de dire, nous n'atteignons peut-être pas à la réalité, au fond même des êtres. Que saisissons-nous en effet dans la nature que des successions, des séries plus ou moins étendues de faits ou de phénomènes? De ces faits, l'esprit, principe d'activité, s'empare d'abord dans leur constatation simple, puis pour les ramener à des types généraux, variant suivant les domaines, et qu'il nomme des « lois ».

Dans les phénomènes qu'il observe et qu'il classe, l'esprit constate une division absolument irréductible; il n'arrive pas, quelques tours de force qu'on ait voulu faire pour cela, à rendre compte du passage d'un fait purement physique ou matériel à un fait de conscience, si complexe que soit le premier et si rudimentaire le second! Or cette dualité irréductible ne peut pour l'homme demeurer simple objet de constatation; si la science peut et même doit en demeurer à ce domaine, la science ne suffit pas à l'esprit tout entier; il veut aller plus loin et plus profond; toute hypothèse scientifique de caractère un peu général en est une preuve; l'un des termes, matière ou esprit, fait physique ou fait conscient, doit s'affirmer comme terme primaire, c'est-à-dire supérieur à l'autre, non pas dans le temps seulement, mais d'une façon plus absolue par sa valeur; suivant que l'homme regarde l'un ou l'autre des termes comme supérieur sa métaphysique diffère, et c'est en définitive sur un jugement de qualité, c'est-à-dire un jugement moral déjà, que reposent nos idées métaphysiques.

Les phénomènes que nous nommons spirituels sont d'un autre ordre que les phénomènes physiques, et cela nous le croyons parce que nous les saisissons immédiatement et qu'en eux nous saisissons plus que le simple phénomène. C'est dans le moi que nous révèle la conscience psychologique, fait irréductible et inexprimable qui est l'affirmation même de ce moi, dans ce moi que nous trouvons la source des deux principes capitaux qui nous semblent peut-être inconciliables dans le monde extérieur. Le moi prend conscience de lui-même comme d'une puissance, d'une force qui se déploie, comme de la *cause* des phénomènes qui constituent les faits psychiques ; l'esprit, en d'autres termes, est activité et se connait comme tel. C'est là une expérience intime, immédiate et de cette expérience l'esprit fait comme un moule qu'il applique par analogie au monde qu'il connait médiatement, à la nature ; ce moule c'est le principe de causalité qui est érigé en règle ou méthode absolue de la science. En fait l'homme ne saisit vraiment qu'une cause : son moi, le principe spirituel de son être ; et encore n'est-ce qu'une cause relative. Se sentant cause parce qu'il est esprit et en même temps se sentant dépendant (c'est le second principe), il cherche au delà de lui-même l'être dont il dépend, l'être qui en un sens est la seule cause véritable, la seule absolue.

En même temps qu'il a conscience de son moi comme d'une puissance, il sent ce moi comme un moyen aussi c'est-à-dire comme dépendant. Donnant à ces mots leur sens le plus étendu, il sent que ce moi fait partie d'un certain ordre, qu'il a en lui un but ; et l'expression de cette seconde expérience intime est le principe de *finalité*. Cette expérience il l'étend à toute la nature et cela avec raison puisque cette nature lui apparaît comme le moyen de réaliser ce qu'il appelle l'ordre. Mais qu'est-ce que cet ordre ? voilà la dernière expression du problème théorique ou de la connaissance. Il ne peut être cherché dans la nature que l'homme domine, cet ordre doit être supérieur à l'homme lui-même, il doit être, estimons-nous, la réalisation d'une volonté. Ainsi le problème de la connaissance nous amène à une cause et une fin absolues, il nous conduit au problème religieux.

Vie et action, disons-nous plus haut, sont synonymes ; mais en quoi consiste l'*action* normale ? Nous ne saurions y voir que la réalisation de l'ordre dont l'homme a conscience, vaguement peut-être, qu'il ne fait qu'entrevoir, mais enfin qu'il sent par intuition. Cet ordre, l'homme, remontant au principe même de son être, sent qu'il est à la fois affirmation de l'être et reconnaissance de sa dépendance ; c'est en cela que consiste l'antinomie de la vie ; le principe de l'action ou principe de la morale doit se présenter comme la conciliation de la liberté ou activité et de la dépendance ; cette conciliation n'est possible que par le don pratique du moi à un être qui assure à ce moi son plein déploiement. Le problème pratique nous conduit sur terrain religieux.

Les deux problèmes, théorique et pratique, se ramènent à : réalisation de l'être, c'est-à-dire à la vie ; or le christianisme prétend donner la solution du problème de la vie ; pour connaître si les âmes vraiment religieuses ont possédé réellement cette solution, il n'y a qu'une seule route : l'expérience de la vérité chrétienne.

Le moi affirmant son existence et disant : « Je » est ce que nous nommons conscience psychologique ; le moi se connaissant comme puissance ayant droit à s'affirmer et disant : « Sois ce que tu es », c'est la conscience morale ; le moi enfin voulant se réaliser, sentant son impuissance, s'il ne remonte à la source de son être et disant : « Je ne puis être ce que je suis réellement », c'est la conscience religieuse. A tout homme le problème de la vie se pose nécessairement et tout homme le résout d'une façon ou d'une autre, la plupart sans en avoir même peut-être conscience ; vivre d'une vie extérieure ou plutôt d'une vie sociale seulement, ou vivre d'une vie plus profonde qui découle pour ainsi dire directement du vrai moi, voilà les deux solutions entre lesquelles l'homme peut choisir; nous sommes là devant des mystères que notre œil ne peut sonder et devant lesquels la langue du plus profond penseur demeure un balbutiement d'enfant. Notre science et notre raison, qui ont cru peut-être les comprendre, en sont en réalité humiliées et la seule attitude qui convienne à la créature est devant eux celle de l'humilité; mais c'est la gloire de l'homme et comme le sceau de son origine sublime que de pouvoir seulement poser de tels problèmes, et c'est aussi, malgré toutes leurs obscurités, causes souvent de souffrances et de luttes inexprimables, l'affirmation de sa grandeur comme être moral et religieux.

Nous croyons que la vie pose un problème que l'homme *doit* résoudre précisément par cette vie elle-même; nous donnons à cette vie une valeur absolue, en un sens bien plus large et plus profond que celui où l'entend Spencer, parce que nous croyons que la vie plonge ses racines dans l'éternité, en Dieu qui en est la source et qui seul en peut être la réalisation, c'est-à-dire la fin; nous croyons enfin que cette « vie a été manifestée » et que sa plénitude ne se trouve qu'en Celui qui l'a manifestée, en Jésus-Christ « le Chemin, la Vérité et la Vie ».

TABLE DES MATIÈRES

	Pages
Introduction	I

Première partie : Exposé

CHAPITRE PREMIER
LES BASES PHILOSOPHIQUES DE LA MORALE ÉVOLUTIONNISTE DE SPENCER

§ 1. *Idées et données de la philosophie d'après Spencer.*   1
§ 2. *La loi d'évolution.*   17

CHAPITRE II
LE PRINCIPE DE LA MORALE ÉVOLUTIONNISTE

§ 3. *L'homme et la société résultats de l'évolution.*   35
§ 4. *La société de l'avenir d'après Spencer.*   63
§ 5. *L'évolution, principe de la morale.*   83

CHAPITRE III
LES COROLLAIRES DU PRINCIPE

§ 6. *La morale individuelle.*   124
§ 7. *La morale sociale.*   138

Seconde partie : Critique

CHAPITRE IV
LE POINT DE VUE PHILOSOPHIQUE

§ 8. *Questions préliminaires.*   159
§ 9. *La tendance moniste chez Spencer.*   188

CHAPITRE V
LE POINT DE VUE MORAL

§ 10. *Les notions de la morale chez Spencer.*   214
§ 11. *L'utilitarisme optimiste de Spencer.*   237
§ 12. *Prémisses et conséquences.*   258

CHAPITRE VI
LE POINT DE VUE RELIGIEUX

§ 13. *La réconciliation de la science et de la religion.*   280
§ 14. *Morale et religion.*   297
Conclusion   313

ALENÇON. — IMPRIMERIE VEUVE FÉLIX GUY ET Cie

LIBRAIRIE FISCHBACHER (Société anonyme), 33, rue de Seine, à Paris

ESQUISSE D'UNE PHILOSOPHIE DE LA RELIGION
d'après la Psychologie et l'Histoire
Par Aug. SABATIER, Professeur à l'Université de Paris, Doyen de la Faculté de
Théologie protestante de Paris
5ᵉ édition. Un volume in-8°, 1898. Prix : 7 fr. 50

L'APÔTRE PAUL
ESQUISSE D'UNE HISTOIRE DE SA PENSÉE
Par le même
3ᵉ édition revue et augmentée, avec une carte des missions de Paul
Un volume in-8°, 1896. Prix : 7 fr. 50

JÉSUS-CHRIST
SA PERSONNE, SON AUTORITÉ, SON ŒUVRE
Par Edmond STAPFER, Professeur à la Faculté de Théologie protestante de Paris
I. JÉSUS-CHRIST AVANT SON MINISTÈRE, 2ᵉ édition. Un volume in-12, 1896, 3 fr.
II. JÉSUS-CHRIST PENDANT SON MINISTÈRE. Un volume in-12, 1897, 3 fr. 50.
III. LA MORT ET LA RÉSURRECTION DE JÉSUS-CHRIST. Un volume in-12, 1898, 3 fr. 50

LA PALESTINE AU TEMPS DE JÉSUS-CHRIST
d'après le Nouveau Testament, l'historien Flavius Josèphe et les Talmuds
Par le même
6ᵉ édition. Un volume in-8°, avec une carte et des plans, 1897. Prix : 7 fr. 50

LA THÉOLOGIE DE L'ÉPÎTRE AUX HÉBREUX
Par Eug. MÉNÉGOZ, Professeur à la Faculté de Théologie protestante de Paris
Un volume grand in-8°, 1894. Prix : 7 fr. 50

ESSAI D'UNE INTRODUCTION A LA DOGMATIQUE PROTESTANTE
Par P. LOBSTEIN, Professeur à la Faculté de Théologie de Strasbourg
Un volume in-8°. Prix : 4 fr.

ÉTUDE SUR L'ŒUVRE DE LA RÉDEMPTION
I. — LE FONDEMENT HISTORIQUE
THÉOLOGIE DU NOUVEAU TESTAMENT
Par Jules BOVON, Professeur à la Faculté de Théologie de l'Église évangélique
libre du canton de Vaud
Tome Iᵉʳ. La Vie et l'Enseignement de Jésus. — Un volume gr. in-8°. — Prix : 10 fr.
Tome II. L'Enseignement des Apôtres. — Un volume gr. in-8°. — Prix : 12 fr.

II. — LA FORMULE DOGMATIQUE
DOGMATIQUE CHRÉTIENNE
Deux volumes grand in-8°. — Prix : 22 fr.

LA BIBLE
Nouvellement traduite sur les textes originaux
Avec une Introduction à chaque livre, des notes explicatives sur l'Ancien
Testament et un Commentaire complet sur le Nouveau Testament
Par Édouard REUSS, Professeur à l'Université de Strasbourg
19 vol. gr. in-8°, 1874-19... — Prix : 170 fr.

ENCYCLOPÉDIE DES SCIENCES RELIGIEUSES
Publiée sous la direction de F. LICHTENBERGER, Doyen de la Faculté de Théologie
protestante de Paris
AVEC LA COLLABORATION DES SAVANTS LES PLUS AUTORISÉS
13 vol. gr. in-8°, 1877-1882. — Prix : 200 fr.

www.ingramcontent.com/pod-product-compliance
Lightning Source LLC
Chambersburg PA
CBHW050745170426
43202CB00013B/2306